westermann

ZEIT FÜR GESCHICHTE

Wechselwirkungen und Anpassungsprozesse in der Geschichte

Pflichtmodul erarbeitet von
Dr. Daniel Schumacher

Wahlmodule erarbeitet von
Prof. Dr. Walther L. Bernecker, Rüdiger Zoller
Pof. Dr. Hans-Jürgen Döscher

Kernmodule erarbeitet von
Prof. Dr. Ulrich Baumgärtner

Mit Beiträgen von
Dr. Linda Brüggemann, Dr. Jelko Peters

Herausgeber der Reihe
Prof. Dr. Ulrich Baumgärtner

ZEIT FÜR
GESCHICHTE

Wechselwirkungen und Anpassungsprozesse in der Geschichte

Niedersachsen
Qualifikationsphase

westermann GRUPPE

© 2023 Westermann Bildungsmedien Verlag GmbH, Georg-Westermann-Allee 66, 38104 Braunschweig
www.westermann.de

Druck A[1] / Jahr 2023
Alle Drucke der Serie A sind inhaltlich unverändert.

Redaktion: Christoph Meyer
Druck und Bindung: Westermann Druck GmbH, Georg-Westermann-Allee 66, 38104 Braunschweig

ISBN 978-3-507-36884-2

INHALT

M 1   Dem Qianlong-Kaiser (1711–1799) werden Pferde als Tribut dargebracht.
Der Kotau, das mehrmalige tiefe Verneigen vor dem Kaiser, ist das Zeichen der Unterwerfung und der Anerkennung der überge-ordneten Macht des chinesischen Kaisers, zeitgenössische Darstellung.

M 2   Gefangener „Boxer" im sogenannten „Cangue" („Holzkragen")
Dieser „tragbare Schandpfahl" kam als Bestrafungsmethode im kaiserzeitlichen China, Korea und Japan zur Anwendung. Er war mit dem Namen des Bestraften und dessen Gesetzesübertretung beschriftet und diente der öffentlichen Demütigung. Der Cangue war oft so groß, dass der Bestrafte nicht ohne Hilfe essen oder trinken konnte. Im Westen wurde der Cangue im 19. Jahrhundert als Zeichen von Chinas Rückständigkeit interpretiert, Foto, 1900.

China und die imperialistischen Mächte

China hat in den vergangenen Jahrzehnten einen steilen Aufstieg vollzogen. Für große Teile des 20. Jahrhunderts war es noch ein von Kriegen, Hungersnöten und Revolutionen gebeuteltes Land. Zu Beginn des 21. Jahrhunderts ist China ein insgesamt stabiler und prosperierender Staat von globaler wirtschaftlicher und politischer Bedeutung.

Dieser Aufstieg verlief so rasant wie in kaum einem anderen Land und folgte nicht den bekannten Modernisierungswegen westlicher Länder. Er führte außerdem dazu, dass die in den vergangenen 200 Jahren vor allem von westlichen Staaten dominierte Weltordnung fundamental ins Wanken gebracht wurde.

China ist ein „global player", den viele Analysten als den wichtigsten Akteur des einundzwanzigsten – des „asiatischen" – Jahrhunderts identifiziert haben. Gleichzeitig spricht die chinesische Regierung selbstbewusst davon, nun endlich ein „Jahrhundert der Erniedrigung" durch ausländische Imperialmächte hinter sich gelassen zu haben. Sie sieht China im Begriff zu sein, endlich wieder seinen „rechtmäßigen Platz auf der Weltbühne" einzunehmen. In seiner

Eröffnungsrede anlässlich des 20. Kongresses der regierenden Kommunistischen Partei Chinas unterstrich der Staatspräsident Xi Jinping im Oktober 2022 die Bedeutung, die er der Geschichte des Landes für diesen „Erneuerungsprozess" zuweist:
„Unsere traditionelle Kultur vertritt viele wichtige Prinzipien und Konzepte, [...] die sich über Jahrhunderte hinweg [...] herausgebildet haben, [sie] spiegeln die Art und Weise wider, wie das chinesische Volk das Universum, die Welt, die Gesellschaft und die Moral sieht [...]. Wir müssen unserer Geschichte und Kultur treu bleiben, die Vergangenheit in den Dienst der Gegenwart stellen und das Neue aus dem Alten entwickeln."

Um also das heutige China und dessen Blick auf die Herausforderungen des 21. Jahrhunderts besser verstehen zu können, ist ein Blick zurück erforderlich. Ein Blick in eine Zeit, in der China noch von Kaisern regiert wurde und in der es über Jahrhunderte hinweg das wirtschaftlich und politisch mächtigste Land der Erde war. Eine Zeit, in der es sich selbstverständlich als „Zentrum der Welt" verstand und in der dessen kultureller Einfluss weit über die eigenen Reichsgrenzen ausstrahlte.

Mögliche Leitfragen

- **Welches Selbstverständnis und welches Weltbild hatten die Menschen im China der Kaiserzeit?**
- **Welche Vorstellungen hatten die Menschen in Europa gegenüber China?**
- **Wie verliefen die Kontakte und der Kulturaustausch zwischen China und Europa im 19. Jahrhundert?**
- **Welche Konflikte gab es damals zwischen China und Europa?**

1. China – Das „Zentrum der Welt"

Die Geschichte Chinas lässt sich nur schwer mit im Westen geläufigen Kategorien wie „Altertum", „Mittelalter" und „Neuzeit" fassen. Mehr als 2000 Jahre lang war China ein von Dynastien regiertes Kaiserreich, dessen Herrschergeschlechter den Kaisertitel vererbten. Die Herrschaftsstrukturen blieben dabei weitgehend unverändert. Historikerinnen und Historiker unterteilen diese Zeit oft ganz allgemein in die frühe (221 v. Chr. – 960 n. Chr.) und die späte (960 bis 1911) Kaiserzeit.

Die Geschichte Chinas als politische Einheit begann im Jahr 221 v. Chr., als zum ersten Mal ein vereintes Kaiserreich entstand. Historikerinnen und Historiker verorten den Übergang von der frühen zur späten Kaiserzeit während der Song-Dynastie (960–1297), weil hier zahlreiche Erfindungen und Entwicklungen einen merklichen Wandel der Lebensweise in China in Gang setzten. Die Erfindungen des Schießpulvers, des Kompasses, des Buchdrucks und des Papiergeldes revolutionierten die chinesische Gesellschaft, Wissenschaft, Wirtschaft, Seefahrt und Kriegsführung.

Dank technologischer Innovationen und neuer Anbaumethoden stieg die Produktivität von Chinas Landwirtschaft deutlich an und ließ die Bevölkerungszahl „explodieren". Millionen Chinesinnen und Chinesen siedelten nun in Städten. Dort sorgte der Handel, und nicht allein die althergebrachten sozialen Beziehungsgeflechte, dafür, dass unterschiedlichste Gesellschaftsgruppen und -klassen miteinander in Kontakt kamen. Umfangreiche Handelsnetzwerke verbanden zudem ländliche und urbane Welten innerhalb Chinas stärker als je zuvor. Gleichzeitig wandelte sich die aristokratische Gesellschaft immer mehr in Richtung einer meritokratischen, also auf Leistung basierenden Ordnung. Diese Umwälzungen ließen in China Lebensweisen entstehen, die man aus westlicher Sicht als „frühmodern" bezeichnen kann, und das rund 500 Jahre bevor ähnliche Prozesse in Europa begannen. In der späten Kaiserzeit, vor allem während der Ming- und und der Qing-Dynastie, wurden viele Neuerungen, die während der Song-Dynastie angestoßen wurden, perfektioniert – bis das Kaiserreich 1911 schließlich zusammenbrach.

Die Macht des „Himmelssohns"

Mehr als 2000 Jahre lang war China eine autokratisch-bürokratisch regierte Monarchie. Im Zentrum des Systems stand der Kaiser als politische und religiöse Autorität. Er galt als gottgleich: Ausgestattet mit dem „Mandat des Himmels" war er dazu verpflichtet, als gerechter Herrscher im Rahmen enger ritueller Vorschriften die Harmonie zwischen den Mächten des Universums und der Menschheit zu bewahren. Dies gab ihm absolute Macht über seine Untertanen und machte ihn zum moralischen Vorbild für das gesamte Volk – allerdings nur so lange er sein Himmelsmandat zu erfüllen vermochte. Im kaiserzeitlichen Geschichtsverständnis galt der Verlauf der Geschichte nicht als linear, wie dies etwa im westlichen Denken anzutreffen ist: Geschichte wurde vielmehr als ein natürlicher, sich stets wiederholender Zyklus von Aufstieg und

M 1 *Der mythische Yu Di ist einer der wichtigsten Götter im Daoismus.*
Er gilt als der weise und gütige Herrscher des Himmels und als Idealbild eines Kaisers. Hier ist er von Figuren umgeben, die Hofstaat, Armee und Verwaltung repräsentieren. Ihre Heiligenscheine weisen sie als höhere Wesen aus.

M 2 *China zur Zeit der Qing-Dynastie um 1820*

Kernland des Qing-Reiches

eroberte Gebiete unter der Qing-Herrschaft, Militärprotektorate

Tributpflichtige Länder

- - - Grenzen des heutigen China

Russland

Mandschurei

Dsungarenreich

Mongolei

Xinjiang

Korea

Japan

Peking

Tibet

Xian

Shanghai

Hangzhou

Nepal

Indien

Kanton

Burma   Annam

Siam

0   600 km

Niedergang von Dynastien wahrgenommen. Der Blick in die Vergangenheit und auf die Praktiken besonders tugendhafter Herrscher diente als Entscheidungshilfe, um die eigene Gegenwart zu gestalten. Naturkatastrophen oder politische Unruhen galten als Zeichen dafür, dass der Kaiser Unordnung in den Kosmos gebracht hatte und durch einen neuen, wieder Ordnung stiftenden Kaiser abgelöst werden müsse. Wurde ein Kaiser gestürzt, interpretierte man dies als Zeichen dafür, dass er des Himmelsmandats unwürdig geworden war.

Der Kaiser verstand sich als Herrscher über „alles unter dem Himmel", also die ganze Welt. Im Zentrum dieser Welt lag China als „Reich der Mitte", das von den Ländern verschiedener

„Barbaren" umgeben war. Diese konnten sich aber durch Tributzahlungen – also Abgaben, mit denen sie ihre Unterwerfung bekundeten – in die sinozentrische Weltordnung einreihen und so vor allem auf Handelsbeziehungen und Schutz hoffen. Der Außenhandel diente dem chinesischen Staat damit als Instrument der Diplomatie und weniger zum Erzielen von Profit.

Obwohl das Wort des Kaisers als heilig galt und umgehend befolgt werden musste, verfügte er in der Praxis keineswegs über allumfassende Macht. Die gesamte Kaiserzeit war stets von Machtkämpfen zwischen der Zentralregierung und lokalen Gruppen geprägt. Innerhalb der Regierung selbst verfügten diejenigen, die das Reich im Alltag auf allen Ebenen verwalteten, über enorme Macht: die Beamten.

M 3 *Terrakotta-Armee des Qin-Kaisers*

Sie besteht aus Generälen, Fußsoldaten, berittenen Soldaten, Bogenschützen, kaiserlichen Beamten und Pferdegespannen.

M 4 *Die Entwicklung des Schriftzeichens für Pferd, mă (über mehrere Jahrtausende):*

M 5 *Konfuzius Darstellung aus der Tang-Zeit (618–907), einer der kulturellen Blütezeiten des Kaiserreichs*

Gelehrte Beamte als Lenker des Staates

In China gab es seit Beginn der frühen Kaiserzeit keine dem europäischen hohen Adel vergleichbare Schicht mehr, die eine zentrale Rolle in der Regierung gespielt hätte. Stattdessen lenkte ein Apparat Tausender gelehrter Beamter die Staatsgeschäfte: vom hohen Minister am kaiserlichen Hof bis zum Landkreisverwalter in der fernen Provinz. Die Gelehrten genossen in der chinesischen Gesellschaft das höchste Ansehen, waren aber schlecht bezahlt. Korruption war daher keine Ausnahme.

Gemäß der chinesischen Vier-Stände-Lehre bekleideten in der Gesellschaftsordnung nach den Beamten die Bauern den zweiten Rang. Sie bildeten die überlebenswichtige Basis des Staates, lebten aber oft in großer Armut. Auf sie folgten die Handwerker sowie die Gruppe mit dem geringsten Ansehen, die Kaufleute.

Voraussetzung für den Zugang zum prestigeträchtigen Beamtendienst war seit Beginn der späten Kaiserzeit das erfolgreiche Ablegen von zentralen Staatsexamina. Diese standen prinzipiell jedem offen, denn statt Herkunft oder Reichtum zählten Fleiß und Leistung. Um die Prüfungen zu bestehen, musste man die klassischen konfuzianischen Texte gründlich studieren; praktische Inhalte wurden nicht abgefragt. Die Aufnahme in den Beamtendienst brachte Privilegien, darunter die Befreiung von Steuern und Arbeitspflichten und das Recht per Sänfte oder zu Pferd reisen zu dürfen. Die Beamten bekleideten Ämter wie Minister, Provinzgouverneur, Militär-Offizier, Steuereintreiber, Richter, Lehrer, Polizist oder auch Zensor, der seine Amtskollegen kontrollierte. Nebenbei betätigten sich die Beamten oft als Dichter und Künstler.

Obwohl in China über 250 Dialekte gesprochen wurden, konnten die Beamten aus allen Winkeln des Reiches problemlos miteinander kommunizieren, da sie ein einheitliches Schriftsystem verwendeten. Die Beamtenprüfungen brachten eine Verwaltungselite mit einheitlichem Weltbild hervor, die einem konfuzianischen Wertekanon folgte und eine wichtige Rolle bei der jahrhundertelangen Aufrechterhaltung der kaiserlichen Herrschaft spielte. Dies galt auch in Zeiten, in denen in China Fremdherrscher regierten wie etwa die Mongolen im 13. und 14. Jahrhundert oder die Mandschu vom 17. bis ins frühe 20. Jahrhundert.

Nicht jeder Prüfling bestand die schwierigen Examina und wurde kaiserlicher Beamter: Viele der erfolglosen Kandidaten kehrten in ihre Dörfer zurück, wo sie dann aber als Teil der regionalen Oberschicht zu wichtigen Bindegliedern zwischen Dorfgemeinschaft und kaiserlicher Lokalverwaltung wurden. Das Beamtenprüfungssystems trug entscheidend dazu bei, dass sich vor allem in der späten Kaiserzeit das Ideal des Aufstiegs durch Bildung verfestigte, was sogar noch in der heutigen chinesischen Gesellschaft fortlebt.

Eine Welt frei von Chaos: die Lehren des Konfuzius

„Um herauszufinden, wie ein Herrscher sein Reich regiert, betrachten wir, wie er seine Familie führt. Um herauszufinden, wie er seine Familie führt, betrachten wir, wie er sich selbst beherrscht."

Das Kaiserreich China bestand neben der dominierenden Bevölkerungsgruppe der Han-Chinesen stets aus einer variierenden Zahl an ethnischen und religiösen Minderheiten.

Ein zentrales Ordnungselement der multi-ethnischen Gesellschaft Chinas war das gemeinsame Weltverständnis. Im kaiserzeitlichen China galt tugendhaftes Verhalten als elementar für die Ordnung des privaten und öffentlichen Lebens. Die philosophische Grundlage dafür bildeten die Lehren des Konfuzius. Popularisierte und adaptierte „Weisheiten des Konfuzius" sind heute auch in westlichen Gesellschaften verbreitet. Sie sollen „Lebenshilfe" bieten, um Haltungen, Verhaltensweisen oder eingeschlagene Wege neu zu überdenken. Dem wohl 551 v. Chr. geborenen chinesischen Philosophen Kong (Fū) Zĭ – „Meister Kong", später latinisiert zu „Konfuzius" – ging es jedoch um mehr.

Konfuzius strebte ein von Grund auf tugendhaftes Zusammenleben an, das frei von Chaos sein sollte. Zu seinen Lebzeiten war China in mehrere Königreiche zerbrochen, die um die Vorherrschaft kämpften. Chaos und Gewalt waren alltäglich, als der Gelehrte quer durchs Land zog und versuchte, die Könige davon zu überzeugen, dass nur ein tugendhafter Herrscher das Volk hinter sich vereinen könne. Nur wenige Mächtige schenkten ihm Gehör; als Privatlehrer war Konfuzius hingegen erfolgreicher. Seine zahlreichen Schüler überlieferten Konfuzius' Lehren etwa in Form von niedergeschriebenen Konversationen. Verschriftlicht wurden sie zum Teil erst lange nach seinem Tod – Konfuzius starb etwa 479 v. Chr. Schließlich aber wurden Konfuzius' Lehren Bestandteil der klassischen Texte, die jeder Schüler und Gelehrte im alten China Wort für Wort auswendig kennen musste.

Ordnung durch Philosophie und Religion

Konfuzius stellte die Tugenden Gutherzigkeit und Rechtschaffenheit in den Mittelpunkt und definierte Rituale und festgelegte Handlungen, mit deren Hilfe sie erlernt, gelebt und kultiviert werden sollten. Er lehrte, die Basis für moralisch gutes Handeln bereits im Grundstock der Gesellschaft anzulegen – in der Familie. Kinder sah er in der Pflicht, ihre Eltern jederzeit zu respektieren, im Alter für sie zu sorgen und nach ihrem Tod an ihren Gräbern Gaben darzubringen. Von den Eltern wiederum erwartete er, ihren Kindern mit Großzügigkeit zu begegnen.

Auf das öffentliche Leben übertragen forderten Konfuzius' Lehren Loyalität und Gehorsam gegenüber Vorgesetzten, die wiederum selbst zu verantwortungsvollem Umgang mit ihren Untergebenen verpflichtet waren. Tugendhaftes Verhalten auf allen Ebenen sollte eine gerechte und nach klaren Hierarchien strukturierte Gesellschaft formen. Diese Idealvorstellung von „Ordnung durch Sitten" wurde in der chinesischen Kaiserzeit sogar zur Staatsideologie erhoben. Sie prägte maßgeblich die Werte und Gewohnheiten der chinesischen Gesellschaft und beeinflusste auch umliegende Länder in Chinas Machtbereich wie Korea, Japan oder Vietnam.

Der Konfuzianismus stand aber immer auch in Konkurrenz mit anderen religiösen und philosophischen Lehren wie dem Buddhismus oder dem Daoismus:

Der Daoismus bot den Menschen in China einen alternativen „Weg" (dao) und ergänzte in der Praxis oft konfuzianische Weltvorstellungen. Während der Konfuzianismus sich fragt, was der Mensch tun kann, um die Welt zu verstehen und sie zu ordnen, lehrt der Daoismus, dass der Mensch nicht in den Fluss der kosmischen Kräfte (qi), die die Welt durchdringen, eingreifen, sondern im Einklang mit ihnen leben solle. Der natürliche Fluss und Wandel dieser sich gegenseitig beeinflussenden Kräfte (yin und yang) kann durch Rituale und körperliche Übungen begünstigt werden. Während der Ming-Dynastie (1368–1644) erreichte der Einfluss des Daoismus in China seinen Höhepunkt.

War für den Konfuzianismus die Ordnung im Diesseits zentral, so unterstrich der Buddhismus die Wichtigkeit des Jenseits. Im zweiten und ersten Jahrhundert v. Chr. über die Seidenstraße von Indien nach China gelangt, konnte der Buddhismus hier an existierende Glaubenssysteme wie den Ahnenkult anknüpfen. Die chinesische Interpretation des Buddhismus versprach nicht nur gläubigen Mönchen, sondern allen Menschen, durch gute Taten Erlösung für sich selbst und ihre Ahnen im Jenseits erlangen zu können.

Daoistische und buddhistische Glaubenspraktiken vermischten sich über die Jahrhunderte miteinander. Auch sie beeinflussen bis heute die Weltsicht vieler Menschen in China.

Ⓜ 6 *Schülerinnen und Schüler beten mit ihren Eltern vor einer Konfuzius-Statue in der Stadt Nantong* Vor dem Beginn der Gāokao, der nationalen Hochschulzugangsprüfung, Foto, 2016.

● ●

1. ●●○ Erarbeiten Sie aus dem Text wichtige Informationen zur Geschichte Chinas. Organisieren Sie diese nach selbst gewählten Kategorien.
→ Text

2. ●●○ Erläutern Sie das Selbstverständnis Chinas als „Zentrum der Welt".
→ Text

3. ●●● Bestimmen Sie die Rolle von Philosophie und Religion für das öffentliche Leben. Gehen Sie dabei ggf. vergleichend auf die Verhältnisse in Europa ein.
→ Text

Herrschaft und Verwaltung – Quellen analysieren

M 7   Beamtenlaufbahn

Zu Beginn der frühen Kaiserzeit mussten Kandidaten für die Beamtenlaufbahn noch von anderen Gelehrten vorgeschlagen werden, bevor zentrale Examina diese Praxis ablösten. In der folgenden Quelle beschreibt Wang Fu (ca. 100 – 150), selbst ein gescheiterter Beamtenkandidat, die Auswirkungen dieses Empfehlungssystems auf Freundschaften innerhalb der gebildeten Elite:

Die Menschen scheinen oft diejenigen zu vermissen, die sie kaum kennen, vergessen aber enge Freunde; sie wenden sich von alten Freunden ab, während sie neue suchen. [...] Die Menschen verwerfen nicht nur
5 die Anweisung der alten Weisen, alte Freunde zu schätzen, sondern brechen auch den Schwur dauerhafter Treue. [...] Die meisten Gelehrten sind sehr kurzsichtig und nur auf den gegenwärtigen Augenblick bedacht. Wenn sie glauben, dass ein mächtiger
10 Mann für sie von Nutzen sein wird, eilen sie ihm zu Diensten; wenn sie aber glauben, dass jemand nicht von Nutzen sein wird, meiden sie ihn schnell. Diejenigen, die für eine schnelle Beförderung und einen schnellen Aufstieg brennen, wetteifern miteinander,
15 um in die Nähe prominenter Personen zu kommen, finden aber keine Zeit, mit den Bescheidenen zu ver-

M 8   *Porträt eines Beamten (15. Jahrhundert).*
Er trägt eine Robe mit aufgestickten Fischreihern, die ihn als zivilen Beamten des 6. Ranges ausweisen. Der höchste Rang war durch einen Kranich als Zeichen für Weisheit und Unsterblichkeit erkennbar.

kehren. Rücksichtslos tun sie alles, um an die Spitze zu gelangen, haben aber wenig Zeit, sich um diejenigen zu kümmern, die zurückgeblieben sind. Als der
20 Minister Han Anguo seinen offiziellen Posten verlor, schickte er etwa 500 goldene Artefakte an den neuen mächtigen Großkommandanten Dian Fen, um einen Posten zu bekommen. Doch nicht ein einziges Mal hat er einem armen, aber fähigen Gelehrten gehol-
25 fen.

Zit. nach: Patricia Buckley Ebrey (ed.): Chinese Civilization – A Sourcebook, New York: The Free Press 1993 (2nd. ed.), S. 69, 71 [übers. v. Daniel Schumacher]..

 9 Wie wurde China regiert?

a) In seinem Testament beschreibt Kangxi-Kaiser (1661 – 1722), wie er seine Stellung als Kaiser im chinesischen Staat sieht:

Die wahre Art, den Himmel zu verehren und seinen Vorfahren nachzueifern, ist es, die[jenigen] mit Güte zu behandeln, die weit sind, und die[jenigen] nach ihrem Verdienst zu fördern, die nahe sind [...], den
5 Staat vor Gefahren zu schützen, bevor sie eintreffen, und mit Weisheit die Unruhen, die auftreten könnten, zu verhindern. [...] Das Schicksal der Kaiser ist durch den Himmel bestimmt: Wenn sie sich eines langen Lebens erfreuen sollen, kann ihnen entsprechend
10 dem Schicksal nichts zum Hindernis werden, wenn sie sich eines gesicherten Friedens erfreuen sollen, kann nichts dies ändern. [...] Ich habe nicht gewagt, etwas aus der Staatskasse sinnlos auszugeben [...], es ist das Blut des Volkes. Ich habe nur das ausgegeben,
15 was notwendig war zur Ausrüstung der Armeen und zur Hilfe bei Hungersnöten.

Zit. nach: Guillaume Pauthier: Chine ou description historique d'apies des documents chinois, Paris: Firmin Didot Frères 1837, S. 438 ff. [übers. v. Klaus Mading].

b) Der Hongwu-Kaiser (reg. 1368 – 1398) war der Begründer der Ming-Dynastie. Er stammte aus armen Verhältnissen und schaffte es, als fähiger Rebellenanführer die Fremdherrschaft der Mongolen in China zu beenden und das Himmelsmandat für sich zu beanspruchen. Mit sehr strengem Vorgehen gegen Korruption und jegliche Kritiker seiner Herrschaft versuchte er, nach jahrelangem Krieg, Hungersnöten und Seuchen das Reich neu zu ordnen. Seine „Sechs Unterweisungen" wurden im ganzen Reich bekannt gemacht:

Es erging ein Befehl an das Volk im Reich, dass in jedem Dorf und jeder Gemeinde eine Holzglocke aufzuhängen sei. Ein Alter oder Blinder solle dann ausgewählt werden, der jeden Monat sechs Mal mit der
5 Holzglocke durch die Straßen geht und ruft: „Seid ehrfurchtsvoll und gehorsam gegen die Eltern! Seid respektvoll gegen Ältere und ehrerbietig gegen Höherstehende! Wahrt Harmonie und Eintracht im Heimatort! Unterweist eure Kinder und Enkel! Ein jeder
10 sei zufrieden mit seinem Gewerbe! Tut nichts, was man nicht tun sollte!"

Zit. nach: Kai Vogelsang, Geschichte Chinas, Stuttgart: Reclam 2013 (3. Aufl.), S. 373.

c) Selbst die Art der Kleidung, die die Bevölkerung tragen durfte, war unter dem Hongwu-Kaiser streng geregelt:

Das gemeine Volk darf seine Kopftücher nicht mit Gold oder Jade, Achat, Korallen, Bernstein schmücken; auf ihren Kappen dürfen sie keine Spitzen tragen und sie nur mit Kristallen oder Dufthölzern
5 schmücken. [...] Bauern dürfen dünne Seidengarne, Taft und Leinen tragen, Händler nur Taft und Leinen. [...] Dem gemeinen Volk ist streng verboten, geschmückte Stiefel zu tragen, sie dürfen nur lederne Schäfte tragen. [...] Händlern, Gesinde, Sängerinnen
10 und Unterhaltern sowie niederem Volk ist es verboten, Zobelfell zu tragen.

Zit. nach: Kai Vogelsang: Geschichte Chinas, Stuttgart: Reclam 2013 (3. Aufl.), S. 373.

1. ●●○ Erläutern Sie mithilfe der Begriffe Himmelsmandat, Hierarchie und Meritokratie den Regierungsapparat im China der späten Kaiserzeit. Ziehen Sie hierfür sowohl den Darstellungstext als auch die Quellen heran.
→ Text, M7 – M9

2. ●●○ Vergleichen Sie die Quellen M9 a) bis c) hinsichtlich des Einsatzes konfuzianischer Ideale durch den Kangxi- und den Hongwu-Kaiser.
→ Text, M9

Die Lehren des Konfuzius

M 10 *Konfuzius im Kreis seiner Schüler*
Gemälde (Ausschnitt) auf Seide, um 1200

M 11   Aus den „Gesprächen" des Konfuzius

Die sogenannten Analekte (Gespräche) des Konfuzius bilden einen der 13 klassischen konfuzianischen Texte. Folgende Auszüge befassen sich mit Themen des alltäglichen Lebens:

a) Zizhang befragte Konfuzius zur Menschlichkeit. Konfuzius sagte: „Wenn ein Individuum fünf verschiedene Dinge irgendwo in der Welt praktiziert, ist er ein Mann der Menschlichkeit."

5 „Darf ich fragen, was diese Dinge sind?", sagte Zizhang.

Konfuzius antwortete: „Ehrfurcht, Großzügigkeit, Aufrichtigkeit, Fleiß und Güte. Wenn eine Person ehrfürchtig handelt, wird sie nicht beleidigt werden.

10 Wenn sie großzügig ist, wird sie Menschen für sich gewinnen. Wenn sie aufrichtig ist, werden ihr die Menschen vertrauen. Wenn sie fleißig ist, wird sie Großes erreichen. Wenn sie gütig ist, wird sie andere beeinflussen können."

b) Meng Yizi stellte eine Frage zum Respekt gegenüber den Eltern.

Konfuzius sagte: „Kränke deine Eltern nicht. [...] Wenn du ihren Rat nicht befolgen willst, verhalte

5 dich weiterhin ehrfurchtsvoll ihnen gegenüber, ohne sie zu kränken oder ihnen nicht zu gehorchen, arbeite hart und murre nicht. [...] Wenn deine Eltern am Leben sind, diene ihnen gemäß ritueller und Anstandsregeln. Wenn sie gestorben sind, begrabe sie

10 und bring gemäß ritueller und Anstandsregeln Opfer für sie dar."

c) Jikangzi befragte Konfuzius zum Regieren und stellte die Frage: „Was würdest du davon halten, wenn ich jene ohne Prinzipien töten würde, um denen mit Prinzipien zu helfen?"

5 Konfuzius antwortete: „Du bist die Regierung. Warum musst du töten? Wenn du willst, was gut ist, werden die Menschen gut sein. Die Tugend eines Ehrenmanns ist wie der Wind, die Tugend des kleinen Mannes wie das Gras. Wenn der Wind bläst, muss

10 sich das Gras neigen."

Zit. nach: Patricia Buckley Ebrey (ed.): Chinese Civilization – A Sourcebook, New York: The Free Press 1993 (2nd. ed.), S. 19 ff. [übers. v. Daniel Schumacher].

1. ●●○ Erläutern Sie, wie die konfuzianischen Grundwerte Gutherzigkeit und Rechtschaffenheit eine Welt ohne Chaos ermöglichen sollten. Untersuchen Sie hierzu an M11 die Erwartungen an das Verhalten des Einzelnen und den zwischenmenschlichen Umgang in verschiedenen Bereichen der Gesellschaft.
   → Text, M11

2. ●●○ Vergleichen Sie die konfuzianischen Verhaltensregeln mit den heute in unserer Gesellschaft verbreiteten Normen, indem Sie Unterschiede und Gemeinsamkeiten notieren.
   → Text, M11

3. ●●● Beurteilen Sie, inwieweit die Lehren des Konfuzius heute noch Relevanz haben können.
   → Text, M11

2. Chinas „goldenes Zeitalter"

Obwohl das chinesische Kaiserreich zum Überleben nie auf den Außenhandel angewiesen war, stiegen vor allem während der „hellen" (míng) Ming-Dynastie (1368–1644) die maritimen Handelsverbindungen und diplomatischen Beziehungen Chinas stark an. Grund hierfür war zunächst der Wunsch des Yongle-Kaisers (1360–1424), seine unrechtmäßig durch einen Staatsstreich erlangte Herrschaft zu legitimieren. Mit sieben großen Expeditionen unter Admiral Zheng He versuchte der Kaiser, auch auf den Meeren Asiens seine Stellung als „Herrscher von allem unter dem Himmel" zu bestätigen. Die riesigen „Schatzflotten" Zheng Hes durchkreuzten Südostasien und den Indischen Ozean bis nach Ostafrika, sicherten Handelsrouten, forderten Tribute ein und machten Chinas militärische und wirtschaftliche Überlegenheit unmissverständlich klar.

Doch bereits kurz nach dem Tod des Yongle-Kaisers und Zheng Hes letzter Expedition 1433 setzen interne Machtkämpfe und die wachsende Bedrohung der nördlichen Landesgrenzen durch die Mongolen der kaiserlichen Machtexpansion ein Ende. Das Tor stand fortan offen für neue Akteure und bald schon begannen europäische Kaufleute, sich in den asiatischen Handelsraum einzufügen und ihn schließlich im 19. Jahrhundert zu dominieren. Das Ende der chinesischen Übersee-Expeditionen bedeutete jedoch keine vollständige Abschottung Chinas. Trotz strenger Außenhandelsverbote bedienten sowohl private Kaufleute als auch in Südostasien ansässige chinesische Auswanderergemeinden weiterhin die Handelsrouten nach China.

In China selbst brach sich ab dem 16. Jahrhundert eine wirtschaftliche Revolution Bahn. Dank des Ausbaus der Verkehrswege innerhalb Chinas konnten Luxusgüter aus bestimmten Regionen günstig transportiert und mit hohem Profit im ganzen Land verkauft werden. Für viele Haushalte lohnte es sich nun, nicht nur für den Eigenbedarf zu wirtschaften, sondern auch ein Nebengewerbe zu betreiben. Zahllose Händler durchzogen das Land. Hatten Kaufleute in der Sozialordnung zuvor noch unter den Bauern rangiert, so rückten sie an die zweite Stelle und standen nun unmittelbar hinter den Beamten.

Chinas neue, auf Gewinn ausgerichtete Wirtschaft wuchs weiter, als das Reich Anschluss an den globalen Markt fand. Mit der Umstellung vom inflationsgeplagten Papiergeld auf Silber als Zahlungsmittel stieg die Nachfrage nach diesem in China nur spärlich vorhanden Edelmetall stark an. Geliefert wurde das Silber aus Japan und vor allem aus den europäischen Kolonien in Südamerika. Ab Mitte des 16. Jahrhunderts floss ein großer Teil des weltweit verfügbaren Silbers vom mexikanischen Acapulco über das philippinische Manila, die beide Teil „Neuspaniens" waren, nach China. Hier wurden dafür große Mengen an Luxuswaren wie Seide und Porzellan für den europäischen und den lateinamerikanischen Markt eingekauft. China rückte allmählich ins Zentrum eines aufkeimenden Weltwirtschaftssystems.

M 1 *Yongle-Kaiser (1360–1424) Dritter Kaiser der Ming-Dynastie von 1402 bis 1424, machte Beijing zur Hauptstadt des Reiches und festigte mithilfe seines berühmten Admirals Zheng He Chinas Vormachtstellung in Asien, zeitgenössische Darstellung.*

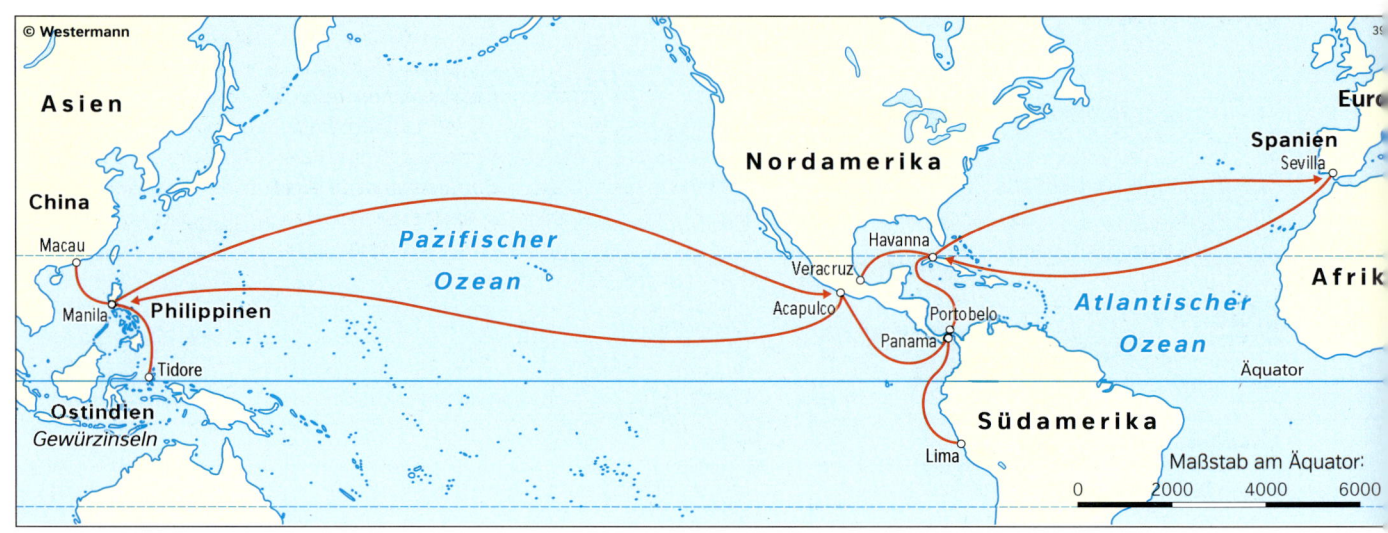

© Westermann

M 2 *Die Acapulco-Manila-Route*

Diese Route war der Hauptseeweg, auf dem das Silber aus den Minen „Neuspaniens" vom 16. bis zum 19. Jahrhundert zum Handelsknotenpunkt Manila in den – ebenfalls spanisch regierten – Philippinen verschifft wurde. Von dort gelangte es nach China. Auf dem Rückweg transportierten die europäischen Schiffe chinesische Luxusgüter nach Neuspanien, von wo sie u. a. nach Europa gelangten.

Wie regiert man ein Vielvölkerreich?

Zu noch größeren Höhen stieg China während der Qing-Dynastie (1644–1912) unter der Fremdherrschaft der Mandschu auf, die das Reich der Ming erobert hatten. Die Qing versuchten, Nomaden aus Zentralasien und sesshafte Bauern aus China in einem Reich friedlich zu regieren: nicht durch die Integration dieser Bevölkerungsgruppen, sondern durch deren klare Trennung und unterschiedliche Rechtsprechung. Die chinesische Mehrheitsbevölkerung wurde unter Strukturen regiert, die man von den Ming übernommen hatte; Minderheiten wie Muslime und Mongolen nach ihren jeweils eigenen Gesetzen. Während die Qing von Peking aus regierten, dort Chinesisch sprachen und konfuzianische Werte vorlebten, unterhielten sie zugleich eine zentralasiatische Kaiserresidenz in der Stadt Jehol. Hier präsentierten sie sich als mandschurische Kriegsherren und förderten den tibetischen Buddhismus, dem die Mongolen anhingen.

Mit ihrer schlagkräftigen, ebenfalls nach dem Prinzip der Völkertrennung organisierten Armee aus mandschurischen, mongolischen und chinesischen Berufssoldaten gelangen den drei mächtigsten Qing-Kaisern zahlreiche Eroberungen: 1684 annektierte das Kaiserreich die Insel Formosa (Taiwan), 1759 eroberte es die Region Xinjiang und zwischen den 1720er- und 1790er-Jahren übte es großen Einfluss in Tibet aus (annektierte es aber nie). China war damit im 18. Jahrhundert so groß, so divers und so mächtig wie nie zuvor.

Die neue Vielfalt wurde jedoch einer strengen Kontrolle unterworfen, zu der sogar Frisurenvorschriften gehörten: Fast alle Männer im Reich mussten sich die Haare vorne abschneiden und am Hinterkopf zu einem für die Mandschu typischen Zopf flechten. Wer sich diesem Zeichen der Unterwerfung widersetzte, konnte mit dem Tod bestraft werden.

Die Qing waren Förderer von Literatur und Kunst, was zu einer kulturellen Blüte führte. Zugleich bestimmten die Qing-Kaiser damit aber auch, was im Reich gelesen werden konnte, was als schön galt und was inhaltlich akzeptiert wurde. Alle Mandschu-kritischen Werke wurden vernichtet, ihre Autoren wurden verfolgt. Auch die Lokalverwaltungen wurden stark überwacht. Die Kaiser unternahmen Reisen durch ganz China und gaben sich als tugendhafte, konfuzianische Herrscher, um so für die fremde

M 3 *Ein Mann mit Schirm und „Mandschu-Zopf"* *Koloriertes Foto, um 1900*

M 4 *China im 18. Jahrhundert.*
Im späten 17. Jahrhundert waren der Süden Chinas und die Insel Taiwan erobert worden. Im 18. Jahrhundert folgten die muslimischen Grenzgebiete im Westen (Xinjiang) und stärkere Einflussnahme in Tibet. China war damit doppelt so groß wie zu Ming-Zeiten und auch größer als heute.

Mandschu-Dynastie zu werben. Sie arbeiteten zudem von früh bis spät, um immer über alles im Bilde zu sein, was im Reich und am Hof vor sich ging. Mandschu-Kritiker und korrupte Beamte wurden hart bestraft, Loyalität und gute Verwaltungsarbeit wurden belohnt.

Dank ihrer strengen Kontrollmechanismen blieb die Herrschaft der Qing über einhundert Jahre lang (Ende 17. bis Ende 18. Jahrhundert) stabil. Gleichzeitig sorgten gute klimatische Bedingungen und hoch entwickelte vorindustrielle Anbau- und Produktionstechniken für gesteigerte Erträge in der Landwirtschaft. Auch die medizinische Versorgung wurde besser, sodass die durchschnittliche Lebenserwartung auf knapp vierzig Jahre anstieg – deutlich mehr als in Europa zu jener Zeit. Die Bevölkerung Chinas wuchs bis 1800 auf über 350 Millionen Menschen an. Dies entsprach damals etwa einem Viertel der Weltbevölkerung.

Im Laufe der fortschreitenden Kommerzialisierung Chinas wurden auch Stoffe, die Frauen zu Hause webten und bestickten, zu wertvollen Einkommensquellen für die Familien. Dies trug dazu bei, dass die Wertschätzung von Frauen und Mädchen in der Gesellschaft zunahm. Zudem gaben steigende Bildungschancen den Frauen mehr Möglichkeiten, sich Gehör zu verschaffen und sich mit anderen Frauen zu vernetzen. Die alten Familienhierarchien blieben den-

noch intakt. Von den sozialen Aufstiegschancen, die die Blütezeit der Qing brachte, profitierten vor allem Männer.

Die steigenden Bevölkerungszahlen erhöhten aber den gesellschaftlichen Druck und führten zu großen Binnenmigrationen: Einerseits zogen viele Menschen in die wachsenden Handelszentren im Osten und Süden Chinas, wo es Arbeit gab. In den dortigen Städten entwickelte sich eine offene und gewerbeorientierte Kultur, die weit in die umliegenden Dörfer ausstrahlte. Andererseits förderten die Qing auch gezielt die Besiedlung des Nordens und (Süd-)Westens des Reiches. Hier ließen sich Millionen Han-Chinesen nieder und veränderten langfristig die Bevölkerungszusammensetzung. In den Provinzen Yunnan und Guizhou wurden die Einheimischen dadurch sogar zu Minderheiten, was für Spannungen zwischen den Bevölkerungsgruppen sorgte. Um 1800 zeigten sich dann zunehmend Risse in der zuvor strahlenden Fassade des wohlhabendsten Landes der Erde.

• •

1. ●●○ Erläutern Sie, inwieweit China während der Ming-Dynastie sich in einem „goldenen Zeitalter" befand.
→ Text

2. ●●● Überprüfen Sie anhand des Darstellungstextes, ob diese Zuschreibung auf die Zeit der Ming- und Qing-Dynastien zutrifft. Berücksichtigen Sie dabei die Aspekte „Sicherheit", „Wirtschaft" und „soziale Situation".
→ Text

Die Expeditionen des Zheng He

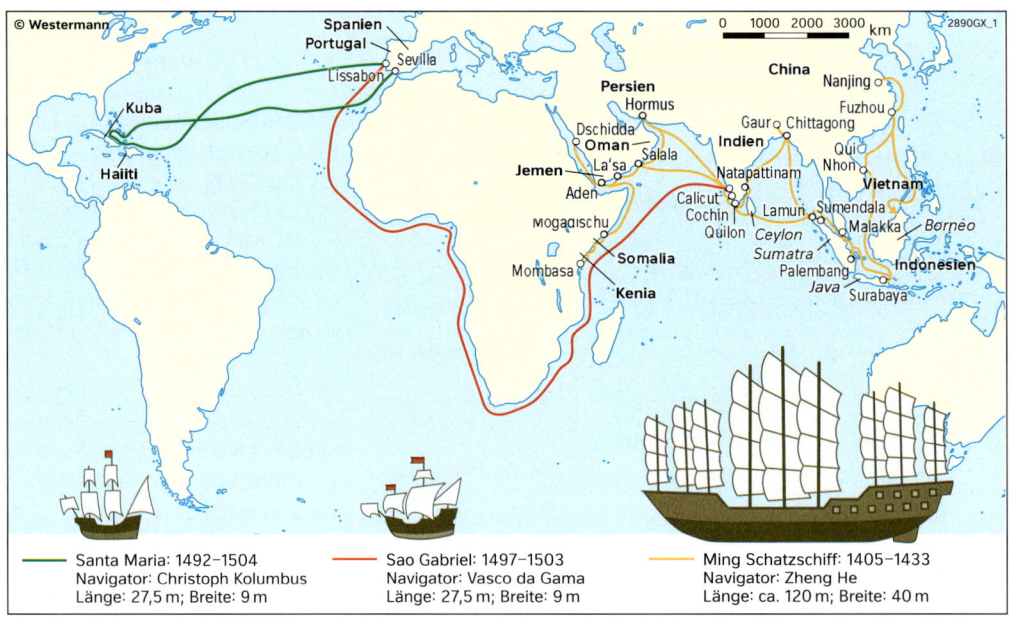

 **5**　*Die Seerouten des chinesischen Admirals Zheng He, des Italieners Christoph Kolumbus und des Portugiesen Vasco da Gama*

M 6　Erobert China die Welt?

Interview mit der Historikerin Sabine Dabringhaus über das Großmachtdenken der Ming-Kaiser im 15. Jahrhundert (2011):

ZEIT Geschichte: [...] China verfügte zu Anfang des 15. Jahrhunderts über die größte Entdeckerflotte, die die Welt je gesehen hat ...

Dabringhaus: ... die sogenannte Schatzflotte des drit-
5 ten Ming-Kaisers [Yongle] war keineswegs eine „Entdeckerflotte", denn anders als die Europäer brachen die Chinesen nicht auf, um neue Seewege zu finden und fremde Länder zu erobern. [...]

ZEIT Geschichte: Immerhin segelte diese gewaltige
10 Schatzflotte bis nach Ostafrika.

Dabringhaus: Ja, aber nicht um Kolonien zu errichten, Handelsstationen aufzubauen oder zu missionieren wie etwa die Portugiesen, die zur selben Zeit die afrikanische Westküste erkundeten. Es ging darum,
15 die Macht des Kaisers zu festigen – durch Demonstration von Stärke nach außen. [...] Zheng He wollte aber durchaus herausfinden, welche Reichtümer die Länder im Südwesten besaßen. Er brachte Tributgeschenke mit, darunter aus Afrika, eine lebende Giraf-
20 fe. Seinerseits verschenkte er Seide und Porzellan.

ZEIT Geschichte: Lief das immer friedlich ab?

Dabringhaus: Nein, das waren schließlich Militärs! Aber die Absicht war nicht von vornherein kriegerisch, es ging nicht um militärische Beherrschung. [...]
25 ZEIT Geschichte: Mit Blick auf die europäischen Entdeckungen und Eroberungen sprechen wir von einer eurozentristischen Sicht auf die Weltgeschichte. Lässt sich analog von Chinozentrismus sprechen?

Dabringhaus: Gewiss! Die Han-Chinesen begriffen
30 sich während der Ming-Dynastie als die höchstentwickelte Kultur überhaupt. Auch das Interesse an Europa war daher nicht sonderlich groß. China hatte ja alles, was es brauchte, es gab keine Notwendigkeit zur Expansion wie im frühneuzeitlichen Europa, wo
35 zahlreiche kleine Staaten konkurrierten und an die Rohstoffe und die teuren Gewürze aus fernen Ländern herankommen wollten. Sowohl China als auch Europa begriffen sich als Reiche der Mitte. Nur dass die Europäer von ihrer Mitte aus in die Welt auszo-
40 gen, um sie zu beherrschen, und die Chinesen es gewohnt waren, ohnehin schon unbestrittener Herrscher zu sein und die Welt bei sich zu empfangen.

Sabine Dabringhaus, Christian Staas: „Mitte der Welt"; in: ZEIT Geschichte Nr. 1/2011 (15.02.2011); https://www.zeit.de/zeit-geschichte/2011/01/Interview-Historikerin-Dabringhaus/komplettansicht [letzter Zugriff: 25.10.2022].

Der Kaiser – Ein Gemälde analysieren

Zur Darstellung des Kaisers:

Der Maler: Guiseppe Castiglione (1688 – 1766) war ein Jesuit aus Italien. Er lebte fünfzig Jahre lang in China und diente den drei großen Qing-Kaisern als Hofmaler und Architekt. Er kombinierte Formen traditioneller chinesischer Porträts mit den naturnahen Darstellungsweisen der westlichen Kunst seiner Zeit.

Die Kleidung des Kaisers: Sie ist der Reiterkleidung der Mandschu nachempfunden. Die überlangen Ärmel schützten vor Kälte, und ihre Aufschläge haben die Form von Hufen. Zudem trägt der Kaiser hier „Reiterstiefel" und eine mandschurische Mütze mit Pelzkrempe.

Die Farbe Hellgelb: Sie war allein dem Kaiser vorbehalten. Sein enger Familienkreis trug dunklere Gelb-Schattierungen.

Die Drachensymbolik: Der Drache gilt als das ranghöchste Tier. Er repräsentiert Glück und die Energie des Kosmos (qì). Je ein Drache ist auf der Vorder- und der Rückseite des Gewandes sowie auf beiden Ärmeln eingestickt. Sie stehen für die vier Haupthimmelsrichtungen. Weitere Drachen unten auf dem Gewand schweben über dem „Ozean des Universums", dessen Wellen sich am „Berg der Erde" brechen.

M 7   *Der Qianlong-Kaiser (reg. 1735–1796) im Hofgewand*
Er war einer der am längsten regierenden Kaiser. Unter ihm erreichte die Blütezeit der Qing ihren Höhepunkt und so gilt er heute als einer der größten Herrscher Chinas, Gemälde von Guiseppe Castiglione, 1736, heute im Palastmuseum Peking.

1. **a)** ●●○ Arbeiten Sie aus dem Darstellungstext und dem Interview M6 die Motivationen heraus, die hinter den chinesischen Seefahrten unter Zheng He steckten. Vergleichen Sie diese dann mit jenen der europäischen Seefahrer.
   b) ●●○ Stellen Sie die Bedeutung der Expeditionen von Zheng He für die Geschichte Chinas dar.
   c) ●●● Beurteilen Sie, ob man die Ming-Zeit als „verpasste Chance" Chinas auf dem Weg zur Weltmacht bezeichnen könnte.
   → Text, M6
2. ●●● Charakterisieren Sie anhand des Gemäldes M7 die neue Identität der Qing und deren Herrschaftspraxis. Ziehen Sie hierfür auch den Darstellungstext heran.
   → Text, M7

3. China und Europa vor dem imperialistischen Zeitalter

China als Vorbild für ein krisengeplagtes Europa?

Ab dem späten 16. Jahrhundert studierten jesuitische Missionare die chinesische Sprache in der Hafenstadt Macau, einem Außenposten Portugals an Chinas Südküste. Sie sorgten dafür, dass neben Handelsgütern auch neue Ideen nach China kamen. Sie übersetzten religiöse und wissenschaftliche Texte aus Europa ins Chinesische und bekehrten sogar einige kaiserliche Beamte zum Katholizismus. Durch umfangreiche sprachliche, soziale und intellektuelle Anpassung an die chinesische Kultur gelang es missionierenden Jesuiten, die wie der Italiener Matteo Ricci (1552 – 1610) oder der Deutsche Johann Adam Schall von Bell (1592 – 1666) jahrzehntelang in China lebten, sogar Zugang zu den höchsten Kreisen des Kaiserhofes zu erhalten. Ihre Übersetzungen und Beratertätigkeiten beeinflussten Mathematik, Geografie und Kartografie in China nachhaltig. Diese Kenntnisse waren für die chinesischen Kaiser vorallem auch von militärischem Interesse. So wurden die Jesuiten am kaiserlichen Hof der Ming- und Qing-Dynastien auch beauftragt, die mittlerweile für ihre Fortschrittlichkeit bekannten europäischen Kanonen nachzubauen. Diese kamen dann sowohl bei der Verteidigung der Hauptstadt gegen Invasoren als auch der Niederschlagung von Rebellionen zum Einsatz.

Auf der anderen Seite erlaubten die Berichte der Jesuiten aus China und ihre Übersetzungen konfuzianischer Texte auch den Menschen in Europa neue Einblicke in das ferne und fremde Reich in Ostasien. So trugen die Jesuiten wesentlich zu einem China-Bild bei, das von Bewunderung und Wertschätzung geprägt war. Dieses Bild entstand in einer Zeit, in der Europa mit den Folgen politischer Fragmentierung und den zerstörerischen Konfessionskriegen des 16. und 17. Jahrhunderts zu kämpfen hatte. Auch als das chinesische Kaiserreich im 18. Jahrhundert seinen machtpolitischen Zenit erreichte und eine lange Periode an Stabilität und Wohlstand erfuhr, waren die Verhältnisse in

M 2 *China in Berlin*
Porzellankabinett im Schloss Charlottenburg (im Erweiterungsbau des Erdgeschosses von 1701 – 1713), akuelles Foto

M 1 *Der Jesuit Matteo Ricci (links) und der berühmte Konvertit Xu Guangqi, Minister am kaiserlichen Hof* Ricci und Xu übersetzten gemeinsam das mathematische Werk „Die Elemente" von Euklid ins Chinesische. Zudem übersetzte Ricci auch die klassischen konfuzianischen Texte ins Lateinische und fertige portugiesisch-chinesische Wörterbücher an, Druck aus dem Jahr 1667.

den europäischen Staaten und der atlantischen Welt von Krieg und politischen Revolutionen gekennzeichnet. Aufklärung, koloniale Expansion und aufkommende Industrialisierung trugen schließlich dazu bei, dass sich das Chinabild wandelte, weil sich in Europa die Überzeugung einer kulturellen Überlegenheit ausbreitete.

Europas Vorstoß nach Asien

Im Jahr 1498 landete der portugiesische Seefahrer Vasco da Gama im Hafen von Calicut (dem heutigen Kozhikode) an der indischen Malabarküste im Südwesten des Landes. Er war damit der erste Europäer, der nachweislich einen direkten Seeweg von Europa, um den afrikanischen Kontinent herum, nach Indien entdeckt hatte. Diese Fahrt stieß das Tor für weitere europäische Expeditionen in asiatische Gewässer auf. Denn Europas Kaufleute versprachen sich davon direkten Zugang zu den hoch geschätzten Gewürzen der Region, die mit enormem Profit nach Europa verschifft werden konnten. Portugiesische und spanische Seefahrer erlangten im Laufe des 16. Jahrhunderts mit Gewalt oder unter Aushandlung von Abkommen die Kontrolle über wichtige Hafenorte, darunter das indische Goa (1510), das malaiische Malakka (1511), Teile der heutigen Philippinen (1565) und das chinesische Macau (1557). Der Indische Ozean und die Meere Südostasiens wurden jedoch von bereits existierenden, komplexen Handelsnetzwerken durchzogen, die etwa von arabischen, indischen, malaiischen oder chinesischen Kaufleuten bespielt wurden. Die Europäer waren nur ein Handelspartner von vielen und mussten sich in die bestehenden Netzwerke Asiens einfügen. Im Laufe des 17. und 18. Jahrhunderts dehnten vor allem niederländische und britische Kaufleute den europäischen Einflussbereich auf Teile der Inselwelt des heutigen Indonesiens, des indischen Subkontinents und des Südchinesischen Meers aus. Sie legten damit den Grundstein für Europas spätere dominante Stellung in Asien.

Eine Mission für mehr Handel

In diesem Kontext sah sich im 18. Jahrhundert die Imperialmacht Großbritannien einem Problem gegenüber. Im Jahr 1757 hatten die chinesischen Behörden den Zugang zum riesigen Markt des Kaiserreichs für Europäer auf nur einen Hafen an Chinas Südküste beschränkt, die Stadt Kanton (das heutige Guangzhou). Dies limitierte die Handelsmöglichkeiten mit dem riesigen Reich der Qing erheblich. Im Jahr 1793 entsandte die britische Regierung schließlich zum ersten Mal eine diplomatische Mission nach China. Sie stand unter der Führung von Lord Macartney und sollte dem Kaiser eine Reihe an Forderungen unterbreiten, darunter die Öffnung weiterer chinesischer Hafenstädte für den Handel mit Großbritannien sowie die Einrichtung einer permanenten diplomatischen Präsenz in der chinesischen Hauptstadt. Letzteres war aus britischer Sicht wichtig, da es sonst kaum Möglichkeiten gab, mit der Führung des Kaiserreichs in direkten Kontakt zu treten und seinen Einfluss geltend zu machen. Denn China führte diplomatische Beziehungen mit dem Ausland nicht nach einem europäischen System, in dem dauerhafte Auslandsvertretungen eine zentrale Rolle spielten.

China unterhielt als diplomatisches Instrument ein nach strengen Ritualen organisiertes Tributsystem. Dieses sah vor, dass Vertreter ausländischer Staaten vorübergehend für eine Audienz an den kaiserlichen Hof reisten. Dorten sollten sie sich dann für ihre eigene Regierung die offizielle Zustimmung dafür einholen, im eigenen Land rechtmäßig herrschen zu dürfen. Denn der chinesische Kaiser verstand sich schließlich als Herrscher von „allem unter dem Himmel". Um diese Anerkennung zu erhalten, entrichteten die ausländischen Vertreter Tribut und vollzogen bei ihrem Besuch vor dem Kaiser den sogenannten Kotau – eine neunmalige, tiefe Verbeugung – um ihre Unterwürfigkeit zu bezeugen. Ganz

M 3 *Salon in einem englischen Landhaus* Eingerichtet um 1720

gleich, ob die Tributstaaten tatsächlich an ihre eigene Unterlegenheit glaubten, war das Einhalten dieser Rituale in ihrem Interesse. Denn neben der politischen Legitimierung in einer von China dominierten Welt, konnten die Tributstaaten als Gegenleistung auf Schutz durch China hoffen und es wurde ihnen das lukrative Privileg eingeräumt, mit dem Kaiserreich Handel zu treiben. Folgerichtig wurde die Macartney-Mission in China auch in diesem Kontext des Tributsystems wahrgenommen.

Macartney trifft auf den Qianlong-Kaiser

Macartney und seine Gesandtschaft erreichten Peking im August 1793 und wurden anschließend am 14. September vom Qianlong-Kaiser in seiner zentralasiatischen Residenz in Jehol empfangen. Sie waren jedoch nicht die einzige ausländische Gesandtschaft, die zur selben Zeit vor dem Kaiser erscheinen durfte. Auch Delegationen aus einigen Nachbarstaaten Chinas waren zugegen, um dem Kaiser Tribut zu zollen. Bereits vor der Audienz hatte Macartney jedoch die Aussetzung der Kotau-Vorschrift beantragt. Er wollte vermeiden, dem Kaiser Chinas größere Ehrerbietung erweisen zu müssen als seinem eigenen König. Der Qianlong-Kaiser könne, so Macartneys Perspektive, keinesfalls als dem

englischen König überlegen anerkannt werden – bestenfalls als gleichwertig. Diese „Verhandlungen" im Vorfeld stießen jedoch beim Qianlong-Kaiser auf wenig Verständnis. Während der Audienz kniete Macartney dann dennoch nur einmal nieder, wie er es auch vor dem englischen König getan hätte. Und die Geschenke, die die Macartney-Mission mitgebracht hatte, waren nicht als Tribute gedacht, sondern als Zeugnisse der Fortschrittlichkeit der britischen Wissenschaft und Industrie. Darunter befanden sich moderne Feuerwaffen, Teppiche und Wollwaren sowie Gemälde der britischen Königsfamilie und ein riesiges Planetarium, dessen Bau 30 Jahre gedauert hatte. Diese Geschenke sollten beeindrucken, nicht Unterwürfigkeit bezeugen. Doch so funktionierten diplomatische Begegnungen im Reich der Qing nicht. So hatte der Qianlong-Kaiser etwa für die aufwändige Planetariumskonstruktion nur beiläufige Blicke übrig und befand sie als als „gut genug, um Kinder zu unterhalten".

Wichtigstes Präsent der Macartney-Mission war jedoch der ins Chinesische übersetzte Brief von König Georg III. mit den Forderungen Großbritanniens an China. Obwohl nach chinesischen Unterwürfigkeitsnormen formuliert, waren die darin enthaltenen Ansprüche für den Qianlong-Kaiser nicht annehmbar. Denn aus seiner Sicht verstieß etwa die Einrichtung einer permanen-

M 4   *Dem Qianlong-Kaiser (1711–1799) werden Pferde als Tribut dargebracht.*
Der Kotau, das mehrmalige tiefe Verneigen vor dem Kaiser, ist das Zeichen der Unterwerfung und der Anerkennung der übergeordneten Macht des chinesischen Kaisers, zeitgenössische Darstellung.

ten ausländischen Botschaft in Peking gegen die althergebrachten Weisen Chinas, Diplomatie und Außenhandel zu organisieren. Es könne also keine Ausnahme für ein weit entferntes, fremdes Land wie Großbritannien gemacht werden.

Interpretationen der Macartney-Mission

Am 3. Oktober 1793 wies der Qianlong-Kaiser in einem eigenen Schreiben an den englischen König alle Forderungen zurück und befal der Macartney-Mission drei Tage später, und für diese völlig überraschend, das Land zu verlassen. Macartney war bei seiner Ankunft in China noch vom Reichtum und der „Exotik" des Kaiserreichs tief beeindruckt gewesen. Als es aber klar wurde, dass seine Mission gescheitert war, beschrieb er China in seinem Tagebuch als „Tyrannei einer Handvoll Tataren über mehr als dreihundert Millionen Chinesen". Er prophezeite gar, dass Chinas „Tag der Abrechnung" nicht nur unvermeidlich sei, sondern unmittelbar bevorstehe. Diese Darstellung stand in krassem Gegensatz zu dem Bild, das viele Europäer bisher von China als tugendhaftem und stabilem Großreich gehabt hatten. Die Idee, China sei arrogant, despotisch und stünde allem Fremdem (sprich: Modernem) feindselig gegenüber, verfestigte sich in Folge im europäischen Be-

wusstsein. Gleichzeitig wurde Macartney in Großbritannien selbst zur Witzfigur stilisiert, die sich vor selbstwichtigen chinesischen Beamten erniedrigte.

Die Historikerin Joanna Waley-Cohen mahnt aber zur Vorsicht, das damalige China als völlig abgehoben oder isolationistisch zu begreifen. Sie argumentiert vielmehr, dass China darum kämpfte, eine Balance „zwischen der Aufnahme ausländischer Einflüsse und der Beibehaltung der Autonomie und einer unverwechselbaren nationalen Identität" zu finden. Ein Interesse an ausländischen Waren und Ideen sei zu jener Zeit, vor allem in der chinesischen Oberschicht, genauso vorhanden gewesen, wie es umgekehrt eine Begeisterung für alles Chinesische in den Herrscherhäusern Europas gegeben habe.

Der Historiker Stephen R. Platt bietet eine weitere Interpretation an, die die abrupte Ausweisung der Macartney-Mission erklären mag. Während Macartneys Besuch in China gab es mehrere Todesfälle innerhalb seiner Gesandtschaft – den letzten Ende September, nach dem Geburtstagsbankett des Kaisers. Platt berichtet von Gerüchten im kaiserlichen Palast, die vermuten lassen, der Qianlong-Kaiser habe die Macartney-Mission zur vorzeitigen Abreise angewiesen, da er befürchtete, deren Mitglieder litten an einer ansteckenden Krankheit, die auch seinen Hof gefährden könnte.

M 5 *„Der Empfang des Diplomaten und seines Gefolges am Hof von Peking"* Englische Karikatur von James Gillray, 1792

Die China-Bilder der Europäer

M 6   Vom Klassenbesten zum „schwarzen Schaf"?

Die Asienwissenschaftlerin Ji Fengyuan beschreibt, wie die Menschen in Europa zwischen ca. 1300 und 1800 China sahen (2017):

[Der Ton] der frühesten westlichen Abhandlungen über China [...] wurde durch ihre Hauptquelle bestimmt, einen Bericht [...], der von dem venezianischen Reisenden Marco Polo diktiert wurde und um 5 1300 erstmals erschien. Das China, das er beschrieb, war nicht statisch, schwach oder minderwertig, sondern ein Land von fast unvorstellbarer Pracht, Luxus und Raffinesse. [...] Die Mitglieder [der] gebildeten Elite bewunderten China, [...] weil sie sich von Chi-10 nas sozialer Hierarchie, seiner Stabilität und seinem Vertrauen auf eine Reihe vormoderner Werte angezogen fühlten, die viel mit ihren eigenen gemein hatten. Der positive Tenor der ersten Diskurse wurde nach der Ankunft der Jesuitenmissionare in China im Jahr 15 1582 gefestigt. Die Jesuiten wollten China bekehren, indem sie den Kaiser und die konfuzianische Elite für sich gewannen. Deshalb lernten sie Chinesisch, übersetzten die Werke des Konfuzius, behandelten die lokalen Bräuche mit Respekt, spielten Aspekte der chi-20 nesischen Kultur, die ihnen nicht gefielen, herunter und betonten die Kompatibilität zwischen Konfuzianismus und Christentum. Ihre Schriften vermittelten das faszinierende Bild eines riesigen und geordneten Reiches, das von gelehrten Verwaltern zusammengeh-25 alten wurde, die ihr Amt durch die Beherrschung einer Philosophie der Regierung und der sozialen Beziehungen erlangten, die weitgehend mit dem Christentum vereinbar war. [...].
Die Schriften der Jesuiten wurden von Intellektuellen 30 der Aufklärung wie Voltaire, die gegen die Macht der Kirche kämpften, sich für die Beendigung der religiösen Verfolgung einsetzten und sich als Berater der Herrscher und Architekten von Reformen profilierten, zu ganz anderen Zwecken genutzt. Für sie war 35 China ein Vorbild: ein Land, das frei von einer mächtigen und verfolgenden Kirche war, und ein Land, das „von einem Philosophenkönig mithilfe von Literaten" regiert wurde, die „aufgrund ihres intellektuellen und moralischen Ansehens" ausgewählt worden 40 waren. [...] In diesem Diskurs wurde China als Mittel zum Angriff auf die westlichen Institutionen, Gesetze und Praktiken gepriesen, die diesen Reformern missfielen.

In der frühen und mittleren Phase der Aufklärung 45 gab es jedoch zwei weniger positive Diskurse über China. Einer davon wurde von den Gegnern der Jesuiten innerhalb der katholischen Kirche, den Dominikanern und Franziskanern, vertreten, die argumentierten, dass der Erfolg der Jesuiten auf ihrer Toleranz 50 gegenüber heidnischen Bräuchen beruhte. Dieser Diskurs erreichte sein Ziel, als der Papst 1704, 1715 und 1742 die konfuzianischen Riten verdammte. [...]. Der zweite kritische Diskurs über China in dieser Zeit wurde von Intellektuellen wie Rousseau geführt, 55 deren wichtigstes Anliegen es war, die Versuche der europäischen Monarchen zu vereiteln, eine absolute Herrschaft zu errichten [...]. Diese Intellektuellen verwandelten China in eine Warnung vor den Gefahren des Absolutismus, indem sie dem „Philosophen-60 könig" die Rolle eines orientalischen Despoten zuschrieben, der Religion und Einschüchterung zur Durchsetzung seiner Herrschaft einsetzte. [...]
Der immer stärker werdende Diskurs gegen den orientalischen Despotismus war Teil eines allgemeinen 65 Trends, denn in den ersten Jahrzehnten des neunzehnten Jahrhunderts waren die meisten Kommentare über China feindselig oder ablehnend. Wie kam es zu diesem Wandel? Er hatte seinen Ursprung in den Modernisierungsprozessen, die den Westen nach 70 1750 veränderten, seine Macht und sein Selbstbewusstsein stärkten, seine Werte veränderten und ihn von den Zivilisationen abhoben, die ihm bis dahin ebenbürtig gewesen waren. Die wissenschaftliche Revolution, die technologischen Durchbrüche, die 75 wirtschaftliche Entwicklung und die imperialistische Expansion schienen zu zeigen, dass Europa nicht nur das antike Griechenland und Rom, sondern auch zeitgenössische Reiche wie das Osmanische Reich, Indien und China überflügelt hatte. Diese Fortschritte 80 führten zu einem fortschrittlichen Geschichtsbild, bei dem Europa an der Spitze des Fortschritts stand und andere Teile der Welt als Relikte früherer historischer Entwicklungsstufen abgetan wurden. [...] Von der Behauptung, die traditionelle chinesische Kultur 85 sei unflexibel und habe keine Dynamik des Wandels, war es nur ein kurzer Schritt zu einem Diskurs, der die imperialistische Aggression als einzige Möglichkeit rechtfertigte, China für den Handel, für fortschrittliche westliche Einflüsse und für die moderne 90 Welt zu „öffnen".

Ji Fengyuan: "The West and China: discourses, agenda and change"; in: Critical Discourse Studies 14/4, London: Taylor & Francis Group 2017, S. 325 – 340 [übers. v. Daniel Schumacher].

Das Scheitern der Macartney-Mission – Eine Deutung

 M 7   Alles nur ein Missverständnis?

Die China-Wissenschaftlerin Henrietta Harrison beschreibt unterschiedliche Interpretationen des Scheiterns der Macartney-Mission (2017):

Als der Kaiser [Ende September 1793 die britischen Forderungen] las, fand er sie höchst unangenehm: Die Briten wollten nicht nur einen ständigen Botschafter in Peking haben (um die Provinzregierung
5 [im südchinesischen] Guangdong zu umgehen), sondern auch in den Häfen entlang der Küste und in Peking Handel treiben, Steuererleichterungen erhalten und eine der Zhoushan-Inseln vor der Küste in der Nähe des Hafens von Ningbo sowie einen Stützpunkt
10 in der Nähe von Guangzhou erhalten. Ein formelhaftes Schreiben an den englischen König, das zuvor als Antwort [auf den Besuch der Macartney-Mission] verfasst worden war, wurde verworfen, und eine neue Version wurde nach den persönlichen Anwei-
15 sungen des Kaisers verfasst. Der Brief geht auf die einzelnen britischen Bitten ein und lehnt sie alle ab. Obwohl viele Leser angenommen haben, dass diese Ablehnung durch den Zorn des Kaisers über Macartneys Weigerung, sich zu verneigen, verursacht wur-
20 de, werden der Kotau oder andere protokollarische Fragen nicht erwähnt […].
Der Gesamteindruck, den die Archive vermitteln, ist, dass die Notwendigkeit einer wirksamen militärischen und diplomatischen Antwort auf die britischen
25 Forderungen dem Qianlong-Kaiser sehr viel wichtiger war als der Kotau und andere protokollarische Fragen, die vor der Ankunft der Gesandtschaft in Peking diskutiert wurden. […]
[I]n all[en chinesischen] Berichten, die während der
30 Qing-Dynastie verfasst wurden, wird die Macartney-Mission als eine Verteidigungsangelegenheit betrachtet […]. [W]oher kommt dann die bekannte Interpretation […], die sich auf die Frage des Kotau konzentriert? […]
35 Macartney […] stammte aus einem europäischen Kontext, in dem die Beziehungen zwischen den Herrschern großen Veränderungen unterworfen waren und Änderungen im diplomatischen Protokoll eine zentrale Rolle dabei spielten, wie diese Veränderun-
40 gen ausgehandelt wurden. […] In diesem Kontext […] überrascht es nicht, dass die Sorge über die Zeremonien, mit denen der chinesische Kaiser den Gesandten eines englischen Königs empfangen würde, für die Briten ein wichtiges Thema war, lange bevor die
45 Gesandtschaft London verließ. […] Die Westler betrachteten ein akzeptables Protokoll als wesentlich für ihre Beziehungen zu China, und ihre Vertreter weigerten sich, die Standardformen der Qing-Hofetikette einzuhalten, mit der Begründung, dass sie nicht
50 die Vertreter von Tributstaaten seien. […]

Henrietta Harrison: "The Qianlong Emperor's Letter to George III and the Early-Twentieth-Century Origins of Ideas about Traditional China's Foreign Relations"; in: The American Historical Review, June 2017, Oxford: Oxford University Press 2017, S. 684 ff. [übers. v. Daniel Schumacher].

---

1. a) ●●● Erstellen Sie eine Zeitleiste (oder eine andere geeignete grafische Darstellung), aus der die Wandlungen des China-Bildes der Europäer von etwa 1300 bis 1800 deutlich werden.
b) ●●○ Verdeutlichen Sie dabei Phasen der positiven und negativen Wahrnehmung.
c) ●●● Ordnen Sie die Quellen M1 – M5 jeweils einer Phase zu. Begründen Sie ihre Wahl.
d) ●●● Erörtern Sie, inwieweit die damaligen Wahrnehmungen heute noch von Bedeutung sind.
→ Text, M1 – M6

2. a) ●●○ Stellen Sie den Ablauf der Macartney-Mission dar.
b) ●●● Erörtern Sie die Frage „Alles nur ein Missverständnis?".
→ Text, M7

4. Aufstieg der europäischen Mächte – Geburtsstunde der modernen Welt?

Während das Kaiserreich China Ende des 18. Jahrhunderts seinen wirtschaftlich-politischen Zenit erreicht hatte, war, ausgehend von Europa, bereits ein Modernisierungs- und Globalisierungsschub in Gang gekommen. Dieser verschob innerhalb der nächsten einhundert Jahre die Machtzentren der Welt spürbar von Ost nach West. Im Laufe des „langen 19. Jahrhunderts" (ca. 1750–1914) beschleunigten sich zuvor angestoßene Neuordnungsprozesse, die die gesellschaftlichen Rollen, Wahrnehmungen und alltäglichen Handlungsspielräume von Menschen sowie die geopolitischen Verhältnisse drastisch veränderten.

Wichtige Impulsgeber dieser Modernisierung fanden sich vor allem in den europäischen Staaten. Personen wie die Philosophen Immanuel Kant und Adam Smith, der Dichter Johann Wolfgang Goethe, die gelehrten Brüder von Humboldt, der Physiker Alessandro Volta oder die Frauenrechtlerin Harriet Mill „erfanden" und interpretierten die Welt auf wissenschaftlicher Basis neu. Gleichzeitig kreierten politische Revolutionen inner- und außerhalb Europas neue Staaten mit Volksvertretungen, die sich mit unterschiedlichen Geschwindigkeiten industrialisierten: von den USA (1776) über Frankreich (1789) bis Japan (1868) und China (1911). Die Menschen versuchten nicht mehr, ihre Gesellschaften lediglich zu „renovieren", indem sie sich auf eine meist idealisierte Vergangenheit bezogen – in Europa z. B. auf die Antike und in China auf die frühe Kaiserzeit. Stattdessen wollte man etwas gänzlich Neues erschaffen, „modern sein". Denn „modern sein", so beschrieb es der Historiker Christopher Bayly 2004, „ist ein Streben, auf der Höhe der Zeit zu sein".

Die rapide Verwandlung der Welt schuf neben neuen Freiheiten aber zugleich auch neue Bedrohungen, die man umfassend zu ordnen und zu kontrollieren versuchte. All das, was die Epoche „modern" machte, war in sich selbst von Widersprüchen gekennzeichnet:

- Nationalstaatsbildung sowie Auf- und Ausbau von Imperien: Neu entstehende Staatsgebilde waren darauf ausgerichtet, jeweils eine Nation zu umfassen, also Menschen, denen vereinende Merkmale wie Sprache, Kultur und eine gemeinsame Geschichte zugeschrieben wurden. Diese Nationen erhoben den Anspruch auf eigene staatliche Souveränität, traten jedoch selbst vermehrt als Zwang ausübende und teils monarchische Imperialmächte auf.
- Industrialisierung und Urbanisierung: Neue Industrien veränderten die zuvor agrarisch geprägte Welt grundlegend. Die Menschen konzentrierten sich zunehmend in Städten und entwickelten neue Lebensweisen. Es kam zu enormen Produktivitätssteigerungen, die aber auch mit Elend (Pauperismus) und Umweltzerstörung einhergingen.
- Zivilgesellschaftliche Emanzipation: Erstmals organisierten sich Menschen außerhalb der Führungseliten langfristig in eigenen Massenorganisationen. Diese halfen ihnen, Rechte einzufordern und eigene Werte zu verfechten. Da die Interessen und Ansichten der unterschiedlichen Gruppen häufig sehr gegensätzlich waren, entstanden damit aber auch gänzlich neue Bruchlinien und Konflikte.
- Mobilitätssteigerung: Innovationen im Transport- und Wirtschaftswesen vernetzten wachsende Waren- und Informationsströme global und ermöglichten zunehmende Massenmigrationen über ganze Kontinente. Dies schuf neue Chancen, bedeutete für viele Menschen aber auch stetige Unsicherheit und Entwurzelung.

Vorreiter dieser Modernisierungsprozesse wie Großbritannien exportierten ihre Rechtssysteme, Verwaltungs- und Wirtschaftsstrukturen sowie Welt- und Menschenbilder ganz selbstverständlich als globale Norm der Moderne, in der „vor-moderne" Menschen „zivilisiert" werden oder verschwinden mussten. Weltweiter Handel und der Imperialismus ermöglichten den Export dieser westlichen Spielart der Moderne.

Imperialismus – eine Einführung

Der Begriff „Imperialismus" stammt vom lateinischen Wort „imperium" ab, das in der römischen Geschichte zunächst „Befehlsvollmacht" und später sowohl „Herrschaft" als auch „Herrschaftsgebiet" bedeutete. Heute ist der Begriff weitgehend negativ konnotiert, insbesondere wenn zwischenstaatliche Abhängigkeitsverhältnisse als „imperialistisch" bezeichnet werden. Während der Begriff des „Imperiums" zur Beschreibung unterschiedlichster geschichtlicher Reiche dienen kann, bezeichnet der Epochenbegriff „Imperialismus" einen konkreten historischen Zeitabschnitt: Die Jahre zwischen 1880 und 1914 (Beginn des Ersten Weltkrieges) gelten als „Zeitalter des Imperialismus", da hier ein globaler „Wettlauf" europäischer Mächte, der USA und Japans um die Aufteilung angeblich noch „herrenloser" Gebiete stattfand.

Kolonialismus ist eine besondere Form des Imperialismus. Der Historiker Jürgen Osterhammel erklärt den Unterschied zwischen diesen beiden Herrschaftsverhältnissen so: „Imperialismus wird von Staatskanzleien, Außen- und Kriegsministerien geplant und gemacht, Kolonialismus von Kolonialbehörden und ‚men on the spot'."

Der Imperialismus präsentierte sich in zwei unterschiedlichen Varianten der Machtausübung:

1. Informelle Herrschaft: Es gibt keine Kolonialverwaltung, die einheimischen Strukturen des schwächeren Staates bleiben erhalten. Dieser ist aber nicht selbstbestimmt, sondern wird von einer Kollaborationselite geführt, die der stärkere Staat kontrolliert. Der stärkere Staat unterhält oft nur eine minimale Präsenz vor Ort, z.B. in Form von Handelsstützpunkten. Er übt aber Druck aus, um seine – zumeist wirtschaftlichen – Interessen durchzusetzen. Dazu dienen ihm militärische Mittel („Kanonenbootpolitik"), juristische Sonderrechte („ungleiche Verträge") oder ein gewisser Grad der wirtschaftlichen Durchdringung des schwächeren Staates.

2. Formelle Herrschaft: Dies ist eine direkte Form der Herrschaftsausübung. Sie kann aufgrund von Landnahme und Gründung von Siedlergemeinden durch den stärkeren Staat auch als Kolonialismus bezeichnet werden. Der stärkere Staat ersetzt hier die einheimischen Machthaber, übt die zentralen Hoheitsfunktionen im schwächeren Staat aus und bringt diesen damit in eine dauerhafte Abhängigkeit. Der Lebensalltag der so beherrschten Gesellschaft wird unmittelbar

M 1   *Die Welt in der Kralle*
Diese französische Karikatur von 1899 zeigt die Welt in den Krallen Großbritanniens. Der Text „Honni soit qui mal y pense" („Verachtet sei, wer Böses dabei denkt") ist das Motto des sogenannten Hosenbandordens, des höchsten englischen Ordens.

vom stärkeren Staat beeinflusst. Formelle Herr-
schaftsgebilde, obwohl durchaus profitabel für
Kaufleute, waren oft kostspielige Prestigeobjek-
te für die Macht ausübenden Staaten.

Formeller (direkter) und informeller (indirekter)
Imperialismus schlossen einander nicht aus.
Es handelte sich vielmehr um unterschiedliche
Strategien, deren Einsatz von den Rahmenbe-
dingungen abhängig war. Beide Strategien dien-
ten größtenteils der Öffnung neuer Märkte, der
Erschließung von Rohstoffquellen sowie dem
Erzielen von Handelsvorteilen.

Die „Europäisierung der Welt"

Die heutige Welt zeichnet sich durch eine internationale Verflechtung der Volkswirtschaften
und einen globalen Markt für Waren, Dienst-
leistungen und Kapital aus. Die Globalisierung
der Wirtschaft nahm ihren ganz allmählichen
Anfang im Zeitalter der europäischen Entdeckungen und des europäischen Kolonialismus
um das Jahr 1500. Zwar war die (gewaltsame)
kontinentale Expansion europäischer Staaten
bereits in der Antike und im Mittelalter ein Mittel
zur Konsolidierung und Erweiterung von Macht
und Einfluss, doch die Expansion Europas nach
Übersee schlug ein neues Kapitel der Europäisierung und Vernetzung der Welt auf. Dieser
Prozess begann mit der spanischen Eroberung
und Kolonisierung der Reiche der Azteken und
Inka im heutigen Mexiko bzw. Peru im 16. Jahrhundert. In dieser Phase standen der Abbau
von Edelmetallen und die auf Sklavenarbeit
aufgebaute Plantagenwirtschaft im Mittelpunkt.
Hierfür verschifften die europäischen Staaten
vor allem im 17. und 18. Jahrhundert im sogenannten Dreieckshandel Fertigwaren von Europa nach Afrika, wo diese zum „Einkauf" von
über zwölf Millionen Menschen als Sklaven verwendet wurden. Diese wurden als Arbeitskräfte
über den Atlantik in die „Neue Welt" gebracht,
wobei rund zwei Millionen Menschen schon die
Überfahrt nicht überlebten. Auf dem amerikanischen Doppelkontinent und der Karibik wurden
die Sklaven gezwungen, Baumwolle, Zucker und
andere Erzeugnisse zu produzieren, die dann
wiederum nach Europa exportiert wurden.

Während sich die europäischen Seefahrer auf
dem Atlantischen Ozean von Anfang an als ton-
angebende Macht etablieren konnten, mussten

Kolonialreiche und Überseehandel um 1700
Besitzungen

▢ Spanien	▢ Niederlande
▢ Portugal	▢ Russland
▢ Frankreich	▢ Osmanisches Reich
▢ England	

1549 Jah
      bei
      ode
⎯ Wic
      See

sich Europas Kaufleute im Indischen Ozean in
bestehende Handelsnetzwerke der Araber, In-
der und Malaien einfügen. Die europäische Präsenz in Asien stützte sich auf ein Netzwerk von
teils mit Gewalt erworbenen Handelsstützpunkten, die vor allem im Gewürzhandel operierten.
Mit der Zeit gerieten aber auch größere Gebiete
unter die Kontrolle europäischer Handelskom-
panien, wie etwa Teile des indischen Subkontinents im 18. Jahrhundert.

Grönland

Russland

Lena — Jakutsk
Ob — Jenissej — Wolga
Tobolsk
Moskau

England
Niederlande
Frankreich
Astrachan
Portugal — Spanien
oren 45
Kanarische In. 1478/9?

Osmanisches Reich

Samarkand
Isfahan — Persien
Alexandria
Basra — Hormuz
Arabien
Maskat
Mekka
Aden
Sokotra
Indus

Mongolei
Peking
Kyoto — Japan

China — Ningbo
Macao 1557

Pazifischer Ozean

Indien — Kalkutta 1698
Daman — Diu — Bombay
Madras
Goa 1510
Pondicherry
Kotschin 1663
Ceylon 1658
Siam
Manila — Philippinen 1564
nach Amerika

St. Louis — Ft. James
Elmina — Accra
Gr. Friedrichsbg. (brandbg.)
Sklaven
Niger
Kongo
Malindi 1520
Sansibar
Angola 1574/1650
Mocambique 1507
Madagaskar — Ft. Dauphin 1642
Bourbon
Mauritius 1598

Indischer Ozean

Sumatra
Malakka
Borneo
Batavia 1619
Java
Neuguinea

Australien

Kapland 1602/52
Kapstadt 1652

Wichtige Handelswaren

- Gewürze (Zimt, Nelken, Pfeffer, Muskat)
- Drogen
- Tee
- Kaffee
- Weihrauch
- Zucker
- Edelhölzer
- Tabak
- Reis
- Indigo
- Baumwollwaren
- Teppiche
- Pelze, Häute
- Perlen
- Elfenbein
- Porzellan
- Lackwaren
- Duftstoffe

Bergbau

- Gold
- Silber
- Zinn
- Salpeter
- Diamanten
- Sklaven

tznahme,
r der Gründung
ng

weg

Im Laufe des „langen 19. Jahrhunderts" verdichteten sich die Handelsverbindungen zwischen Europa, Afrika, Amerika und Asien zu langfristigen wirtschaftlichen Interdependenzen. Besonders nach 1880 versuchten die mächtigen europäischen Staaten sowie die USA und Japan, das zu ihren Gunsten geschaffene technologisch-wirtschaftliche Ungleichgewicht in der Welt zur Ausweitung ihrer kolonialen Territorien zu nutzen. Die imperialistischen Länder waren bestrebt, durch möglichst ausgedehnte koloniale Besitzungen zu „Weltreichen" nach dem Vorbild des britischen Empire heranzuwachsen. Maßgebliche Grundlage hierfür war die Industrialisierung, die strukturelle Unterschiede zwischen den imperialistischen Staaten – den „Zentren" – und den abhängig gemachten Territorien – ihren „Peripherien" – vertieften. Dieses Machtgefälle wurde zum Beispiel in wegweisenden Innovationen wie dem Dampfschiff, der Telegrafie

M 2

oder dem Maschinengewehr sichtbar. Vielfach wurden die Staaten der Peripherie formell annektiert, um sie für konkurrierenden imperialistischen Staaten vom Handel ausschließen zu können. In den 1880er-Jahren setzte ein regelrechter Wettlauf europäischer Mächte um Kolonien in Afrika ein, in dessen Folge zwanzig Jahre später fast der gesamte Kontinent vereinnahmt war (mit Ausnahme von Äthiopien, Liberia und Marokko).

Mit der zunehmenden Schwächung des Kaiserreichs China geriet Ende des 19. Jahrhunderts auch diese Weltregion ins Fadenkreuz der Imperialmächte, was jedoch, anders als in Afrika, „nur" zu einer Reihe indirekter Herrschaftsverhältnisse führte.

Konkurrenz und Konflikt

In diesem Stadium der Expansion Europas spielten der nationale Machtwille und innenpolitische Faktoren eine immer größere Rolle. Der Imperialismus besaß in einer nationalistisch gestimmten Öffentlichkeit eine breite Basis: Erst der Besitz von Kolonien und Interessensphären in Übersee schien einem Land den Status einer Großmacht zu verleihen und das nationale

Prestigebedürfnis zu befriedigen. Die Konkurrenzsituation, die dadurch zwischen den Imperialmächten entstand, führte fast zwangsläufig zu politischen Spannungen. Das europäische Gleichgewicht war beständig durch diplomatische Zerwürfnisse und „Säbelrasseln" gefährdet. Auch wirkten die Konflikte an der Peripherie auf das europäische Zentrum zurück. Mehrfach drohten die Rivalitäten zwischen den imperialistischen Mächten zu einem Krieg zu eskalieren.

Die Inbesitznahme fremder Gebiete und die Aufrechterhaltung imperialer Herrschaft war kein friedlicher Prozess und ging nicht ohne die Kollaboration mit Eliten der Lokalbevölkerungen vonstatten. Die betroffenen Gesellschaften leisteten jedoch vielfach im Kleinen (z.B. durch Non-Kooperation auf Gemeindeebene) wie im Großen (etwa in Form von Aufständen) Widerstand, besonders wenn die Kolonialmacht das Land in Besitz nahm und die Einheimischen der Zwangsarbeit und Besteuerung unterwarf. Ähnlich reagierten die Unterworfenen auch auf die christliche Missionierung, die ihre eigenen Weltanschauungen und Traditionen infrage stellte.

Kolonialkriege gegen die Lokalbevölkerungen wurden zwar oftmals zugunsten der technologisch überlegenen Kolonisatoren entschieden, doch gab es auch bedeutende militärische Niederlagen der Kolonialmächte (1836 Frankreich in Algerien; 1842 Großbritannien in Afghanistan; 1896 Italien in Äthiopien). Die erfolgreiche Revolution im von Frankreich kolonisierten Saint-Domingue in der Karibik, wo Schwarze Sklaven 1804 einen ersten eigenen Staat (das heutige Haiti) schufen, zeigte überdies, dass eine Kolonie die vom „aufgeklärten" Europa propagierten Ideale „Freiheit, Gleichheit, Selbstbestimmung und Bürgerrechte" für sich selbst beanspruchen und auch militärisch durchzusetzen vermochte. Eine derartige Politisierung und Mobilisierung breiter Bevölkerungsschichten jenseits der Eliten übertrug sich jedoch weder auf die islamische Welt noch auf Afrika oder Asien, sodass es dort zu keinem Systemsturz „von unten" kam.

Sozialdarwinismus und Missionierung

Unter den Ideen und Ideologien, die den Imperialismus befeuerten, war kaum eine so

M 3　*„The World's Plunderers"*
US-amerikanische Karikatur von Thomas Nast, 1885

wirkmächtig wie der Sozialdarwinismus. Dieses Konzept knüpfte an die evolutionstheoretischen Arbeiten des Naturforschers Charles Darwin (1809–1882) an. Darwin hatte die Theorie entwickelt, dass sich die Tierwelt im Laufe der Entwicklung immer wieder an veränderte Umweltbedingungen habe anpassen müssen. Nur Tiere, denen dies gelungen sei, hätten überleben können. Diese Theorie der natürlichen Auslese übertrug der Philosoph Herbert Spencer (1820–1903) von der Tierwelt auf die Konkurrenzsituation von Gesellschaften: Nur die am besten angepassten Individuen würden überleben („survival of the fittest"), schrieb Spencer 1864. Gesellschaftliches wurde dadurch biologisiert: Die „höher Entwickelten" – als die sich die meisten Europäer selbst sahen – müssten sich zum Wohle der gesamten Menschheit gegen die „Unterentwickelten" durchsetzen. Dieses heute als Sozialdarwinismus bezeichnete Denkmuster erschien vielen Zeitgenossen plausibel und

von der (waffen)technologischen Überlegenheit der Europäer bestätigt.

Die imperialistische Politik verstand sich selbst als Prozess der „natürlichen Auslese" im Einklang mit den Gesetzen der Natur. Nach Auffassung der Sozialdarwinisten war es geradezu die Pflicht der Imperialisten, als unterentwickelt klassifizierte Gesellschaften zu beherrschen, da die Menschheit insgesamt ansonsten dem Untergang geweiht wäre. Der Sozialdarwinismus diente der Legitimation von Herrschaft im Allgemeinen und des Imperialismus im Besonderen. Ihre Ergänzung fand diese Ideologie in der Idee der christlichen Missionierung: Diese rechtfertigte den Kolonialismus mit der angeblichen „Pflicht des weißen Mannes" („White Man's Burden"), den „unterentwickelten Völkern" den zivilisatorischen Fortschritt nach europäischem Vorbild und den christlichen Glauben zu bringen, um so zur Humanisierung der Welt beizutragen.

M 4   Kolonialreiche um 1914

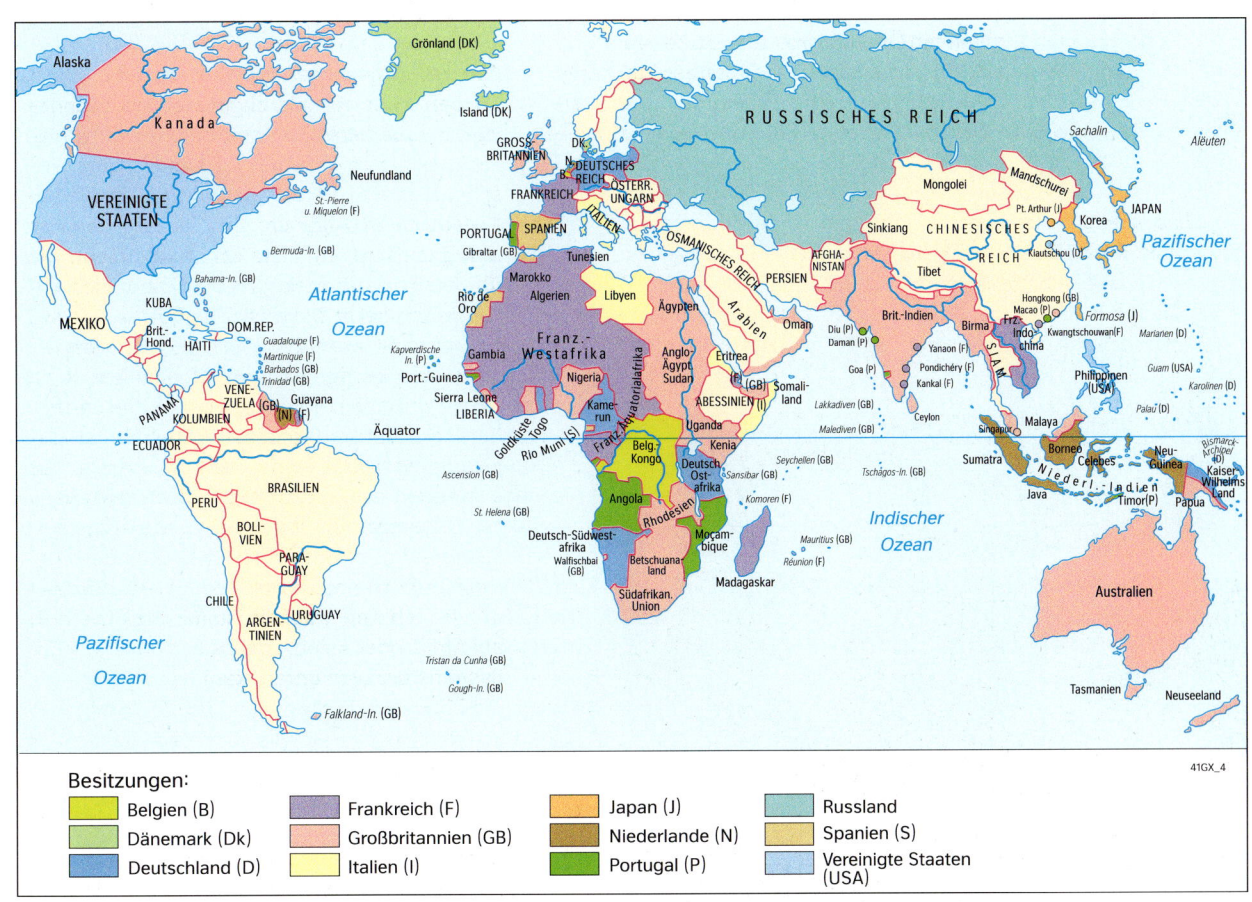

Besitzungen:
- Belgien (B)
- Dänemark (Dk)
- Deutschland (D)
- Frankreich (F)
- Großbritannien (GB)
- Italien (I)
- Japan (J)
- Niederlande (N)
- Portugal (P)
- Russland
- Spanien (S)
- Vereinigte Staaten (USA)

Motive des Imperialismus – Beispiele aus Großbritannien

M 5 Manifest des Imperialismus

Der britische Politiker und spätere Premierminister Benjamin Disraeli hielt am 24. Juni 1872 im Crystal Palace (in London) folgende Rede:

Wenn ich „konservativ" sage, so gebrauche ich das Wort in seinem reinsten und erhabensten Sinn. Ich will damit sagen, dass das englische Volk, und besonders die arbeitenden Schichten Englands stolz darauf

5 sind, einem großen Land anzugehören, und seine Größe bewahren wollen – dass sie stolz sind, zu einem Imperium zu gehören, und entschlossen sind, ihr Imperium, wenn sie können, aufrechtzuerhalten – dass sie überhaupt glauben, dass die Größe und

10 das Weltreich Englands den altehrwürdigen Institutionen des Landes zuzuschreiben sind.
[...]
Meine Herren, es gibt noch ein anderes, zweites großes Ziel der Tory-Partei. Wenn es das erste Ziel ist,

15 die Institutionen des Landes aufrechtzuerhalten, so ist es meiner Meinung nach das zweite, das englische Empire zu stützen. Wenn Sie auf die Geschichte dieses Landes seit dem Aufstieg des Liberalismus – vor vierzig Jahren – blicken, so werden Sie finden, dass

20 keine Bemühung so anhaltend und so subtil gewesen, von so viel Energie unterstützt und mit so viel Fähigkeit und Scharfsinn vorangetrieben worden ist, wie die Versuche des Liberalismus, die Desintegration des Englischen Empire zu erreichen. [...] Staatsmän-

25 ner von höchstem Ansehen, Schriftsteller von hervorragendster Fähigkeit, die organisiertesten und

wirksamsten Mittel sind bei diesem Bemühen angewendet worden. Es ist uns allen bewiesen worden, dass wir durch unsere Kolonien Geld verloren haben.

30 Es ist mit mathematischer Genauigkeit nachgewiesen worden, dass es noch nie ein Juwel in der Krone Englands gegeben hat, das so wahrhaft teuer gewesen ist, wie der Besitz Indiens. Wie oft ist uns nicht geraten worden, wir sollten uns auf der Stelle von

35 diesem Albdruck befreien. Nun, dies wurde nahezu bewerkstelligt. Als das Land sich jene klug berechneten Ansichten unter dem einleuchtenden Vorwand zu eigen machte, den Kolonien Selbstverwaltung zu gewähren, da dachte ich, ich bekenne es, dass das Band

40 zerrissen sei. Nicht, dass ich persönlich etwas gegen Selbstverwaltung einzuwenden hätte. [...] Aber als die Selbstverwaltung zugestanden wurde, hätte sie meiner Meinung nach als Teil einer großen Politik imperialer Konsolidierung zugestanden werden müs-

45 sen. Sie hätte zusammen mit einem Reichszoll, mit Sicherheiten für das englische Volk hinsichtlich der Nutznießung der noch unverteilten Ländereien erfolgen müssen, die dem Herrscher als ihrem Treuhänder gehörten, und mit einem Militärgesetz, das die

50 Mittel und die Verantwortlichkeiten genau hätte festlegen müssen, mit denen die Kolonien verteidigt werden sollten und durch die dieses Land, wenn nötig, Hilfe seitens der Kolonien selbst anfordern sollte. Ferner hätte gleichzeitig die Einrichtung eines Re-

55 präsentationsorgans in der Hauptstadt getroffen werden müssen, mithilfe dessen die Kolonien in feste und dauernde Beziehungen zur Regierung des Mutterlandes gebracht worden wären. Alles dieses wurde jedoch unterlassen, weil diejenigen, die diese Politik

60 empfahlen – und ich glaube, ihre Überzeugungen waren ehrlich –, die englischen Kolonien, sogar unsere Beziehungen zu Indien, als eine Belastung dieses Landes ansahen, alles nur unter finanziellem Gesichtspunkt betrachteten und dabei völlig jene mora-

65 lischen und politischen Betrachtungen außer Acht ließen, die die Nationen groß machen und durch deren Einfluss allein die Menschen sich von Tieren unterscheiden.
Nun, was war das Ergebnis dieses Versuchs, während

70 der Herrschaft des Liberalismus die Desintegration des Empire zu bewerkstelligen? Er ist gänzlich gescheitert. Aber warum ist er gescheitert? Dank der Sympathien der Kolonien mit dem Mutterland. Sie haben entschieden, dass das Empire nicht zerstört

75 werden soll, und meiner Meinung nach wird kein Minister in diesem Land seine Pflicht tun, der eine Ge-

M 6 Benjamin Disraeli (1804–1881)
Foto, 1872

legenheit versäumt, so weit wie möglich unser koloniales Weltreich wiederaufzubauen und jenen Sympathiebekundungen aus der Ferne zu entsprechen, die die Quelle unabschätzbarer Stärke und Be-
80 glückung für dieses Land werden können. [...]
Es geht darum, ob Sie damit zufrieden sein wollen, ein bequemes England zu sein, das nach kontinentalen Prinzipien organisiert ist und in absehbarer Zeit
85 einem unvermeidlichen Schicksal anheimfallen wird, oder ob Sie ein großes Land sein wollen, ein Land, in dem Ihre Söhne, wenn sie aufsteigen, zu überragenden Positionen gelangen, und sich nicht nur die Wertschätzung ihrer Landsleute erwerben, sondern
90 den Respekt der ganzen Welt.

Zit. nach: Wolfgang J. Mommsen (Hg.): Imperialismus. Seine geistigen, politischen und wirtschaftlichen Grundlagen. Ein Quellen- und Arbeitsbuch, Hamburg: Hoffmann u. Campe 1977, S. 47 f.

M 7   Die auserwählte englische „Rasse"

Der Kolonialpolitiker und spätere Ministerpräsident der Kapkolonie Cecil John Rhodes (1853 – 1902) schrieb 1877:

Ich behaupte, dass wir die erste Rasse in der Welt sind und es für die Menschheit umso besser ist, je größere Teile der Welt wir bewohnen. Ich behaupte, dass je-
5 des Stück Land, das unserem Gebiet hinzugefügt wird, die Geburt von mehr Angehörigen der englischen Rasse bedeutet, die sonst nicht ins Dasein gerufen worden wären. Darüber hinaus bedeutet es einfach das Ende aller Kriege, wenn der größere Teil der Welt in unserer Herrschaft aufgeht [...].
10 Die Förderung des Britischen Empire, mit dem Ziel, die ganze zivilisierte Welt unter britische Herrschaft zu bringen, die Wiedergewinnung der Vereinigten Staaten, um die angelsächsische Rasse zu einem einzigen Weltreich zu machen: Was für ein Traum! Aber
15 dennoch ist er wahrscheinlich. Er ist realisierbar. [...]
Da [Gott] sich die Englisch sprechende Rasse offensichtlich zu seinem auserwählten Werkzeug geformt hat, durch welches er einen auf Gerechtigkeit, Freiheit und Frieden gegründeten Zustand der Gesell-
20 schaft hervorbringen will, muss es auch seinem Wunsch entsprechen, dass ich alles in meiner Macht Stehende tue, um jener Rasse so viel Spielraum und Macht wie möglich zu verschaffen. Wenn es einen Gott gibt, denke ich, so will er daher eines gern von
25 mir getan haben: nämlich so viel von der Karte Afrikas britisch-rot zu malen wie möglich und anderswo zu tun, was ich kann, um die Einheit der Englisch sprechenden Rasse zu fördern und ihren Einflussbereich auszudehnen.

Zit. nach: Peter Alter: Der Imperialismus. Grundlagen, Probleme, Theorien, Stuttgart: Klett 1979, S. 14.

M 8   Das Konzept des Empire

Joseph Chamberlain (1836 – 1914), britischer Kolonialminister 1895 – 1903, vor dem Royal Colonial Institute am 31. März 1897 über das wahre Konzept des Empire:

Aber das Britische Reich besteht nicht nur aus den sich selbst regierenden Kolonien und dem Vereinigten Königreich. Es umfasst ein viel größeres Gebiet und eine viel größere Menschenzahl in tropischen
5 Regionen, wo europäische Ansiedlung nicht möglich ist und die eingeborene Bevölkerung den Weißen an Zahl weit überlegen ist. Doch auch hier hat sich die Reichsidee gewandelt. Das Besitzgefühl ist vom Pflichtgefühl abgelöst worden. Wir fühlen nun, dass
10 unsre Herrschaft über diese Gebiete nur durch den Nachweis gerechtfertigt werden kann, dass sie zum Glück und Wohlergehen der Völker beiträgt. Ich behaupte, dass unsere Herrschaft in der Tat Sicherheit, Frieden und bescheidenen wirtschaftlichen Wohl-
15 stand für Länder gebracht hat und bringt, die solche Segnungen bislang nie gekannt haben.
Indem wir diese Zivilisationsarbeit ausführen, erfüllen wir das, was nach meiner Meinung unsre nationale Mission ist. Wir haben Raum gefunden für die
20 Entfaltung jener Fähigkeiten und Qualitäten, die uns zu einer großen Herrschaftsrasse haben werden lassen. Ich sage nicht, dass unser Erfolg in jedem Fall vollkommen war, und auch nicht, dass unsere Methoden immer einwandfrei waren. Doch ich sage,
25 dass in jedem Fall, in dem die Herrschaft der Königin und die Pax Britannica durchgesetzt wurden, größere Sicherheit für Leben und Eigentum und eine materielle Verbesserung der Lebensbedingungen für die Masse der Bevölkerung die Folge waren.

Zit. nach: Peter Alter: Der Imperialismus. Grundlagen, Probleme, Theorien, Stuttgart: Klett 1979, S. 18 f.

 M 9   Cecil John Rhodes (1853 – 1902)
Foto, 1901

Motive des Imperialismus – Beispiele aus Großbritannien

M 10 ***„The Rhodes Colossus“***
„Striding from Cape Town to Cairo“, englische Karikatur von Edward Linley Sambourne, in: Punch, 10. Dezember 1892

1. **a)** ●●○ Erläutern Sie mithilfe des Darstellungstextes Merkmale, Motive, Formen und Funktionen der imperialistischen Politik der europäischen Großmächte.
b) ●●● Überprüfen Sie anhand der Karte M4, ob zu jener Zeit von einer Europäisierung der Welt gesprochen werden kann.
c) ●●● Interpretieren Sie die Karikatur „The World's Plunderers“(M3) und nehmen Sie zur Aussage des Karikaturisten Stellung.
→ Text, M3 – M4

2. **a)** ●●● Analysieren die Rede Benjamin Disraelis (M5). Prüfen Sie, ob von einem „Manifest des Imperialismus“ gesprochen werden kann.
b) ●●● Untersuchen Sie die Darlegungen Cecil Rhodes' (M7) und Joseph Chamberlains (M8).
c) ●●● Vergleichen Sie die drei Positionen. Benennen Sie Gemeinsamkeiten und Unterschiede.
d) ●●● Beschreiben Sie die Karikatur M10, ordnen Sie sie in den historischen Kontext ein und beurteilen Sie die Aussage des Karikaturisten.
→ Text, M5 – M8, M10

Expansion Europas – Darstellungen vergleichen

Ⓜ 11   „Ich expandiere, also bin ich."

Der Historiker Wolfgang Reinhard analysierte 2016 die Expansion Europas aus historischer Perspektive.

Europa ist immer noch expansiv, obwohl seine weltgeschichtliche Führungsrolle längst der Vergangenheit angehört. 2013 umfasste die Europäische Union 28 Mitglieder. Ein Ende ihrer Expansion ist nicht ab-
5 zusehen, wobei die Herausforderung Russlands 2014 ohne Bedenken in Kauf genommen wurde. Aber Europa wächst kaum mehr mit Einsatz militärischer Gewalt wie einst, sondern kraft seiner wirtschaftlichen Attraktivität, also nicht durch seine eher margi-
10 nale hard power, sondern durch seine soft power. Denn nicht mehr die Verbreitung des wahren Glaubens oder die nationale Größe [...] ist wie einst das Leitmotiv der Europäer, sondern grenzenloses Wirtschaftswachstum. [...] *Ich expandiere, also bin ich* ist
15 eine angemessene Aktualisierung der klassischen philosophischen Formel für Europa. Europa war immer expansiv, keineswegs nur zwischen dem 15. und dem 20. Jahrhundert, als es weltweit über seine Grenzen hinausgriff. Es blieb ihm gar
20 nichts anderes übrig. Denn Europa ist nicht aus einem vorgegebenen, klar umgrenzten geographischen, ethnischen oder politischen Substrat herausgewachsen, sondern durch kontingente Expansionsprozesse entstanden, genauer durch die Zufälle von
25 drei sich überschneidenden Expansionen [Expansion des Römischen Reiches, des Frankenreiches danach und die Expansion der Römischen Kirche nach diesem]. [...]. Europa lässt sich weniger denn je territorial definieren, sondern nur prozessual als mentales,
30 dabei aber durchaus reales Konstrukt mit unterschiedlichen Zugehörigkeiten. Von Anfang an war Europa mit dem Prozess der eigenen Expansion identisch. Zur Expansion gehört [...] Gewalt! [...] Die ersten ge-
35 walttätigen Männer, Wikinger, italienische Händler, Kreuzfahrer, portugiesische Entdecker, spanische Conquistadoren und britische Seehelden, gehörten zu einem Typ Abenteurer, der schon in der Odyssee auftritt. Als Seefahrer waren diese Leute je nach Ge-
40 legenheit Kaufleute, Räuber, Sklavenhändler, Entdecker und Eroberer. Sie und nicht die Machthaber ihrer Herkunftsländer begannen mit der Expansion. Am Anfang der Kolonialreiche stand seltener die Initiative politischer Instanzen als die kooperative Selb-
45 storganisation interessierter Individuen in Netzwer-

ken bis hin zu den großen Handelsgesellschaften des 17. Jahrhunderts. Könige und Fürsten fanden die Beteiligung an diesen Geschäften lukrativ, wurden zur Legitimation herangezogen oder wollten sich die
50 Kontrolle über die Entwicklung sichern. Noch im 19./20. Jahrhundert ging die Initiative zur Expansion häufig von den Männern vor Ort (*men on the spot*) aus, Entdeckungsreisenden, Kaufleuten, Missionaren, Militärs und immer noch Abenteurern, die es ver-
55 standen, die Politik in ihre Unternehmungen hineinzuziehen. [...] Im Zusammenhang damit verbreitete Mission das lateinische Christentum. [...] Nun ist die Religion im Westen wie im Osten entgegen früheren Säkularisie-
60 rungstheorien zwar noch lebendig, aber seit der europäischen Aufklärung des 18. Jahrhunderts dennoch nicht mehr der Inbegriff von Kultur. Ausgerichtet auf diese autonome europäische Kultur mit ihrer säkularen Wissenschaft und Technologie, ihrer säkularen
65 Politik und ihrem säkularisierten Alltag haben sich Russland seit dem 18. Jahrhundert und die Türkei im 20. europäisiert. [...] Allzu häufig wurde die europäische Expansion auf Imperialismus und Kolonialismus in Übersee be-
70 schränkt, auf den erfolgreichen Drang nach Eroberung von Kolonien in Amerika, Asien und Afrika und deren Beherrschung und Ausbeutung. [...] Die Geschichte Russlands zeigt aber, dass imperiale Expansion und Herrschaft über Kolonien nicht nur mari-
75 tim, sondern auch kontinental im territorialen Zusammenhang mit dem Reichszentrum stattfand. Doch auch die maritime Expansion begann in Europa selbst und führte die ursprüngliche Selbstkonstitution Europas durch Expansion einfach über Europa
80 hinaus fort. [...] Offensichtlich lief Expansion innerhalb wie außerhalb Europas auf Reichsbildung hinaus. Kolonialreiche stellen nur Varianten europäischer Reiche dar [...]. Kolonialherrschaft ist zwar Fremdherrschaft,
85 wie sie auch in anderen Reichen häufig ist, aber Fremdherrschaft unter zusätzlicher Ausnutzung einer partiellen oder generellen Entwicklungsdifferenz zwischen Herren und Beherrschten. [...] Doch wie kam es überhaupt zu den europäischen
90 Entdeckungen, die in der jüngeren Weltgeschichte nichts Vergleichbares haben? [...] Wie kam es zu der ausschlaggebenden Entwicklungsdifferenz im Allgemeinen und zur konkreten Expansion europäischer Völker im Besonderen? [...]
95 (1) Während der frühen europäischen Expansion in der Welt vom 15. bis zum 17. Jahrhundert kann wie

Expansion Europas – Darstellungen vergleichen

zur Zeit ihrer Vorläufer im europäischen Mittelalter von genereller Überlegenheit der Europäer gegenüber den asiatischen Hochkulturen keine Rede sein. [...]

100 (2) Das änderte sich erst seit dem späten 18. Jahrhundert, [...] weil die europäischen Reiche sich in Machtstaaten verwandelten, denen bis ins 20. Jahrhundert niemand mehr gewachsen war und die daher ungescheut zusätzliche Reichsbildung im Rest der Welt

105 anstreben konnten. [...]

Zum einen die besondere Wissenskultur, die unter anderem in der einzigartigen europäischen Einrichtung der Universität verankert war. Sie prämierte [...] systematische Neugier. Dazu gehörte eine hochent-

110 wickelte Technik zum Übersetzen aus fremden Sprachen und Kulturen, die aus dem Zwang zum ständigen Umgang mit dem jüdischen und dem antiken Erbe der eigenen Kultur erwachsen war. Zum anderen der mit dieser Wissenskultur unterfütterte christ-

115 liche Wille zur Weltmission gemäß dem Befehl des Religionsstifters: Machet alle Völker zu Jüngern! (Mt 28,19). [...]

Damit sind aber die Anfänge der Expansion in die außereuropäische Welt so wenig erklärt wie mit dem

120 Profitstreben von Kaufleuten, mit dem Ehrgeiz abenteuerlustiger Ritter, mit der Planung von Politikern und schon gar nicht mit jenem Prunkstück kulturhistorischer Konstruktion von 1860, dem Renaissancemenschen, der angeblich die Ketten mittelalterlicher

125 Beschränktheit, die es nie gab, abschüttelte und zur Entdeckung der Welt und des Menschen aufbrach. Wir können zwar Voraussetzungen, Rahmenbedingungen und die Antriebe aller eben genannten Leute analysieren und damit plausible Szenarien konstruie-

130 ren. Eine kausale Gesamterklärung der europäischen Expansion ist aber auf diese Weise nicht zu finden. Denn auch die europäische Expansion kommt wie die meisten geschichtlichen Ereignisse, Prozesse und Strukturen durch einzelne Zufälle und deren aber-

135 mals zufällige Häufung zustande, die freilich durch Voraussetzungen, Rahmenbedingungen und zeittypische Antriebe kanalisiert wird.

Wolfgang Reinhard: Die Unterwerfung der Welt. Globalgeschichte der Europäischen Expansion 1415–2015, München: C. H. Beck 2016, S. 17–30.

M 12 Die sechs „Killer-Apps" Europas

Der Historiker Niall Ferguson versuchte 2011, eine Antwort auf die Frage danach zu finden, was zur globalen Dominanz westlicher Staaten geführt hatte:

Warum hat der Westen den Rest [der Welt] dominiert und nicht umgekehrt? Ich habe argumentiert, dass es daran lag, dass der Westen sechs Killeranwendungen entwickelt hat, die dem Rest fehlten. Diese waren:

5 1. Wettbewerb, da Europa selbst politisch zersplittert war und es innerhalb jeder Monarchie oder Republik mehrere konkurrierende Gebilde gab.

2. Die wissenschaftliche Revolution, da alle großen Durchbrüche des 17. Jahrhunderts in Mathematik,

10 Astronomie, Physik, Chemie und Biologie in Westeuropa stattfanden.

3. Die Rechtsstaatlichkeit und die repräsentative Regierung, da sich in der englischsprachigen Welt ein optimales System der sozialen und politischen Ord-

15 nung herausgebildet hat, das auf dem Recht auf Privateigentum und der Vertretung der Eigentümer durch gewählte Gesetzgeber beruht.

4. Die moderne Medizin, da fast alle wichtigen Durchbrüche des 19. und 20. Jahrhunderts im Ge-

20 sundheitswesen, einschließlich der Bekämpfung von Tropenkrankheiten, von Westeuropäern und Nordamerikanern erzielt wurden.

5. Die Konsumgesellschaft, da die Industrielle Revolution dort stattfand, wo es sowohl ein Angebot an

25 produktivitätssteigernden Technologien als auch eine Nachfrage nach mehr, besseren und billigeren Waren gab, angefangen bei Baumwollkleidung.

6. Die Arbeitsethik, denn die Menschen im Westen waren die ersten Menschen auf der Welt, die extensi-

30 vere und intensivere Arbeit mit höheren Sparquoten kombinierten, was eine nachhaltige Kapitalakkumulation ermöglichte.

Diese Killerapplikationen waren der Schlüssel zum Aufstieg des Westens. Die Geschichte unserer Zeit,

35 [...] ist, dass der Rest [der Welt] schließlich begann, sie herunterzuladen.

Niall Ferguson: Civilization. The Six Killer Apps of Western Power, London: Penguin 2011, S. 305 f. [übers. v. Daniel Schumacher].

---

1. a) ●●● Interpretieren Sie die beiden Darstellungen M11 und M12. Verwenden Sie dafür die Trainingsseite „Umgang mit wissenschaftlichen Darstellungen" auf Seite 35.

b) ●●● Vergleichen Sie die beiden Darstellungen hinsichtlich der treibenden Kräfte, die die europäische Expansion ermöglichten.

→ M11 – M12, Trainingsseite 35

Umgang mit wissenschaftlichen Darstellungen

Wissenschaftliche Darstellungen

Jede geschichtliche Betrachtung steht in einem Dialog, das heißt einer Auseinandersetzung mit älteren Forschungsergebnissen und übergeordneten Fragestellungen. Die reine Aufzählung von Fakten reicht nicht aus, um ein Geschehen verständlich zu machen. Die Fakten bedürfen der Einordnung in größere Zusammenhänge. Im günstigsten Fall vermag der Blick zurück dafür zu dienen, die Gegenwart besser zu verstehen und die Zukunft zu gestalten.

Der historische Gegenstand unterliegt zwangsläufig einer Deutung. Je nach Erkenntnisinteresse kann er aus unterschiedlichen Perspektiven betrachtet werden.

Arbeitsschritte und Fragestellungen zur Interpretation von wissenschaftlichen Darstellungen

1. Darstellungen lesen und verstehen
a) Was verstehen Sie nicht? – Notieren Sie alle Begriffe, die unklar sind. Ziehen Sie zur Erklärung ein Nachschlagewerk heran.
b) Fassen Sie die zentrale Aussage der jeweiligen Texte möglichst knapp zusammen.
c) Formulieren Sie zu den Texten eine passende Überschrift.
d) Gliedern Sie die Texte und formulieren Sie jeweils passende Zwischenüberschriften.

2. Entstehung und Überlieferung der Darstellung klären
a) Was ist über die Autoren, das jeweilige Medium der Veröffentlichung und den Zeitpunkt der Veröffentlichung bekannt? Ergeben sich daraus Folgerungen für Absicht, Form und Adressaten etc.?
b) Erörtern Sie die Gründe dafür, dass die Wissenschaft in der Regel neueren Darstellungen eher vertraut.
c) Recherchieren Sie, wie sich die Publikationen heute beschaffen lassen.

3. Die Darstellungen zusammenfassend interpretieren
a) In welcher sprachlichen Form werden die Inhalte präsentiert (fachwissenschaftlich-argumentativ, populärwissenschaftlich darstellend, für eine bestimmte Position werbend, zustimmend oder sich gegen eine andere Position abgrenzend)?
b) Arbeiten Sie die Stellen heraus, an denen die Autoren ihre persönliche Meinung erkennen lassen.
c) Sind die Aussagen der Verfasser sachlich fundiert und stichhaltig?
d) Welche Darstellung erscheint Ihnen überzeugender?

Formulierungshilfen zur Interpretation einer Darstellung

1. Darstellungen lesen und verstehen

… zu Beginn des Textauszuges … an zentraler Stelle … im weiteren Verlauf seiner Argumentation vertritt der Verfasser die Auffassung … die Autorin wirft die Frage auf … stellt die These auf … untermauert ihre Aussage mit Beispielen … stellt in Frage … schließt ihre Ausführungen mit … formuliert als Fazit …

2. Entstehung und Überlieferung der Darstellung klären

Der vorliegende Text stammt von … ist erschienen in … bei dem Autor/der Autorin handelt es sich um … der Text wurde im Jahre … verfasst … bei dem Text handelt es sich um … der Text stellt einen Beitrag im Rahmen einer wissenschaftlichen Kontroverse um … dar … der Verfasser thematisiert … Gegenstand des Textes ist … die Verfasserin verfolgt mit ihren Ausführungen die Absicht … er/sie will … informieren, Stellung beziehen …

3. Die Darstellungen zusammenfassend interpretieren

… mit Recht sieht der Verfasser … der Autorin ist entgegen zu halten … dem Verfasser ist insoweit zuzustimmen … dagegen überzeugt das Argument … nicht/nur bedingt … insgesamt kann die Position der Verfasserin … eingeschätzt werden … maßgeblich für diese Beurteilung ist dabei …

5. Zusammenstoß der Imperien: Die Opiumkriege

Die Ostindischen Handelskompanien

Im Laufe des 17. und 18. Jahrhunderts gelang es europäischen Kaufleuten mithilfe neuer, mächtiger Handelsgesellschaften, ihren wirtschaftlichen und politischen Einflussbereich in Asien deutlich auszubauen. Sie schufen sich ein wachsendes Netz an Hafenstützpunkten, errichteten Faktoreien und handelten Sonderrechte mit Lokalherrschern aus – von Indien über Indonesien und die Philippinen bis nach China und Japan. Hierfür setzten sie nicht selten die militärische Macht ihrer teils riesigen Privatarmeen ein, sowohl gegen ihre europäischen Konkurrenten als auch gegen unfügsame Herrscher in Asien. Lange Zeit dominierte die niederländische Vereenigde Oostindische Compagnie (VOC) den lukrativen Gewürzhandel von Südostasien nach Europa. Ihre größte Konkurrenz, die britische East India Company (EIC), brachte ab Mitte des 18. Jahrhunderts weite Teile des indischen Subkontinents unter ihre Kontrolle und verschiffte etwa die Hälfte der global gehandelten Verbrauchs- und Luxusgüter, darunter auch den in Großbritannien gerade populär werdenden chinesischen Tee. Allerdings mussten sich die Europäer seit 1757 mit nur einem einzigen Zugangspunkt zum chinesischen Markt begnügen: der Hafenstadt Kanton (heute: Guangzhou) in Südchina. Hier wickelte eine Gilde chinesischer Kaufleute, die vom Kaiser das Monopol auf den Handel mit Ausländern erhalten hatte, sämtliche Geschäfte ab.

Da der chinesische Tee mit Silber bezahlt werden musste, geriet die East India Company nach und nach in Zahlungsschwierigkeiten. Aus diesem Grund begannen die Briten damit, im großen Maßstab Opium nach China zu exportieren, das sie im britisch kontrollierten Indien anbauen ließen. Der Plan ging auf – die extrem süchtig machende Substanz fand schnell reißenden Absatz, die Kassen der EIC füllten sich und China stürzte in eine Drogen- und Finanzkrise. Die Qing reagierten mit einem Verbot des Opiumhandels, was jedoch nur den Drogenschmuggel förderte, der durch die EIC und andere Handelsorganisationen unterstützt wurde. Als die

chinesischen Behörden die Handelsregeln in Kanton verschärften und riesige Mengen Opium konfiszierten und vernichteten, liefen die bereits mit einer mächtigen Lobby im Parlament in London vertretenen britischen Kaufleute Sturm. Sie forderten „Entschädigungen" von den Qing und das „Recht auf freien Handel". 1840 brachten sie die britische Regierung dazu, ihre kommerziellen Interessen in China mit militärischer Gewalt durchzusetzen.

Druck von außen: Opiumkriege und „ungleiche Verträge"

Mit einer Expeditionsflotte moderner Kanonenboote nahm das britische Militär rasch mehrere chinesische Küstenstädte ein und belagerte die alte Hauptstadt Nanjing. Die technologisch unterlegenen Qing hatten keine andere Wahl, als Frieden zu schließen. Im Vertrag von Nanjing wurden sie 1842 dazu gezwungen, Hong Kong Island als neue Handelsbasis an Großbritannien abzutreten, fünf weitere Hafenstädte für den Außenhandel zu öffnen und enorme Entschädigungen für diesen sogenannten Opiumkrieg zu zahlen. Die Briten setzten überdies sogenannte Extraterritorialrechte durch, was bedeutete, dass Europäer in China nicht mehr der chinesischen Rechtsprechung unterlagen.

Als die europäische Handelsbilanz daraufhin noch immer keinen Aufschwung nahm, wurden unter einem Vorwand erneut Kriegsschiffe und Truppen entsandt. Eine britisch-französische Streitmacht besetzte 1858 die große Hafenstadt Tianjin und 1860 sogar die Hauptstadt Peking, was den Kaiser zur Flucht in seine zentralasiatische Residenz nach Jehol veranlasste. Im Ergebnis dieses Zweiten Opiumkrieges wurde China mit dem Vertrag von Tianjin zu noch weitergehenden Zugeständnissen gezwungen: Das zuvor von seiner Überlegenheit überzeugte Reich der Mitte sollte weitere Hafenstädte für den Außenhandel öffnen. Christliche Missionare sollten nun im ganzen Land predigen dürfen und der Opiumhandel sollte wieder legalisiert werden – für die Qing ein Schlag ins Gesicht. Auf den anfänglichen Widerstand des Kaisers

East India Company
Eine mächtige britische Aktiengesellschaft, die 1600 für den Handel mit Luxusgütern im Indischen Ozean gegründet worden war. Sie unterhielt eine eigene Söldnerarmee, mit der sie ihre wirtschaftlichen und politischen Interessen auch gewaltsam durchsetzte. So eroberte sie große Teile Indiens sowie Teile Südostasiens. 1874 wurde sie aufgelöst.

M 1 *„Opiumkrieg"*

Das britische Panzerschiff Nemesis (hinten rechts) versenkt chinesische Kriegsdschunken während des Ersten Opiumkriegs 1841. Mit gepanzerten Bordwänden, Dampfantrieb und modernen Kanonen symbolisierte die Nemesis die neue technologische Überlegenheit Großbritanniens.

gegen diese Forderungen antworteten Briten und Franzosen mit einem Akt beispielloser Zerstörung: Ihre Soldaten plünderten und zerstörten das Wahrzeichen der Macht und des Reichtums der Qing, den kaiserlichen Sommerpalast Yuanmingyuan außerhalb von Peking. Es handelte sich dabei um einen 3,5 Quadratkilometer großen Komplex aus Hunderten von Palästen, Pavillons, Theatern, Bibliotheken, Galerien und Gärten, der im 18. Jahrhundert als Hauptresidenz der großen Qing-Kaiser erbaut worden war. Über 4000 Soldaten benötigten drei Tage, um den Yuanmingyuan niederzubrennen. Erneut blieb dem Kaiser nichts anderes übrig, als die „ungleichen Verträge" zu akzeptieren. Spätestens ab diesem Zeitpunkt nahmen die Qing die europäischen Staaten als ernste Bedrohung für ihren eigenen Machterhalt wahr.

Druck von innen: Armut und Rebellionen

Anfangs hatten die Qing die Konflikte mit den Europäern lediglich als Teil einer langen Reihe von Rebellionen angesehen, die ihre Herrschaft seit dem Ende des 18. Jahrhunderts herausforderten: Lange bevor westliche Kriegsschiffe das Feuer auf Chinas Küsten eröffneten, hatten sich Aufstände von Bauern gehäuft, die im Zuge des Bevölkerungsanstiegs unter der Verknappung von Anbauflächen, einer erhöhten Steuerlast und der Inflation litten. Zudem gab es für Zehntausende hochgebildeter Absolventen der Beamtenzugangsprüfung keine Stellen im Staatsapparat mehr. Die Folgen waren eine immer ineffektiver werdende Verwaltung und eine Zunahme der Bestechlichkeit der Beamten. Abseits der staatlichen Strukturen bildeten sich Interessenverbände, die alternative Tätigkeitsfelder und Aufstiegschancen boten. Publikationen entstanden, die eine „öffentlichen Meinung" propagierten und die Autorität des Staates untergruben.

Zur Zeit des Zweiten Opiumkrieges waren große Teile Chinas bereits seit Jahren von einer besonders zerstörerischen Revolte erfasst, die die Aufmerksamkeit und Ressourcen der Qing band und an ihre Grenzen brachte: die Taiping-Rebellion. In der Mitte des 19. Jahrhunderts war der charismatische Hong Xiuquan, ein gescheiterter Beamtenkandidat, mithilfe christlicher Schriften zu der Überzeugung gelangt, er selbst wäre der jüngere Bruder Jesu Christi. In der Qing-Dynastie erblickte er hingegen den Teufel persönlich, den er in Gottes Auftrag vernichten müsse. Ausgehend von Südchina, wo ganze Regionen von der Opiumkrise schwer getroffen und durch einen starken Bevölkerungszuwachs verarmt waren, stieß sein Aufruf zur Rebellion gegen den Status Quo auf offene Ohren. Hong Xiuquans Predigten gegen die althergebrachte konfuzianische Ordnung und für eine gleichgestellte Gesellschaft ohne Opium und Glücksspiel vermochten Zehntausende zu mobilisieren, vor allem aus den Reihen der Besitz- und Arbeitslosen sowie der marginalisierten Minderheiten. Hong selbst erklärte sich zum König eines christlich inspirierten „Himmlischen Königreichs des Großen Friedens" (Taiping Tianguo). Von 1850 bis 1864 breitete sich seine Rebellion über das Land aus, zerstörte 600 Städte und kostete bis zu 20 Millionen Menschen das Leben. Es war der blutigste Aufstand, den die Welt je gesehen hatte. Das Qing-Militär war nicht in der Lage, den Rebellen Einhalt zu gebieten; erst mithilfe einer Privatarmee, die der hohe Beamte Zeng Guofan in seiner Heimatprovinz Hunan rekrutierte, sowie mit militärischer Unterstützung westlicher Staaten, gelang es den Qing, der Taiping-Rebellion ein Ende zu bereiten.

Mit der Niederlage der Taiping verstummten die rebellischen Stimmen jedoch keineswegs. Der Aufstand hatte die Unzulänglichkeiten des chinesischen Staates und seines Militärs drastisch offengelegt und deutlich gemacht, dass sich China grundlegend verändern musste.

M 2　Karikatur zum Opiumkrieg
Der Originaltext lautet: „Sie haben dieses Gift auf der Stelle zu kaufen, damit wir eine Menge Tee zum Verdauen unseres Roastbeefs bekommen", französische Karikatur von Granville, 1900.

Opium in China

 3 **Mit Moral gegen den Drogenhandel**

Um der Opiumkrise Herr zu werden, setzten die Qing den für seine Integrität bekannten Beamten Lin Zexu als Sonderkommissar ein. Er schrieb 1839 einen Brief an die britische Königin Victoria. Dieser wurde nie zugestellt, erschien aber später in der London Times. Darin schrieb er:

Wir haben gehört, dass in Eurem eigenen Land Opium strikt verboten ist: Das ist ein gewichtiger Beweis dafür, dass Ihr voll und ganz wisst, wie schädlich es für die Menschheit ist. [...]
5 Unter den Produkten, die China in Eure fremden Länder exportiert, befindet sich kein einziges, das nicht in irgendeiner Form der Menschheit nützlich ist. [...]
Nehmen wir an, es kämen Fremde eines anderen
10 Landes und würden Opium nach England bringen und das Volk Eures Landes dazu verleiten, es zu rauchen, würdet nicht Ihr, die Herrscherin jenes Landes, solch eine Handlungsweise mit Zorn betrachten und in Eurer gerechten Empörung danach streben, es los-
15 zuwerden? [...]
Wenn die ausländischen Kaufleute Eurer ehrenwerten Nation wünschen, den kommerziellen Austausch fortzusetzen, müssen sie ehrfürchtig unsere geschriebenen Gesetze befolgen, sie müssen für immer die
20 Quelle, von wo das Opium fließt, unterbrechen und in keinem Fall mit unseren Gesetzen experimentieren. Möge Eure Hoheit diejenigen Eurer Untertanen bestrafen, die kriminell sind und sie weder decken noch verbergen, und so werdet Ihr Euren Besitzun-
25 gen Frieden und Ruhe bringen, und so werdet Ihr mehr als je zuvor das angemessene Maß an Respekt und Folgsamkeit an den Tag legen, und so mögen wir vereint die gemeinsamen Segnungen von Frieden und Glück genießen. [...]
30 Wir fügen eine Kurzfassung des neuen Gesetzes bei, das jetzt in Kraft treten wird:
„Jeder Fremde, der Opium in das Reich der Mitte bringt, mit der Absicht, dies zu verkaufen, soll ganz gewiss enthauptet und dessen Komplizen erdrosselt
35 werden; und aller Besitz (der an Bord jener Schiffe gefunden wird) soll konfisziert werden. Der Zeitraum von 1½ Jahren wird gewährt, in dem jeder, sollte er irrtümlicherweise Opium mitgebracht haben, dies freiwillig abliefern soll und keine Konsequenzen für
40 sein Vergehen fürchten muss."
Zit. nach: The Chinese Repository, vol. VIII, no. 10 (Feb. 1840), S. 497–503 [übers. v. Daniel Schumacher].

4 *Opiumabhängige in China*
Foto, Ende des 19. Jahrhunderts

5 **Von der EIC nach China verbrachtes Opium**

Jahr	Opiumkisten (je ca. 77 kg)
1729	200
1767	1000
1800	4500
1825	10000
1838	40000

Nach: Patricia Buckley Ebrey, The Cambridge Illustrated History of China, Cambridge: Cambridge University Press 1996, S. 236.

1. **a)** ●●○ Skizzieren Sie mithilfe der Handelsgüter Tee und Opium die Beziehungen zwischen den europäischen Mächten und China von Mitte des 18. bis Mitte des 19. Jahrhunderts. Beziehen Sie auch M2, M3 und M5 mit ein.
b) ●●○ Erläutern Sie anhand der Begriffe „Freihandel" und „ungleiche Verträge", wie die Europäer ihre Interessen in China durchsetzten.
c) ●●○ Arbeiten Sie heraus, welche inneren Probleme China anfällig für Eingriffe von außen machten.
→ Text, M2 – M5

Opiumkriege – Zerstörung des Yuanmingyuan 1860

M 6 **Gemischte Gefühle zur Zerstörung des Yuanmingyuan**

a) Der britische Hauptmann Charles Gordon, der später als Anführer der „Immer Siegreichen Armee"[1] und noch später als „Gordon of Khartoum" berühmt werden sollte, schrieb seiner Mutter und seiner Schwester Folgendes, nachdem er den Befehl erhalten hatte, den Palast niederzubrennen:

Daraufhin zogen wir los, plünderten die Stadt und brannten sie nieder, wobei wir auf vandalische Weise wertvollstes Eigentum zerstörten, das für vier Millionen nicht ersetzt werden konnte. [...]
5 Sie können sich kaum vorstellen, wie schön und prächtig die Orte waren, die wir verbrannten. Es tat einem das Herz weh, sie zu verbrennen; in der Tat waren diese Paläste so groß, und wir standen so unter Zeitdruck, dass wir sie nicht sorgfältig plündern
10 konnten. Es wurden Unmengen an Goldschmuck verbrannt, der als Messing betrachtet wurde. Das war eine elende, demoralisierende Arbeit für eine Armee. Jeder war wild auf Beute.

1 „Immer Siegreiche Armee": Eine kaiserliche Militäreinheit, die mit westlichen Waffen ausgestattet unter der Führung europäischer und amerikanischer Offiziere zwischen 1860 und 1864 einen wichtigen Beitrag zur Niederschlagung der Taiping-Rebellion leistete.

Zit. nach: Carroll Brown Malone: History of the Peking Summer Palaces under the Ch'ing Dynasty. Illinois studies in the social sciences, vol. XIX, University of Illinois 1934, S. 187f. [übers. v. Daniel Schumacher].

b) Sowohl die britische als auch die französische illustrierte Presse veröffentlichten Stiche, die diesen Vandalismus darstellten. Der große französische Schriftsteller Victor Hugo äußerte sich so zu den Handlungen seines Landes:

Man sprach vom Parthenon in Griechenland, den Pyramiden in Ägypten, dem Kolosseum in Rom, Notre-Dame in Paris und dem Sommerpalast im Orient. [Letzterer] war eine Art gewaltiges unbekanntes
5 Meisterwerk [...].
Dieses Wunder ist nun verschwunden. Eines Tages drangen zwei Banditen in den Sommerpalast ein. Der eine plünderte, der andere legte Feuer. [...]
Vor der Geschichte wird einer der beiden Banditen
10 Frankreich heißen, der andere England. Aber ich protestiere, und ich danke Ihnen, dass Sie mir die Gelegenheit dazu geben! Die Verbrechen derer, die führen, sind nicht die Schuld derer, die geführt werden; Regierungen sind manchmal Banditen, Völker niemals.
15 [...]
Das französische Kaiserreich hat die Hälfte dieses Sieges in die Tasche gesteckt und stellt heute mit einer Art besitzergreifender Naivität den prächtigen Schnickschnack des Sommerpalastes zur Schau. Ich
20 hoffe, dass der Tag kommen wird, an dem Frankreich [...] diese Beute dem beraubten China zurückgeben wird.

Zit. nach: Lillian M. Li: "The Garden of Perfect Brightness 3", Massachusetts Institute of Technology 2012; https://visualizing cultures.mit.edu/garden_perfect_brightness_03/ymy3_essay.pdf [letzter Zugriff: 25.10.2022] [übers. v. Daniel Schumacher].

1. a) ●●● Recherchieren Sie ausgehend von den Angeboten auf Seite 41 zum „Yuanmingyuan" und fertigen Sie eine kurze digitale Präsentation über den Sommerpalast an.
b) ●●○ Erläutern Sie anhand des Darstellungstextes und der Quelle M6, was die Zerstörung des Sommerpalastes aus chinesischer und aus europäischer Perspektive bedeutete.

c) ●●● Die Architekturprofessorin Guo Daiheng äußerte 2019: „Das Schicksal des Yuanmingyuan ist eine Warnung aus einer Zeit, als unsere Führer schwach, ineffektiv und unfähig waren, die Nation zu modernisieren." Beurteilen Sie diese Aussage.
→ Text, M6 – M7

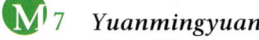 **7** *Yuanmingyuan*

1860 – während des Zweiten Opiumkriegs – plünderten und zerstörten britische und französische Truppen den alten Sommerpalast am Rande Pekings, „Yuanmingyuan". Der 3,5 km² große Komplex mit Hunderten Palästen, Pavillons, Theatern, Bibliotheken, Galerien und Gärten war im 18. Jahrhundert als Hauptresidenz der großen Qing-Kaiser erbaut worden. Die Anlage enthielt auch Paläste nach europäischem Vorbild, aktuelles Foto.

Eine interaktive Rekonstruktion des alten Yuan-mingyuan über ein Gemälde:
visualizingcultures.mit.edu/garden_perfect_brightness/index.html

6. Fremdes adaptieren, Tradtionelles erhalten: Chinas Reformversuche

„Unsere Bräuche sind so starr, dass es viel Zeit braucht, um sie zu ändern." Cixi, 1902

Inmitten der Taiping-Rebellion und des Zweiten Opiumkrieges löste der Tod des Xianfeng-Kaisers 1861 eine weitere Krise aus: Der nur einunddreißigjährige Kaiser hinterließ einen fünfjährigen Sohn, der als Minderjähriger noch nicht allein regieren durfte. Zwei einflussreiche Konkubinen, die Kaiserinwitwen Ci'an und Cixi (sprich: tzi'chi), nutzten die Gunst der Stunde. Sie ließen die vom Kaiser auf seinem Totenbett als stellvertretende Regenten bestimmte Prinzen und Minister inhaftieren oder hinrichten oder zwangen sie zum Selbstmord. Anschließend übernahmen Cixi und Ci'an die Regentschaft.

Cixi sorgte in den folgenden Jahrzehnten dafür, dass nur Kleinkinder auf den Thron gelangten, sodass sie fast fünfzig Jahre stellvertretend für diese die Staatsgeschäfte führen konnte. Als

Frau im konfuzianischen China war dies nicht leicht. Cixi durfte weder die kaiserliche Sektion der Verbotenen Stadt betreten noch sich zu Hofe vor dem Kaiser und dessen Ministern zeigen. Verborgen hinter einem gelben Wandschirm nahm sie an offiziellen Sitzungen der Kindkaiser teil und traf in deren Namen wichtige Entscheidungen. Und es mussten viele Entscheidungen getroffen werden, denn Staat und Wirtschaft waren enorm geschwächt und ausländische Mächte drangen immer weiter in Chinas Machtgebiet ein.

Erfolgreiche „Selbststärkung"?

Die Taiping-Rebellion (1850–1864) hatte deutlich gemacht, dass die Zentralregierung in Peking enorm an Handlungsfähigkeit eingebüßt hatte. Die politische und militärische Macht lag in der Praxis häufig bei den Provinzgouverneuren. Von diesen gingen ab der Mitte des

M 1 *Kaiserinwitwe Cixi, um 1903*
Um das Image der Qing nach dem „Boxeraufstand" zu verbessern, wurden sorgfältig inszenierte Fotos von Cixi (hier ein Ausschnitt) als Geschenke an ausländische Diplomaten verteilt. Auf den Fotos wurden gezielt Symbole eingesetzt, u.a.:
die Äpfel im Hintergrund. Das chinesische Wort für „Apfel" ist gleichlautend mit dem Wort für „Frieden".
die langen Fingernägel. Sie sind ein herrschaftliches Statussymbol und zeigen, dass eine Person nicht mit den Händen arbeiten muss. Cixi trug sie teils vergoldet, teils mit Juwelen besetzt.
unten:
Detail des Fotos links, koloriert

19. Jahrhunderts auch die Impulse zur Reformierung Chinas aus: Zu Beginn der 1860er-Jahre hatten prominente Provinzbeamte mit ausländischer Hilfe Waffenfabriken errichten lassen, die moderne westliche Gewehre und Artilleriegeschütze produzierten, welche mit Erfolg gegen die Taiping zum Einsatz kamen. Bis 1890 entstanden weitere Waffenfabriken, Werften für Dampfschiffe, moderne Industrieunternehmen sowie Telegrafen- und Bahnlinien. Es wurden Akademien und Auslandsstudienprogramme geschaffen, um einer neuen Generation Chinesen ausländisches Wissen zu vermitteln. Westliche und japanische Berater wurden ins Land geholt, während Schiffsbauer, Offiziersanwärter und Studierende vermehrt zur Ausbildung nach Frankreich, England, ins Deutsche Reich und nach Japan geschickt wurden. Viele Chinesen fanden auch in den von protestantischen Missionaren vor Ort geführten Schulen Zugang zu westlichen Bildungsinhalten, insbesondere in den durch die Opiumkriege geöffneten Hafenstädten wie Shanghai oder dem ab 1842 an die Briten gefallenen Hongkong.

Getragen wurden die Reforminitiativen von der Überzeugung einiger hoher Provinzbeamter und der Kaiserinwitwe Cixi, dass Chinas Weg zur „Selbststärkung" in der Adaption der „Techniken der Barbaren" liege, um so „die Barbaren zu kontrollieren". Dies sollte jedoch geschehen, ohne die traditionellen chinesischen Lehren aufzugeben. Diese sollten weiterhin die Essenz der chinesischen Gesellschaft bilden, während westliche Wissenschaften und Technologien das Land auf praktischer Ebene reformieren sollten. Der Machtanspruch der Qing durfte aber keinesfalls infrage gestellt werden.

Der „Selbststärkungsbewegung" stellten sich inner- wie außerhalb Chinas große Hürden in den Weg. Die Reformen blieben oberflächlich und auf das Militär fokussiert, und sie folgten keiner einheitlichen, zentral gesteuerten Politik, was ihrer Nachhaltigkeit schadete. Die „ungleichen Verträge" infolge der Opiumkriege machten es schwer, die aufkeimenden Industrien Chinas gegen fremden Wettbewerb zu schützen. Nicht wenige Industrieunternehmen zerbrachen zudem unter der hohen Steuerlast.

Doch auch das Misstrauen aus den Reihen der Bevölkerung spielte eine große Rolle: Zum einen wehrten sich viele Chinesen gegen Projekte wie

M 2   Ein Marmorpavillon
in Form eines Bootes, den Cixi eigens für den neuen Sommerpalast bauen ließ – für Kritiker ein Zeichen ihrer angeblichen Verschwendungssucht

den Eisenbahnbau, da sie fürchteten, dass das neue Schienennetz dem harmonischen Zusammenleben der Menschen mit ihrer Umgebung (feng shui) schaden und die Totenruhe der Ahnen stören könnte. Die Bahntrassen wurden außerdem als mögliche Invasionsrouten der Ausländer gesehen. Zum anderen weigerten sich zahlreiche konservative Beamte, nun plötzlich Reichtum und Stärke als Ideale für ein neues China anzustreben, anstatt sich auf das althergebrachte Konzept der Ordnung durch Sitten zurückzubesinnen. Die Kaiserinwitwe Cixi spielte unterdes Konservative und Reformer immer wieder gegeneinander aus, um ihre eigene politische Stellung am kaiserlichen Hof zu sichern. Zugleich gab sie enorme Summen für die opulente Wiedererrichtung des Sommerpalastes anstatt für den Flottenbau aus.

Ob die „Selbststärkung" Chinas trotz allem erfolgreich gewesen war, sollte sich im Aufeinandertreffen mit den Imperialmächten beweisen. Mit der zunehmenden Dominanz der Europäer und auch Japans in der Region zerfiel das Tributsystem, mit dem Chinas Herrscher in der Vergangenheit ihren Machtanspruch auch nach außen hin geltend machen konnten. Als Vietnam, das Jahrhunderte lang Tributstaat Chinas gewesen war, Teil von Frankreichs neuem Ko-

lonialreich in Südostasien wurde, entsandten die Qing 1884 eine Flotte ihrer neuesten Kriegsschiffe. Die französischen Streitkräfte versenkten jedoch einen Großteil dieser Flotte und zerstörten im Anschluss sogar Chinas Vorzeigewerften in Fuzhou. Noch schlimmer kam es, als 1894/95 ein Konflikt mit Japan um Einfluss im traditionell wichtigsten chinesischen Tributstaat Korea zu einem Krieg eskalierte. Trotz zahlenmäßiger Überlegenheit der Qing-Truppen endete dieser Erste Sino-Japanische Krieg ebenfalls mit einer raschen und vernichtenden Niederlage Chinas. Offenkundig befand sich die chinesische Kriegsindustrie und die Ausbildung der Qing-Soldaten nicht auf demselben Niveau, wie die ihrer Gegner.

„Offene Tür" und „Wettlauf um China"

Im Friedensvertrag von Shimonoseki zwang Japan die Qing-Regierung 1895 dazu, die „Unabhängigkeit" Koreas anzuerkennen (de facto: Japans Kontrolle über das Land zu billigen), Japan Handelsprivilegien in China einzuräumen, die Insel Taiwan an Japan abzutreten und enorme Kriegsreparationen zu leisten. Dies war umso

erniedrigender, da Japan selbst vormals Teil der chinesischen Einflusssphäre gewesen war. Die Kredite, die die Qing zur Begleichung der Reparationen aufnehmen mussten, erlaubten es wiederum westlichen Mächten, ihren Einfluss im Land auszubauen und eigene Industrieanlagen in China zu errichten.

Die neue Stärke Japans alarmierte die europäischen Großmächte Großbritannien, Russland, das Deutsche Reich und Frankreich und löste einen Wettlauf um noch mehr Konzessionen in China aus. Mit Bestechung und diplomatischem Druck auf Peking sicherten sich diese Länder kurz vor der Jahrhundertwende lange Pachtverträge für verschiedenste Gebiete: Großbritannien übernahm den Hafen von Weihaiwei in Shandong und die New Territories in Hongkong, Russland die mandschurische Liaodong-Halbinsel, das Deutsche Reich die Bucht von Kiautschou in der Provinz Shandong und Frankreich die Bucht von Guangzhou in Südchina.

Um die völlige Zerstückelung Chinas zu verhindern und die eigenen Interessen in Ostasien zu wahren, trafen die USA eine Übereinkunft mit den anderen Großmächten. Sie schlugen vor, dass jeder gleichen Zugang zum chinesischen

Markt sowie dieselben Freihandelsrechte genießen solle. So sollte die Aufteilung Chinas in Handelsmonopole verhindert werden. Obwohl diese „Politik der offenen Tür" nicht überall auf Zustimmung traf, war eine unkontrollierte Aufteilung Chinas für die USA, Europa und Japan nicht erstrebenswert, da diese die Wahrscheinlichkeit kriegerischer Auseinandersetzungen zwischen den konkurrierenden Großmächten enorm erhöht hätte.

Eine koloniale Durchdringung des Landes wie auf dem afrikanischen Kontinent blieb aus: Die Herrschaftsausübung durch ausländische Mächte erfolgte in China weitgehend indirekt und konzentrierte sich auf mehrere Netzwerke an Vertragshäfen. Diese „offene Tür" der Imperialmächte schien allerdings vielen Chinesen zum Untergang ihres Landes zu führen.

In 100 Tagen in die Moderne?

Obgleich die technologische Modernisierung Chinas vorerst scheiterte, veränderte sich die Lebenswirklichkeit vieler Chinesen dennoch weiterhin rasant. Besonders in den durch die Opiumkriege geöffneten Hafenstädten an Chinas Küsten sowie in den Städten entlang der großen Flüsse entwickelten sich neue Gesellschaftsregeln. Hier galt die alte „Vier-Stände-Ordnung" (Beamte, Kaufleute, Bauern und Handwerker) nicht mehr. Kaufleute, Mittelsmänner und Bankiers waren durch den zunehmenden Handel mit den Ausländern reich geworden und standen nun in der gesellschaftlichen Hierarchie ganz oben. Auch Anwälte, Ärzte, Publizisten und Politiker bildeten jetzt eigene Berufsgruppen und gaben der chinesischen Oberschicht ein neues Gesicht. Der Weg über das Beamtenprüfungssystem war nicht länger der einzige Weg zu sozialem Aufstieg – nun bot das Studium neuer Wissenschaften wie der westlichen Medizin oder der Ökonomie eine attraktive Alternative.

Nachdem die alte konfuzianische Ordnung an Integrationskraft verloren hatte, wurde das Fehlen eines übergreifenden, Gemeinschaft stiftenden Konzeptes nach Einschätzung vieler Zeitgenossen zum Hauptproblem der chinesischen Gesellschaft. Der Blick nach Westen und auf das aufstrebende Japan lenkte die Aufmerksamkeit der Reformer auf das Gesellschaftskonzept der

Nation. Vor dem Hintergrund der desaströsen Niederlage gegen Japan und des ausländischen „Wettlaufs um Konzessionen" im China der 1890er-Jahre unterbreiteten prominente Reformer wie der Beamte Kang Youwei und sein Schüler Liang Qichao dem Kaiser eine Reihe radikaler Modernisierungsvorschläge. Der erst kürzlich volljährig gewordene Guangxu-Kaiser strebte danach, sich vom Einfluss der Kaiserinwitwe Cixi, die bisher die Staatsgeschäfte für ihn gelenkt hatte, zu emanzipieren. Kangs und Liangs Vorschläge stießen bei ihm auf offene Ohren. Im Juni 1898 verkündete der Kaiser: „Legen wir die leeren, unpraktischen und trügerischen Dinge ab, die unseren Fortschritt behindern, und bemühen wir uns einmütig und energisch darum, alles, was wir gelernt haben, zu verbessern." Im Laufe der folgenden 103 Tage erließ er Dutzende kaiserlicher Verordnungen, die die Modernisierung des Bildungswesens, des Militärs, der Wirtschaft und des Regierungssystems sowie den Abbau des Beamtenapparats vorsahen. Doch für die konservativen Kreise der Beamtenschaft ging dies zu weit: Sie blockierten die Umsetzung der Verordnungen und drängten die Kaiserinwitwe Cixi zu einem Staatsstreich. Cixi ließ daraufhin den Kaiser unter Hausarrest stellen, annullierte alle Reformen und verfügte die Hinrichtung der führenden Reformer. Kang und Liang gelang gerade noch rechtzeitig die Flucht nach Japan. Von den „Hundert-Tage-Reformen", wie sie später genannt wurden, blieb lediglich die Gründung einer modernen Universität in Peking, die heute noch zu den besten Hochschulen des Landes zählt.

Als das neue Jahrhundert anbrach, hatte sich damit noch immer nichts an der existenziellen Krise der Qing-Dynastie geändert.

1. a) ●●○ Beschreiben Sie die Ausgangslage für die Reformversuche in China in der 2. Hälfte des 19. Jahrhunderts.
b) ●●○ Erstellen Sie auf Grundlage des Darstellungstextes eine Übersicht der Modernisierungsmaßnahmen unter Cixi. Bestimmen Sie Ansatzpunkte und die Zielrichtungen der Maßnahmen.
c) ●●● Beurteilen Sie, ob sich die Reformmaßnahmen für die Modernisierung Chinas eigneten.
→ Text
2. a) ●●○ Stellen Sie die Entstehung und die Folgen des chinesisch-japanischen Kriegs dar.
b) ●●○ Untersuchen Sie seine Bedeutung für die Geschichte Chinas.
→ Text

Konzessionen und Vertragshäfen in China

 4　Globales Leben in Chinas Häfen

Der Historiker Arne Westad schreibt Folgendes über die von westlichen Mächten erzwungenen Konzessionen und Vertragshäfen in China (2012):

Sowohl von Chinesen als auch von Ausländern ist viel Unsinn über die Rolle der Konzessionen geschrieben worden. Das sogenannte Vertragshafensystem war kein sauberes und ordentliches Modell, das
5 zur Unterwerfung Chinas geschaffen wurde, sondern eine schwerfällige, zusammengesetzte und oft erfolglose Reaktion auf die Ereignisse, wie sie sich im späten 19. und frühen 20. Jahrhundert entfalteten. Die meisten Vertragshäfen und Konzessionen spielten
10 keine Rolle bei der Förderung des Handels. Einige, wie die italienische Konzession in Tianjin, wurden aus Gründen des Nationalstolzes von europäischen Mächten eingerichtet, die so gut wie keine wirklichen Verbindungen zu China hatten; andere wurden
15 fast ausschließlich von Chinesen bewohnt, weil ausländische Händler es viel bequemer fanden, mit ihren chinesischen Dienern, Liebhabern und Geschäftspartnern außerhalb der Grenzen der westlichen Gerichtsbarkeit zu leben. Die wirklich wichti-
20 gen Gebiete waren die großen Konzessionen in Shanghai, Tianjin, Guangzhou und Wuhan, wobei die von Deutschland und Russland gepachteten Gebiete in Qingdao und Harbin Sonderfälle darstellten. Die unterschiedlichen Zonen in diesen Städten, ob
25 unter chinesischer oder ausländischer Kontrolle, tru-

gen wesentlich zur Entstehung des modernen Chinas bei, sowohl in wirtschaftlicher als auch in kultureller und politischer Hinsicht. Mit ihren komplexen Systemen der Regierungsführung und sozialen Interaktion
30 bildeten sie die Räume, in denen die Hybridität und Fluidität der zeitgenössischen chinesischen Gesellschaft entstand. [...]
Die ersten 50 Jahre des Konzessionslebens waren von ausländischer Vorherrschaft geprägt, aber die Chine-
35 sen stellten die Arbeitskräfte, die die Handelswege verbanden, für die Versorgung sorgten und zunehmend auch die Fabriken besetzten. Während die Qing darum kämpften, sich in das internationale System unabhängiger, anerkannter Staaten einzugliedern,
40 und verzweifelt versuchten, die Länder, die sie bedrängten, gegeneinander auszuspielen, entstanden in einigen der Städte entlang der chinesischen Küste und an den großen Flüssen neue Gesellschaftsformen. In diesen Gesellschaften entwickelten sich
45 Ideen und Praktiken schnell und breiteten sich allmählich auf das übrige China aus, und zwar in so unterschiedlichen Bereichen wie Straßenbeleuchtung und Unternehmensaktien, Wasserleitungen und religiöse Bekenntnisse, Werften und Schulbildung.
50 Im Geschäftsleben waren Ausländer und Chinesen von Anfang an miteinander verbunden. Im täglichen Leben brachten Interaktionen und Beobachtungen nach und nach vieles hervor, was für alle neu war.

Odd Arne Westad: Restless Empire – China and the World Since 1750, London: Vintage Books/Random House 2012, S. 60–63 [übers. v. Daniel Schumacher].

5　Fremde Mächte in China, um 1912

Regierungszeit der Cixi – Eine Bewertung

M 6   Das Vermächtnis der Kaiserinwitwe

Die Autorin Chang Jung stellt eine Neuevaluation der Bedeutung der Regierungszeit der Kaiserinwitwe Cixi vor (2013):

Das Vermächtnis der Kaiserinwitwe Cixi war vielfältig und gewaltig. Am wichtigsten ist, dass sie das mittelalterliche China in die Moderne führte. Unter ihrer Führung begann das Land, sich praktisch alle Attri-
5 bute eines modernen Staates anzueignen: Eisenbahnen, Elektrizität, Telegrafen, Telefone, westliche Medizin, eine moderne Armee und Marine sowie moderne Methoden des Außenhandels und der Diplomatie. Das restriktive, jahrtausendealte Bil-
10 dungssystem wurde abgeschafft und durch Schulen und Universitäten nach westlichem Vorbild ersetzt. Die Presse blühte auf und genoss eine noch nie dagewesene und wohl seither auch nicht mehr übertroffene Freiheit. Sie öffnete die Tür zur politischen Parti-
15 zipation: Zum ersten Mal in der langen Geschichte Chinas wurden die Menschen zu „Bürgern". Cixi setzte sich für die Befreiung der Frauen in einer Kultur ein, in der der weiblichen Bevölkerung jahrhundertelang das Füßebinden[1] vorgeschrieben war – eine
20 Praxis, der sie ein Ende setzte. Die Tatsache, dass ihre letzte Unternehmung vor ihrem frühzeitigen Tod darin bestand, das Wahlrecht einzuführen, zeugt von ihrem Mut und ihrem Weitblick. Vor allem aber vollzog sie die Umgestaltung Chinas ohne Gewaltanwen-
25 dung und mit relativ geringem Aufruhr. Die von ihr eingeführten Veränderungen waren dramatisch und doch schrittweise, seismisch und doch erstaunlich unblutig. Sie suchte nach einem Konsens und war stets bereit, mit Menschen mit anderen Ansichten zu-
30 sammenzuarbeiten. Sie führte, indem sie auf der richtigen Seite der Geschichte stand.
Sie war ein Gigant, aber keine Heilige. Als Alleinherrscherin über ein Drittel der Weltbevölkerung und als Produkt des mittelalterlichen Chinas war sie
35 zu immenser Rücksichtslosigkeit fähig. Ihre Militärkampagnen zur Rückeroberung Xinjiangs und zur Niederschlagung bewaffneter Aufstände waren brutal. [...]
Trotz all ihrer Fehler war sie keine Despotin. Im Ver-
40 gleich zu ihren Vorgängern oder Nachfolgern war Cixis Herrschaft milde. In den etwa vier Jahrzehnten ihrer absoluten Herrschaft kamen ihre politischen Morde – ob gerecht oder ungerecht – [...], auf nicht mehr als ein paar Dutzend, viele davon als Reaktion

45 auf Anschläge auf sie. Sie war nicht von Natur aus grausam. Als ihr Leben zu Ende ging, dachte sie darüber nach, wie sie am besten einen blutigen Bürgerkrieg und Massaker am Mandschu-Volk verhindern konnte, dessen Überleben sie durch die Aufopferung
50 ihrer Dynastie sicherte. [...]
Die vergangenen hundert Jahre waren äußerst ungerecht gegenüber Cixi, die entweder als tyrannisch und bösartig oder als hoffnungslos inkompetent galt – oder beides. Nur wenige ihrer Errungenschaf-
55 ten wurden anerkannt, und wenn doch, dann galt die Anerkennung ausnahmslos den Männern, die ihr dienten. Dies ist größtenteils auf ein grundlegendes Handicap zurückzuführen: Sie war eine Frau und konnte nur im Namen ihrer Söhne regieren – ihre ge-
60 naue Rolle ist also kaum bekannt. In Ermangelung eindeutiger Erkenntnisse wurden Gerüchte in Umlauf gebracht, Lügen erfunden und geglaubt. [...] Die politischen Kräfte, die China seit kurz nach ihrem Tod beherrschen, haben sie auch absichtlich verun-
65 glimpft und ihre Leistungen geschwärzt – um zu behaupten, dass sie das Land aus dem Schlamassel gerettet haben, den Cixi hinterlassen hat.

1 Tradition des Füßebindens: Die Füße junger Mädchen wurden gebrochen und abgebunden, um sie permanent zu deformieren. Kleine Füße waren lange Zeit Teil eines weiblichen Schönheitsideals in China.
Chang Jung: Empress Dowager Cixi. The Concubine Who Launched Modern China, London: Jonathan Cape 2013, S. 725–730 [übers. v. Daniel Schumacher].

● ●

1. ●●○ Die Politik der Großmächte gegenüber China wird als „indirekter Imperialismus" bezeichnet. Erläutern Sie mithilfe von M4 und M5, welche Form dieser in China annahm.
→ Text, M4 – M5

2. a) ●●○ Erarbeiten Sie aus der Darstellung M6 die Position der Autorin zu Cixi.
b) ●●● Die historische Rolle Cixis ist bis heute umstritten. Erörtern Sie, ob man Cixi als Modernisiererin oder als Totengräberin der chinesischen Monarchie bezeichnen kann.
→ Text, M6

7. Todesstoß für das chinesische Kaiserreich? Der Boxeraufstand

China vor dem Abgrund?

Kurz vor der Wende zum 20. Jahrhundert blickten viele Menschen in China mit großer Besorgnis und zunehmendem Unmut auf die Zustände in ihrem Land. Über Jahrzehnte hinweg hatten ein steiles Bevölkerungswachstum sowie Naturkatastrophen und Rebellionen – wie die der Taiping – die Lebensgrundlage vieler Menschen beschnitten oder gar gänzlich zerstört. Zugleich schien sich Chinas staatliche Integrität immer mehr aufzulösen, nachdem ausländische Imperialmächte zwischen den 1840er- und 1890er-Jahren mithilfe von Krieg und „ungleichen Verträgen" wiederholt Handels- und Sonderrechte erzwungen und damit die Qing-Regierung schwer gedemütigt hatten.

In vielen Hafenstädten bildeten ausländische Diplomaten und Kaufleute eine zwar kleine, jedoch ständige Präsenz, während fremde Kanonenboote vor Chinas Küsten kreuzten. Ganze Orte und Regionen gerieten unter ausländische Kontrolle, so die britische Kolonie Hongkong im Süden des Landes oder die japanische Kolonie Taiwan vor der Küste Chinas. Darüber hinaus predigten seit der Mitte des 19. Jahrhunderts immer mehr ausländische Missionare auch in ländlichen Gebieten. Dabei kam es vor, dass sie sich Dorftempel und Gemeindeland aneigneten, um Kirchen, Hospitäler, christliche Schulen und Friedhöfe zu errichten. Zum Christentum übergetretene Chinesen traten oft aus ihren traditionellen Familien- und Clanstrukturen aus, was zur Spaltung der ländlichen Gemeinden in christliche und nicht-christliche Teile führte. Dies bedeutete eine Destabilisierung der gesellschaftlichen Ordnung. Zugleich wirkte die Missionierung als zusätzlicher Katalysator für bereits bestehende Spannungen innerhalb der chinesischen Gesellschaft. Manche Missionare sorgten für Empörung, indem sie Banditen, die in ihren Kirchen Zuflucht suchten, unter Ausnutzung ihrer Extraterritorialrechte vor der chinesischen Rechtsprechung abschirmten.

1898 brachten verheerende Dürren und größtenteils menschengemachte Überschwemmungen das sprichwörtliche Fass zum Überlaufen. Besonders schwer traf es die Provinz Shandong in Nordostchina, wo viele Menschen ihre gesamte Existenzgrundlage verloren.

Wer waren die „Boxer"?

Im Kontext der seit Jahrzehnten zunehmenden Armut und politischen Instabilität hatten sich in China unterschiedliche Sekten, Geheimbünde und Kampfsportgruppen gebildet. Sie fungierten als Auffangbecken für die Verlierer des politisch-gesellschaftlichen Wandels und die Opfer der Naturgewalten.

1898 formierte sich in Nordchina ein loses Bündnis verschiedener traditioneller Kampfsportgruppen, das sich „Faustkämpfer für Gerechtigkeit und Harmonie" nannte. Das Bündnis stieß vor allem im ländlichen Raum auf große Resonanz. Die an althergebrachten spirituellen Überzeugungen ausgerichteten Kämpfer waren häufig mit lokalen Dorfmilizen verbunden, welche Sicherheit vor Banditen garantierten. Die Gruppierungen praktizierten traditionelle Geisterbeschwörungen, um mit den Ahnen in Kontakt zu treten, und führten magische Rituale durch, um gegenüber modernen Feuerwaffen „unverwundbar" zu werden. Zentrales, verbindendes Element war das Einüben unterschiedlichster Kampfkünste, denen ebenfalls eine spirituelle Bedeutung zukam. Bei den Europäern setzte sich für diese Gruppen deshalb die Bezeichnung „Boxer" durch.

Den „Boxern" schlossen sich vor allem junge, mittellose Bauern an, die oft die ausländische Präsenz in China für ihre missliche Lage verantwortlich machten. Nur die „Boxer" schienen dem fremden Einfluss, der meist in Form der christlichen Missionare und der chinesischen Konvertiten sichtbar wurde, etwas entgegensetzen zu können. Zu einer Zeit, in der sich die Imperialmächte einen „Wettlauf um Konzessionen" in China lieferten, blühte die „Boxerbewegung" vor allem in denjenigen Regionen auf, in denen der wachsende westliche Einfluss stark zu spüren war. Von der verarmten Provinz Shandong breiteten sich die „Boxer" rasch über die Gebiete rings um die Hauptstadt Peking aus.

Vorbildhafter Kolonialismus unter deutscher Fahne?

Am 1. November 1897 ermordeten Anhänger einer antichristlich eingestellten Kampfsportgruppe in der Provinz Shandong zwei deutsche Missionare. Dies nahm das Deutsche Reich zum Vorwand, um mit Kriegsschiffen die in der Region gelegene Jiaozhou-Bucht (Kiautschou) zu „sichern" und den an deren Mündung liegenden Hafen Qingdao (Tsingtau) zu besetzen. Im darauffolgenden Jahr erzwang das Deutsche Reich von den Qing einen 99-jährigen Pachtvertrag für die Jiaozhou-Bucht sowie Rechte für den Eisenbahn- und Bergbau in Shandong.

Unter der Federführung der deutschen Marine sollte die Jiaozhou-Bucht in eine moderne deutsche „Musterkolonie" transformiert werden. Ziel war keineswegs ein reiner Handelsstützpunkt. Man beabsichtigte vielmehr, ein deutsches Kulturzentrum aufzubauen, das ein positives Bild der Deutschen vermitteln und politisch wie gesellschaftlich für andere Kolonien als Vorbild dienen sollte. Den Großteil der europäischen Bevölkerung vor Ort bildete jedoch das Militär. Mit weitreichenden Befugnissen ausgestattet, dominierte es die Verwaltung der Kolonie. Der Gestaltung des öffentlichen Raumes kam ebenfalls große Bedeutung zu. Neben Häusern nach

deutscher Bauart wurden deutsche Volksfeste eingeführt. Die in Qingdao gegründete Brauerei ist bis heute einer der wichtigsten Bierproduzenten Chinas. Zum deutschen Imperialismus in China gehörte jedoch auch die „Rassentrennung", die in der Kolonie praktiziert wurde: Der chinesischen Bevölkerung war es verboten, im europäischen Teils Qingdaos zu wohnen. Chinesen unterlagen der chinesischen Rechtsprechung; Europäer hingegen mussten sich für Vergehen nach deutschem Recht verantworten.

Die wirtschaftliche Dimension der deutschen Präsenz in China war insbesondere am Bau einer 400 Kilometer langen Eisenbahnlinie durch die Provinz Shandong zu erkennen. Ohne Rücksprache mit chinesischen Partnern und Behörden geplant, drohte das Projekt, viele chinesische Betriebe entlang des Schienenverlaufs obsolet und die Menschen dort arbeitslos zu machen. Widerstand aus der Bevölkerung wurde von deutscher Seite militärisch niedergeschlagen. Das koloniale Vordringen des Deutschen Reiches in Shandong war damit ebenfalls Wasser auf die Mühlen der aufkeimenden „Boxerbewegung" und beförderte deren Anwachsen.

Acht Staaten gegen einen gemeinsamen Feind

1899 begann sich die „Boxerbewegung" weiter auszubreiten. Ihre Anhänger steckten Missionsstationen und Kirchen in Brand und ermordeten

 1 *„The Germans to the Front!"*
Mit diesen (heute geflügelten) Worten befahl der britische Admiral Seymour am 22. Juni 1900 das Eingreifen deutscher Verstärkungen in die Kämpfe um die chinesische Stadt Tianjin. Ein den Militäreinsatz verherrlichendes Historiengemälde von Carl Röchling, 1902.

M 2 *Die „China-Denkmünze"*
Diese wurde 1901 von Kaiser Wilhelm II. für „die an den kriegerischen Ereignissen in Ostasien beteiligt gewesenen deutschen Streitkräfte" gestiftet. Die Vorderseite der bronzenen Medaille zeigt den Reichsadler, der einen Drachen, das Wappentier der chinesischen Kaiser, in seinen Fängen hält.

Dutzende Ausländer und Tausende chinesischer Christen auf brutale Weise. Ausländische Repräsentanten in China waren alarmiert und forderten die Qing-Regierung auf, den „Boxeraufstand" niederzuschlagen. Zwar kam es durchaus zu kriegerischen Zusammenstößen zwischen kaiserlichen Truppen und Verbänden der „Boxer", doch wirklich Einhalt geboten wurde Letzteren nicht.

Aus ausländischer Sicht war die Eskalationsgrenze überschritten, als Zehntausende „Boxer" im Juni 1900 unter dem Schlachtruf „Die Qing wiederbeleben, das Fremde zerstören!" in Richtung Peking zogen und der deutsche Diplomat Clemens von Ketteler in der Hauptstadt ermordet wurde. Einen Tag später schlug sich die Qing-Regierung endgültig und trotz großer Differenzen am Hof auf die Seite der „Boxer". Diese belagerten daraufhin zusammen mit kaiserlichen Einheiten fast zwei Monate lang das Pekinger Gesandtschaftsviertel, wohin sich eine große Zahl Ausländer und chinesischer Christen geflüchtet hatte.

In Reaktion auf die Belagerung bildete sich eine Allianz aus acht Nationen, die zuvor eher im imperialen Wettbewerb miteinander gestanden hatten: Die USA, Großbritannien, Frankreich, das Deutsche Kaiserreich, Russland, Österreich-Ungarn, Italien und Japan schlossen sich zusammen, um militärisch in China einzugreifen.

Im August 1900 marschierte eine rund 20 000 Mann starke Streitmacht der Acht-Staaten-Allianz in Peking ein und befreite die dort eingeschlossenen Zivilisten. Der kaiserliche Hof war kurz zuvor in die zentralchinesische Stadt Xian geflohen. In Peking angekommen, plünderten die ausländischen Truppen die Hauptstadt und führten im Umland „Strafexpeditionen" gegen mutmaßliche „Boxer" durch.

Die Intervention der acht Staaten endete erst im September 1901 mit dem sogenannten „Boxer-Protokoll". In diesem wurden den Qing neben Sühneleistungen für den Tod Kettelers auch die Hinrichtung der Führer der „Boxerbewegung" sowie enorm hohe Entschädigungszahlungen abverlangt. Die geforderten Summen überstiegen die jährliche Wirtschaftsleistung Chinas bei Weitem. Die Hoffnung der Qing, dem ausländischen Vordringen mit der Instrumentalisierung der „Boxer" ein Ende setzen zu können, war spektakulär gescheitert. War nun auch der Untergang der Qing-Dynastie selbst nicht mehr fern?

Reformen – aber zu spät?

Um den dynastischen Untergang abzuwenden, verfügte die Kaiserinwitwe Cixi nach Ende des „Boxeraufstandes" eine Reihe radikaler Reformen: Sie setzte sich für die Bildung von Mädchen ein, beendete die Tradition des Abbindens der Füße bei kleinen Mädchen und hob das Heiratsverbot zwischen den Volksgruppen der Han-Chinesen und der Mandschu auf. 1905 folgte eine Sensation: Das zentrale Beamtenprüfungssystem, das über ein Jahrtausend lang die chinesische Elite produziert und mit einem gemeinsamen Weltbild ausgestattet hatte, wurde abgeschafft. Cixi beschloss sogar, China in eine konstitutionelle Monarchie umzuwandeln. Dazu kam es jedoch nicht mehr: Selbst schon schwer krank, soll sie 1908 den jugendlichen Guangxu-Kaiser vergiftet haben, der ihr angeblich nach dem Leben getrachtet hatte. Nur einen Tag nach diesem Attentat starb sie selbst. Auf dem Thron gelangte der von Cixi ausgewählte zweijährige Puyi. Da es aber im Hintergrund keine mächtige Figur von Cixis Format mehr gab, die die Staatsgeschäfte effektiv führte, wurde Puyi zum letzten Kaiser Chinas. 1912 dankte er ab. Mit dem Ende der Qing-Dynastie fand auch die chinesische Kaiserzeit insgesamt ein abruptes Ende.

M 3 *„Das Ketteler Tor" in Beijing*
Das „Sühnedenkmal" musste, gemäß des „Boxerprotokolls", 1903 von der chinesischen Regierung zum Gedenken an die Ermordung des deutschen Diplomaten Clemens von Ketteler errichtet werden, Foto, koloriert, 1906.

Der Boxeraufstand – die chinesische Perspektive

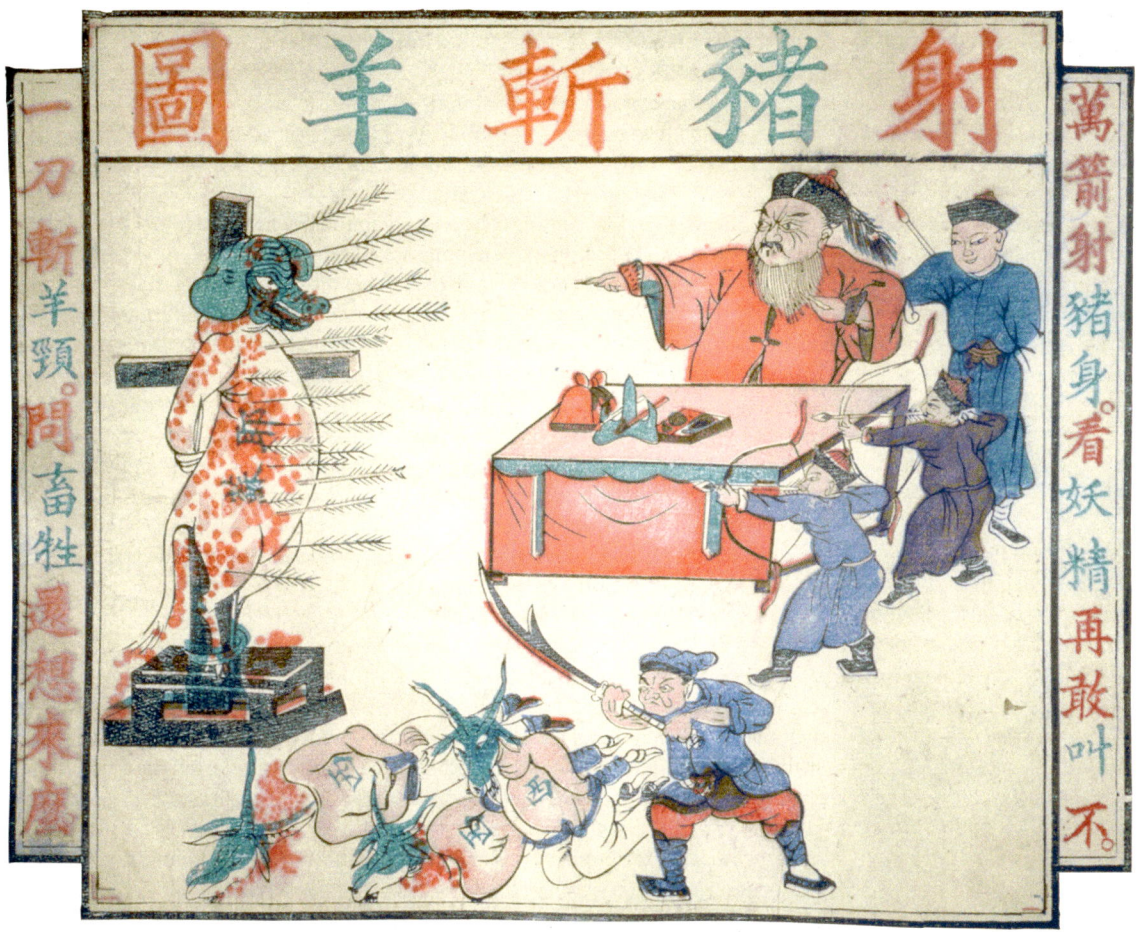

M 4　*Kampf gegen die „fremden Teufel"*
Faksimile aus einem volkstümlichen Bilderalbum von 1891.
Schriftband oben: Erschießt das Schwein und enthauptet die Ziegen.
Schriftband rechts: Das Schwein wird mit zehntausend Pfeilen durchbohrt. Mal sehen, ob es wagt, noch einmal zu quieken.
Schriftband links: Der Ziege wird mit einem Streich der Hals durchtrennt. Frag die Tiere, ob sie noch zu kommen gedenken.

Anmerkung: Auf dem durchbohrten Schwein stehen die Schriftzeichen Ye Su (Jesus). Die geschlachteten Ziegen tragen das Schriftzeichen Si (Westler).

• •

1. a) ●●○ Erstellen Sie auf Grundlage des Darstellungstextes einen Steckbrief zur Gruppierung der „Boxer" (Entstehungsort und -zeit, historischer Kontext, Mitglieder, Ziele und Mittel etc.).
b) ●●○ Erklären Sie am Beispiel des deutschen Kolonialismus in China die Bedeutung des „Boxeraufstandes" für die ausländischen Imperialmächte.

c) ●●○ Analysieren Sie das Faksimile M4 und arbeiten Sie die chinesische Perspektive auf den „Boxeraufstand" heraus.
→ Text, M4

Interpretation einer politischen Karikatur

Politische Karikaturen

Karikaturen stellen eine spezielle Form historischer Bildquellen dar. Karikaturen sind Zeichnungen, in denen sich der Zeichner, der Karikaturist, meist in kritischer Absicht, mit einem Thema, einer Person oder einem Sachverhalt auseinandersetzt. Karikaturen, die auch als „gezeichnete Kommentare" bezeichnet werden, spitzen zu und überzeichnen, sie können aber auch tendenziös, verletzend oder verzerrend sein. Immer wollen und sollen Karikaturen anregen, über einen Sachverhalt nachzudenken, sich ein Urteil zu bilden oder zu einer bestimmten Sichtweise zu gelangen.

Mögliche Aufgabenstellung

1. Beschreiben Sie die Karikatur (Schritt 1).
2. Ordnen Sie die Quelle in den historischen Kontext ein und erklären Sie die Elemente der Karikatur im Zusammenhang (Schritt 2).
3. Setzen Sie sich mit der Karikatur und ihrer Aussage auseinander (Schritt 3).

Arbeitsschritte zur Interpretation von Karikaturen

1. Die Karikatur beschreiben

a) Die äußeren Merkmale erschließen:
Die quellenkritische Analyse stellt zunächst die sog. „äußeren" Merkmale der Karikatur vor. Sie erklärt insbesondere die historische Situation, in der die Karikatur entstanden ist. Bei der Analyse einer Karikatur sollen Sie im Einzelnen:
- den Bildquellentyp (hier: Karikatur) kennzeichnen,
- den Karikaturisten benennen und die dazu verfügbaren Informationen vorstellen,
- vermutliche oder mögliche Adressaten der Karikatur benennen,
- den Zeitpunkt benennen, zu dem die Karikatur entstanden ist und/oder veröffentlicht wurde,
- den Erscheinungsort und das Publikationsmedium benennen, in dem die Karikatur veröffentlicht wurde,
- den vermutlichen oder anhand der dargestellten Inhalte und Zusammenhänge zu erschließenden Anlass der Karikatur benennen und erläutern,
- die mit der Bildquelle verbundene Absicht (ggf. in Form einer Hypothese) formulieren.

b) Die Karikatur beschreiben:
Die strukturierte Bildbeschreibung soll sowohl auf den Aufbau des Materials wie auch auf die dargestellten Einzelelemente eingehen (Bild- und Textteile mit Bildüber- bzw. -unterschriften und/oder Textelemente innerhalb der Karikatur; Hauptbestandteile, Zentrum, Vorder- und Hintergrund).

2. Die Karikatur vor dem Hintergrund des historischen Kontextes erläutern

a) Den historischen Kontext oder den Problemzusammenhang, in dem die Karikatur steht, darstellen.

b) Vor diesem Hintergrund die in der Quelle sichtbaren Elemente und Gestaltungsmittel erläutern. Ihre Ergebnisse sollten Sie in einer abschließenden Deutung zusammenfassen.

3. Sich mit der Karikatur auf verschiedenen Ebenen auseinandersetzen

In diesem Schritt sollen Sie sich mit der Bildquelle und ihrer Aussage, aber auch mit den Mitteln ihrer Wirkung auseinandersetzen. Dabei ist stets zwischen einer zeitgenössischen, also historischen und einer gegenwärtigen Perspektive zu unterscheiden. Hier kann u. a. erörtert werden, wie die Karikatur (vermutlich) auf die zeitgenössischen Betrachter gewirkt hat. Ferner können Sie prüfen, ob die Karikatur den sachlichen Gegebenheiten entspricht oder ob Sachverhalte und Zusammenhänge grob verzerrt oder in ihr Gegenteil verkehrt werden.
Schließlich sollten Sie die Karikatur als Stellungnahme des Bildautors einer eigenen Beurteilung unterziehen. Dabei können Sie sich beispielsweise auf seine Einschätzungen einer Situation, seinen Umgang mit einem Gegner, seine in der Karikatur zum Ausdruck kommenden Erwartungen oder Werte beziehen.

EN CHINE
Le gâteau des Rois et... des Empereurs

M 5 *„En Chine – Le gâteau des Rois et ... des Empereurs"*

„China – der Kuchen der Könige und ... der Kaiser", französische Karikatur aus der Zeitschrift „Petit Journal", 1898. Die Figuren in der unteren Bildhälfte stellen dar (von links nach rechts): Victoria, Königin des Vereinigten Königreichs seit 1837, Wilhelm II. deutscher Kaiser seit 1888, Nikolaus II., russischer Zar seit 1894, Marianne, die Symbolfigur der Französischen Republik, Meiji-tenno, Kaiser Japans seit 1867. Hinten ist ein Qing-Beamter dargestellt.

Die „Hunnenrede" Wilhelms II.

 6 *„Hunnenrede"*

Kaiser Wilhelm II. verabschiedet in Bremerhaven ein Expeditionskorps zur Niederschlagung des Boxeraufstands, Foto, 27. Juli 1900.

i Info
....

Weiterführende Links zur „Hunnenrede"

http://www.spiegel.de/eine-stages/die-hunnenrede-von-wilhelm-ii-als-tonaufnahme-a-947807.html

https://www.dhm.de/file admin/lemo/suche/search/?q=Hunnenrede

https://www.welt.de/kultur/history/gallery13724425/Wilhelm-II-seine-Hunnenrede-und-The-Huns.html

(letzter Zugriff jeweils: 20.09.2022).

 7 *„Pardon wird nicht gegeben"*

a) Ende Juli 1900 verabschiedete Kaiser Wilhelm II. deutsche Truppen in Bremerhaven, die zur Niederschlagung des Boxeraufstandes nach China entsandt wurden. Dieser Auszug stammt aus der offiziell verbreiteten Version seiner Rede:

Große überseeische Aufgaben sind es, die dem neu entstandenen Deutschen Reiche zugefallen sind [...]. Das Deutsche Reich hat seinem Charakter nach die Verpflichtung, seinen Bürgern, wofern diese im Aus-
5 land bedrängt werden, beizustehen. [...]
Das Mittel, das ihm dies ermöglicht, ist unser Heer. [...] Eine große Aufgabe harrt eurer: Ihr sollt das schwere Unrecht, das geschehen ist, sühnen. Die Chinesen haben das Völkerrecht umgeworfen, sie haben
10 in einer in der Weltgeschichte nicht erhörten Weise der Heiligkeit des Gesandten, den Pflichten des Gastrechts Hohn gesprochen. [...]
Ihr wisst es wohl, ihr sollt fechten gegen einen verschlagenen, tapferen, gut bewaffneten, grausamen
15 Feind. Kommt ihr an ihn, so wisst: Pardon wird nicht gegeben. Gefangene werden nicht gemacht. Führt eure Waffen so, dass auf tausend Jahre hinaus kein Chinese mehr es wagt, einen Deutschen scheel anzusehen. Wahrt Manneszucht. Der Segen Gottes sei mit
20 euch, die Gebete eines ganzen Volkes, Meine Wünsche begleiten euch, jeden Einzelnen. Öffnet der Kultur den Weg ein für alle Mal! Nun könnt ihr reisen! Adieu Kameraden!

Zit. nach: Johannes Penzler (Hg.): Die Reden Kaiser Wilhelms II., Bd. 3: 1896 – 1900, Leipzig: Reclam 1904, S. 209 ff.

b) Die ursprüngliche Version der Rede Kaiser Wilhelms II. enthielt auch diese Passage:

Kommt ihr vor den Feind, so wird derselbe geschlagen! Pardon wird nicht gegeben! Gefangene werden nicht gemacht! Wer euch in die Hände fällt, sei euch verfallen! Wie vor tausend Jahren die Hunnen unter
5 ihrem König Etzel sich einen Namen gemacht, der sie noch jetzt in Überlieferung und Märchen gewaltig erscheinen lässt, so möge der Name Deutscher in China auf 1000 Jahre durch euch in einer Weise bestätigt werden, dass es niemals wieder ein Chinese
10 wagt, einen Deutschen scheel anzusehen!

Zit. nach: Manfred Görtemaker: Deutschland im 19. Jahrhundert. Entwicklungslinien, Bonn: Bundeszentrale für politische Bildung 1994 (4. Aufl.), S. 357.

Interpretation einer schriftlichen Quelle

Schriftliche Quellen

Ohne das Studium von Quellen keine Geschichte. Das heißt, um eine Geschichte erzählen zu können, muss man die Quellen zu dem historischen Sachverhalt erschließen und interpretieren.

> *Formulierungshilfen*
>
> **Eine Quelle erschließen**
>
> Die Quelle erschien zuerst … Bei der Quelle handelt es sich um … Der Autor thematisiert in der Quelle … Er behandelt das Problem/die Frage … Die Autorin setzt sich mit dem Problem auseinander, inwiefern … Die zentrale These ist, dass … Die Autorin spricht sich dafür aus, dass … Die Quelle dient vor allem der Information … Der Autor spricht sich eindeutig dafür aus … Der Autor appelliert an die Leser …
>
> Der Autor stellt einleitend eine These auf … er schildert einen besonderen Moment, um … Anschließend geht sie darauf ein … zählt auf … bestreitet … weist zurück … entgegnet … kritisiert … präzisiert … präsentiert … stellt vor … kommt zu dem Schluss … erklärt die Ursachen … beurteilt … fasst zusammen … verurteilt … appelliert.

Mögliche Aufgabenstellung

1. Erschließen Sie die Quelle und geben Sie den Inhalt der Quelle M7 wieder. (Schritt 1).
2. Ordnen Sie die Quelle in den historischen Kontext ein (Schritt 2).
3. Bewerten Sie die Aussagen des Kaisers (Schritt 3).

Arbeitsschritte zur Interpretation von schriftlichen Quellen

1. Eine Quelle erschließen

a) Die Quelle kritisch und thematisch erschließen

Die quellenkritische Analyse betrifft die äußere Beschreibung der Quelle. Sie ist erforderlich, um den Inhalt der Quelle besser einordnen und verstehen zu können. Die Quellenkritik bildet damit die Grundlage für die Interpretation der Quelle. Bei der quellenkritischen Analyse werden folgende Aspekte untersucht:
  – Autorin bzw. Autor,
  – Adressat(en) und deren Bezug zur Autorin/zum Autor,
  – Zeitpunkt der Entstehung und der Veröffentlichung der Quelle,
  – Anlass der Entstehung,
  – Absicht, mit der der Text geschrieben wurde, z.B. informierend, argumentierend, appellierend, normierend, unterhaltend,
  – Gattung der Quelle,
  – Thema der Quelle,
  – Intention der Quelle,
  – Kernaussage der Quelle.
  – ggf. Stil: z.B. sachlich, ironisch, diffamierend.

b) Den Gedankengang und den Inhalt der Quelle strukturiert wiedergeben:

Bei der strukturierten Wiedergabe der Quelle geht es darum, ihren Inhalt und ihren Gedankengang (Argumentationsstruktur) zu beschreiben. Der Gedankengang lässt sich mit Verben verdeutlichen, die die sprachlichen Handlungen des Autors bezeichnen. Bei der Darstellung des Gedankengangs werden zugleich die Inhalte der Quelle in eigenen Worten wiedergegeben. Verfassen Sie die Inhaltsangabe im Präsens und verwenden Sie den Konjunktiv.

2. Die Quelle erläutern

Zum besseren Verständnis der Quelle ist es oft erforderlich, historische Hintergründe zu erläutern. Das können in der Quelle erwähnte Meinungen, Absichten, Sachverhalte und Ereignisse sein, die in einen historischen Kontext einzuordnen sind.

3. Die Quelle unter einer bestimmten Fragestellung beurteilen

Eine Quelle wird immer unter einer bestimmten Fragestellung interpretiert. Vor dem Hintergrund dieser Frage werden die bisherigen Ergebnisse der Quellenanalyse, die Aussagen, Auffassungen und Intentionen der Quelle kritisch überprüft. Dabei setzt man sich in der Regel mit der Intention und Kernaussage der Quelle abwägend auseinander. Die Ergebnisse dieser Deutung werden in einem Fazit zusammengefasst.

Reform in China nach dem Boxeraufstand

 8   Reformedikt

Eine Reform der Regierung war bereits 1898 versucht und abgelehnt worden. Nach dem „Boxeraufstand" (1899–1901) und der ausländischen Intervention, erließ die Kaiserinwitwe jedoch am 29. Januar 1901 das folgende Reformedikt.

Bestimmte Prinzipien der Moral sind unveränderlich, während die Methoden des Regierens schon immer wandelbar waren. Im Klassiker der Wandlungen heißt es: „Wenn eine Maßnahme ihre Wirksamkeit

5 verloren hat, ist die Zeit gekommen, sie zu ändern. Und in den Analekten [des Konfuzius] heißt es, dass „die Shang- und Zhou-Dynastien die Vorschriften ihrer Vorgänger abwandelten und ergänzten, wie man leicht feststellen kann." [...]

10 Die drei Grundpfeiler (Bindungen) [Herrscher/Minister, Eltern/Kinder und Ehemann/Ehefrau] und die fünf konstanten Tugenden [Menschlichkeit, Rechtschaffenheit, rituellem Anstand, Weisheit und Vertrauenswürdigkeit] bleiben für immer fest und un-

15 veränderlich, so wie die Sonne und die Sterne beständig auf die Erde scheinen. [...]
Wir haben nun den Erlass Ihrer Majestät erhalten, uns voll und ganz der Wiederbelebung Chinas zu widmen, den Gebrauch der Begriffe neu und alt ener-

20 gisch zu unterdrücken und das Beste aus dem Chinesischen und dem Fremden miteinander zu verbinden. Die Wurzel der Schwäche Chinas liegt in schädlichen Gewohnheiten, die zu fest verankert sind, in Regeln und Vorschriften, die zu detailliert ausgearbeitet sind,

25 in der Überfülle an unfähigen und mittelmäßigen Beamten und dem Mangel an wirklich herausragenden Beamten, in kleinlichen Bürokraten, die sich hinter dem geschriebenen Wort verstecken, und in Beamten und Yamen [Regierungsbüro]-Läufern, die das ge-

30 schriebene Wort als Talisman benutzen, um persönliches Vermögen zu erwerben, in den Bergen von Korrespondenz zwischen Regierungsstellen, die keinen Bezug zur Realität haben, und in dem Senioritätssystem und den damit verbundenen Praktiken, die den

35 Weg für Männer mit wirklichem Talent versperren. [...] Wir rufen daher die Mitglieder des Großen Rates, die Großsekretäre, die Sechs Kammern und Neun Ministerien, unsere Minister im Ausland sowie die Generalgouverneure und Gouverneure der Provinzen

40 auf, sorgfältig über unsere derzeitige traurige Lage nachzudenken und die chinesischen und westlichen Regierungssysteme im Hinblick auf alle dynastischen Regelungen, die Staatsverwaltung, die offiziellen Angelegenheiten, die Angelegenheiten, die mit dem Le-

45 bensunterhalt des Volkes zusammenhängen, die modernen Schulen, die Prüfungssysteme, die militärische Organisation und die Finanzverwaltung zu prüfen. Wägt sorgfältig ab, was beibehalten und was abgeschafft werden soll, welche neuen Methoden über-

50 nommen und welche alten beibehalten werden sollen. Sucht mit allen zur Verfügung stehenden Mitteln des Wissens und der Beobachtung danach, wie wir unsere nationale Stärke erneuern, wie wir Männer mit echtem Talent hervorbringen, wie wir die Staats-

55 einnahmen erhöhen und wie wir das Militär wiederbeleben können. [...]
Noch wichtiger als die Erarbeitung neuer Regierungssysteme ist es, Männer zu finden, die gut regieren. Ohne neue Systeme kann das korrupte alte Sys-

60 tem nicht gerettet werden; ohne fähige Männer können auch gute Systeme nicht zum Erfolg geführt werden. Sobald die entsprechenden Reformen eingeführt sind, um Missstände zu beseitigen, wird es mehr denn je notwendig sein, aufrichtige und fähige

65 Männer für die Ausübung der Ämter auszuwählen. Alle, ob von hoher oder niedriger Stellung, sollten sich vorsehen!
Die Kaiserinwitwe und wir haben lange über diese Fragen nachgedacht. Jetzt sind die Dinge an einem

70 Krisenpunkt angelangt, an dem ein Wandel stattfinden muss, um Schwäche in Stärke zu verwandeln. Alles hängt davon ab, wie der Wandel vollzogen wird.

Zit. nach: William Theodore de Bary, Richard Lufrano (eds.): Sources of Chinese Tradition Vol 2. From 1600 Through the Twentieth Century, New York: Columbia University Press 2000 (2nd. ed.), S. 285ff. [übers. v. Daniel Schumacher].

- -

1. a) ●●○ Erstellen Sie anhand von M8 eine Liste mit Ursachen, die laut der kaiserlichen Beamten zur Schwäche des Qing-Reiches führten.
b) ●●● „Nach dem Aufstand der „Boxer" war das chinesische Kaiserreich als Staatsform nicht mehr zu retten". Beurteilen Sie diese Aussage.
→ Text, M8

2. a) ●●● Überprüfen Sie anhand von M9 die These, dass es sich beim „Boxeraufstand" um einen Kampf der Kulturen gehandelt habe.
b) ●●● Erläutern Sie, wie der Boxeraufstand in China und in Europa rückblickend gedeutet wurde, und nehmen Sie zu den verschiedenen Deutungen Stellung.
→ Text, M9, M10

Der Boxeraufstand – Deutung und Erinnerung

M 9 Der Boxeraufstand – Ein Kampf der Kulturen?

Der Historiker James Carter analysiert die Bedeutung des „Boxeraufstandes" (2020):

Schon als die Zeitungen in Europa und Amerika die zivilisatorische Mission ihrer Truppen in China beschrieben, stellten einige diese Sichtweise in Frage. Zu der von Großbritannien entsandten Armee, die
5 den Aufstand niederschlagen und ihre Bürger retten sollte, gehörten auch Truppen aus dem kolonialen Indien. Einer von ihnen, Gadhadar Singh, schrieb über seine Erfahrungen in Nordchina und gab den Europäern die Schuld daran, dass die Flüsse zu einem
10 „Cocktail aus Blut, Fleisch, Knochen und Fett" geworden waren. […]
[D]ie Vorstellung, dass es sich bei den Boxern um wahnhaft rückständige Bauern handelte, die sich gegen die Kräfte der Moderne und der Magie zuwand-
15 ten, ignoriert den Kontext, der die Bewegung auslöste […]. Die Wirtschaft Nordchinas war durch die plötzliche Integration in die Weltwirtschaft aus den Angeln gehoben worden. Die Baumwollbauern in Shandong beispielsweise sahen sich im Wettbewerb
20 mit Erzeugern in Indien, Ägypten und den amerikanischen Südstaaten. Die einheimischen Textilfabriken wurden häufig durch den Preis von aus dem Ausland importierten industriell gewebten Stoffen sowie durch neue, oft in ausländischem Besitz befindliche
25 industrielle Fabriken in China (insbesondere in Shanghai) unterboten. In den 1890er-Jahren – fünfzig Jahre nach der Öffnung des Handels zu europäischen Bedingungen – hatte die ländliche Wirtschaft mit den Auswirkungen dieser Veränderungen zu kämp-
30 fen, insbesondere mit der ländlichen Arbeitslosigkeit.

James Carter: "This week in 1900 – What the Boxers can tell us about our world today", (17.06.2020), Sup China Inc, New York; https://thechinaproject.com/2020/06/17/this-week-in-1900-what-the-boxers-can-tell-us-about-our-world-today/ [letzter Zugriff: 26.10.2022] [übers. v. Daniel Schumacher].

M 10 Erinnern aus politischem Interesse?

Der Historiker Thoralf Klein untersucht die sich verändernde öffentliche Erinnerung an den „Boxeraufstand" – im Westen und in China (2008):

Die Erinnerung an den Boxerkrieg konzentrierte sich sowohl auf chinesischer als auch auf westlicher Seite nicht auf die Opfer […].

Die Erinnerung diente zumeist unmittelbaren politi-
5 schen Interessen. Auf westlicher Seite, wo die Erinnerungsproduktion fast zeitgleich mit dem Ausbruch des Krieges begann, war sie das teils bewusste, teils unbewusste Ergebnis einer kollektiven Anstrengung, die Intervention in China zu legitimieren […].
10 Eine wichtige Funktion der Erinnerung war die Rechtfertigung des Krieges, und es gab zahlreiche Möglichkeiten, dieses Ziel zu erreichen. Eine bestand darin, China eine bestimmte Interpretation der Kriegsursachen aufzuerlegen, nämlich dass China
15 das Völkerrecht gebrochen und Verbrechen gegen die Menschlichkeit und die Zivilisation begangen habe. Diese Auslegung wurde in den diplomatischen Dokumenten zum Friedensschluss verankert […].
Eine weitere wichtige Form des politisch aufgelade-
20 nen kollektiven Gedächtnisses war der Kult der sogenannten Helden der Zivilisation, d.h. der Soldaten, die im Kampf gefallen waren oder bedeutende Siege über die Chinesen errungen hatten. Zweifellos gab es auch eine andere Seite dieser Medaille, nämlich eine
25 irrationale Angst vor den Chinesen, wie sie im Diskurs über die „gelbe Gefahr" zum Ausdruck kam.
[…]
In China konkurrierten mehrere Erzählungen über die Boxerbewegung und den anschließenden Krieg
30 miteinander. Eine Version, die von konfuzianischen Gelehrten und modernen Intellektuellen vertreten wurde, machte die Boxer als abergläubisches Gesindel für das Unheil verantwortlich, das über China hereingebrochen war. Diese Sichtweise, die wahr-
35 scheinlich während des Krieges entstand, dominierte die ersten beiden Jahrzehnte des zwanzigsten Jahrhunderts und tauchte danach gelegentlich wieder auf. Ein zweiter Diskurs konzentrierte sich auf die westlichen Gräueltaten und das chinesische Leid. Er
40 tauchte erstmals in den Nachkriegsjahren auf, erreichte seinen Höhepunkt aber erst in den 1920er-Jahren, als er sich mit dem Diskurs über die „nationale Demütigung" (guochi) zu einem mächtigen antiimperialistischen Narrativ verband. Das Konzept
45 der guochi identifizierte Ereignisse im Zusammenhang mit dem ausländischen Imperialismus […] als Untergrabung der chinesischen Selbstachtung und konzentrierte sich […] auf das Leiden der chinesischen Nation als Ganzes. […]

Thoralf Klein: "The Boxer War – The Boxer Uprising", (23.07.2008); https://www.sciencespo.fr/mass-violence-war-massacre-resistance/fr/document/boxer-war-boxer-uprising.html [letzter Zugriff: 26.10.2022] [übers. v. Daniel Schumacher].

8. Japan und die imperialistischen Mächte – ein Vergleich

Shōgun

Wörtlich: „die Barbaren unterwerfender großer General". Die Bezeichnung eines Militärdiktators im frühneuzeitlichen Japan.

Mitte des 19. Jahrhunderts befand sich Japan wiederholt in Aufruhr: Im Juli 1853 und erneut im Februar 1854 liefen dampfgetriebene US-Kriegsschiffe unter dem Kommando des Flottillenadmirals Matthew C. Perry in die Bucht von Edo (dem heutigen Tokio) ein. Ihr Ziel war es, Japan, das sich seit 220 Jahren von der Außenwelt abgeschottet hatte, für den Handel mit Amerika zu öffnen – falls nötig, mit Gewalt.

Tokugawa-Japan (1603 – 1868) – abgeschottet und rückständig?

Japan wurde seit dem späten 12. Jahrhundert von einer Reihe miteinander konkurrierender Landesfürsten (Daimyō) und deren Privatarmeen regiert. War ein Daimyō mächtig genug, um alle anderen Landesfürsten zu dominieren, wurde er vom Kaiser (Tennō) zum Militärdiktator (Shōgun) ernannt und konnte sein Amt vererben. Zwar stand der Tennō als „himmlischer Herrscher" nominell noch immer an der Spitze des Staates, jedoch war er kaum mehr als eine symbolische und spirituelle Figur. Die wahre Macht lag beim Shōgun und dessen Verwaltungsapparat (Bakufu).

Im Jahr 1603 beendete das Tokugawa-Shōgunat eine lange Periode des Krieges und schuf ein komplexes zentralistisches Feudalsystem. Es fußte auf den Werten des chinesischen Konfuzianismus und bildete die Basis für ein Statussystem, das das Leben in Japan auf allen Ebenen strukturierte. Loyalität gegenüber den Eltern sowie den Grundherren war oberstes Gebot. Das Kaiserhaus blieb politisch bedeutungslos. Unter dem Shōgun bildeten die anderen Daimyō (Landesfürsten) und ihre Samurai (Kriegeradel) die privilegierte Oberschicht. Diese machte etwa fünf Prozent der damaligen japanischen Bevölkerung aus. Danach kamen die Bauern und die Handwerker sowie an letzter Stelle die Kaufleute.

Um die Macht der Fürsten einzuhegen, wurde den Daimyō als Teil ihrer Lehenspflicht vorgeschrieben, regelmäßig längere Zeit in der Hauptstadt Edo zu leben. In der Zeit, in der sie auf ihre Ländereien zurückkehren durften, mussten die Daimyō ihre Frauen und Kinder als Geiseln in Edo zurücklassen. Der teure Unterhalt zweier Residenzen beschnitt zum einen die Möglichkeiten der Daimyō, Krieg zu führen, zum anderen wurden sie durch ihre Präsenz in Edo zur Kooperation mit der dortigen Zentralregierung des Shōguns gezwungen.

Um die japanische Gesellschaft insgesamt von „schädlichen" Einflüssen von außen abzuschirmen, wurde das Christentum, das zuvor über portugiesische Missionare das Land erreicht hatte, unter Todesstrafe verboten. Christen wurden in Japan streng verfolgt, hingerichtet oder ausgewiesen. Das Tokugawa-Shōgunat verhängte zudem eine „Landesabschließung" (sakoku), wodurch über zwei Jahrhunderte lang fast allen Ausländern der Zugang nach Japan verweigert wurde. Der Außenhandel wurde auf eine streng begrenzte Anzahl chinesischer und

M 1   *Ein „schwarzes Schiff"*
Ein geteertes US-Kriegsschiff, das 1853 an der japanischen Küste vor Edo, heute Tokio, auftauchte. Ausschnitt aus einem zeitgenössischen japanischen Farbdruck. Den Einwohnern Edos war auch der schwarze Rauch, den die Kriegsschiffe wegen ihres Dampfantriebs ausstießen, unheimlich.

niederländischer Handelsschiffe reduziert, die auf einer winzigen künstlichen Insel im Hafen von Nagasaki anlegen mussten. Für Japaner wurde ein striktes Ausreiseverbot verhängt, sodass potenzielle Gegner der Tokugawa weder durch fremde Ideen inspiriert noch durch ausländische Finanzen unterstützt werden konnten.

Die politische Stabilität, die dieses System zeitigte, ließ die japanischen Städte und den Binnenhandel wachsen. Gewinnorientierte Geschäftsmodelle lösten zunehmend die Subsistenzwirtschaft ab, wodurch einerseits viele Kaufleute reich wurden und ein lebendiges Kulturangebot in den Städten finanzierten. Andererseits verarmten aber auch viele Daimyō und Samurai, die sich auf den Erhalt ihrer Privilegien konzentrierten und durch Kredite von der Händler-Klasse abhängig wurden. Anfang des 19. Jahrhunderts spiegelte das alte Statussystem nicht mehr die gesellschaftlichen Realitäten in Japan wider.

Neben der Wirtschaft erblühte in der Tokugawa-Zeit auch das Bildungswesen. Tausende Schulen entstanden überall in Japan, die oft von Frauen geführt wurden. In den Akademien des Landes wurden trotz der strikten Isolationspolitik auch westliche Wissenschaften rezipiert, selbst wenn diese dem althergebrachten Wissen der japanischen Kultur widersprachen.

Bereits zwanzig Jahre vor Admiral Perrys Ankunft in Japan offenbarten Aufstände unzufriedener Samurai und Stadtbewohner sowie von Missernten getroffener Bauern, dass die Tokugawa-Regierung gegenüber Krisen und gesellschaftlichen Veränderungen hilflos geworden war. Ein Dynastie-Wechsel schien sich anzukündigen.

Ein US-Admiral als Geburtshelfer der Modernisierung Japans?

Die Expansion der imperialistischen Mächte Europas und der USA machte auch vor Japan nicht halt. Die Tokugawa-Regierung hatte Mitte des 19. Jahrhunderts kaum Möglichkeiten, sich der sogenannten Kanonenbootpolitik der USA zu widersetzen, die dem Shōgunat die technologische Unterlegenheit Japans vor Augen führte. Geschwächt durch „Probleme im eigenen Land und Gefahren aus dem Ausland" (naiyū

gaikan) musste Japan mit mehreren Imperialmächten verschiedene Abkommen schließen, die später als „ungleiche Verträge" bezeichnet wurden. Zwischen 1854 und 1861 erzwangen die USA, Großbritannien, Russland, die Niederlande, Frankreich und Preußen auf diese Weise die Öffnung mehrerer japanischer Handelshäfen und erwirkten Extraterritorialrechte für ihre Staatsbürger in Japan, was bedeutete, dass diese nicht der japanischen Gerichtsbarkeit unterlagen. Die Spannungen der späten Tokugawa-Zeit entzündeten sich vor allem an diesem Souveränitätsbeschränkungen.

Wie sollte das zuvor abgeschlossene Land mit der neuen Bedrohung von außen umgehen? Diese Frage spaltete die japanische Gesellschaft. Auf der einen Seite standen jene, die die Ausländer vertreiben wollten; auf der anderen Seite hoffte man, den Untergang Japans durch Öffnung abwenden zu können. Der Kampf um die Zukunft des Landes mündete 1868 in einen Staatsstreich: Einige Lehensfürsten und der Hofadel putschten den 15-jährigen Kaiser Mutsuhito an die Macht und beendeten damit die jahrhundertelange Herrschaft der Shōgune. Nach Jahrhunderten im politischen Abseits stand nun wieder der Kaiser an der Spitze des Staates. Die neue Herrschaftsära erhielt den Namen des kaiserlichen Regierungsmottos: Meiji – „erleuchtete Herrschaft".

Die Hauptstadt Edo wurde in Tokio („östliche Hauptstadt") umbenannt, anti-westliche Einstellungen wurden abgestreift und Europa und die USA zu Vorbildern Japans erklärt. Der traditionelle Impulsgeber der Region, das Kaiserreich China, hatte als Lehrmeister für das neue Zeitalter ausgedient: Es befand sich aufgrund von Aufständen und Übergriffen imperialer Mächte selbst in der Krise.

M 2 Stadtarchitektur im Vergleich. *Unten die Rue Réaumur in Paris, links der Blick auf den Stadtteil Ginza in Tokio, beides um 1900. Ginza brannte 1872 nieder und wurde von britischen Architekten nach dem Vorbild der Innenstädte von Paris und London neu aufgebaut.*

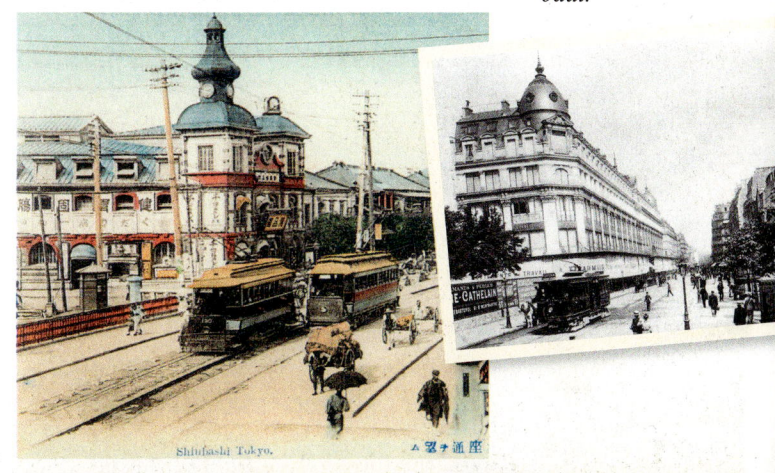

Westliche Ideen in japanischem Gewand?

Um sich der technologisch überlegenen westlichen Staaten erwehren zu können, zielte die neue Meiji-Regierung darauf, von eben diesen zu lernen. Durch den Import und die Anpassung westlicher Ideen, Institutionen und Technologien sollte Japan zu einem reichen Land mit einer starken Armee werden. Auf dem soliden Fundament der Tokugawa-Institutionen entstand so ein neuer, zentralisierter Nationalstaat. Die pragmatischen Meiji-Reformer verstanden die japanische Geschichte nicht mehr vor dem Hintergrund der zuvor aus China importierten Idee eines sich stets wiederholenden und in den Weisen der Vergangenheit verhafteten Weltbildes, sondern – wie im Westen – als der Zukunft zugewandt und sich vom Zustand der „Barbarei" zur „Zivilisation" entwickelnd. In diesem Kontext wurde der Kaiser zum „Befreier der Nation" erklärt und der Shintoismus (Shintō) zur Staatsreligion erhoben. Das alte Klassensystem wurde abgeschafft und durch eine nationale Gesellschaft von Bürgern ersetzt. Die Daimyō (Landesherren) und die Samurai (Krieger) verloren ihre Privilegien (Landbesitz, politische Rechte) an die Zentralregierung. Damit endete auch die Erblichkeit der Wehrpflicht innerhalb des Samurai-Adels (1873). An ihre Stelle trat eine dreijährige Wehrpflicht in einer nationalen Armee aller Schichten, deren Loyalität direkt an den Kaiser gebunden war. Das Heer wurde nach dem Vorbild Preußens umgestaltet, die Marine nach dem Vorbild Großbritanniens und die japanische Polizei orientierte sich an der Pariser Gendarmerie.

Die Meiji-Regierung erkannte den Wert einer gebildeten Bevölkerung für einen modernen Staat: Ab 1872 wurde für Jungen und Mädchen die Schulbildung verpflichtend, welche mit täglichen Loyalitätsbekundungen gegenüber dem Kaiser verbunden war. Die japanischen Hochschulen orientierten sich an amerikanischen Colleges.

1889 verabschiedete Japan die erste Verfassung in Asien. Die darin enthaltenen Bürgerrechte wurden jedoch nicht als unveräußerliche natürliche Rechte verstanden, sondern als großzügige Geschenke des Kaisers an sein Volk. Eine Gewaltenteilung, wie etwa in der Verfassung der USA, war nicht vorgesehen. Ito Hirobumi, der Autor der Meiji-Verfassung, verglich den japanischen Staat mit einem menschlichen Körper „der Gliedmaßen und Knochen hat, aber dessen spirituelle Quelle der Geist [der Kaiser] ist." Japan wurde zu einer Mischung aus konstitutioneller und absoluter Monarchie – mit einem von Preußen und Großbritannien inspirierten Parlament, beschränktem Wahlrecht und einer kleinen Gruppe mächtiger Adliger, die de facto das Land führten.

Obwohl die Jahre 1868 bis 1890, in denen der japanische Staat grundlegend umgebaut wurde, als „Meiji-Restauration" bekannt sind,

Staats-Shintō

Politisierte Form einer alten japanischen Religion, die den Kaiser gottgleich an die Spitze des Staates hob und Anfang des 20. Jahrhunderts einem aggressiven Nationalismus diente.

M 3 *Der Meiji-Kaiser*
Im traditionellem Hofgewand, 1872 (inks), und in der Uniform eines preußischen Feldmarschalls, 1873 (rechts)

wurde die einst umfängliche kaiserliche Macht jedoch keineswegs „wieder hergestellt". Vielmehr entstand eine Oligarchie, in der der Kaiser lediglich zur Legitimation und als Symbol der Einheit diente. Der Glaube an die göttliche Abstammung des Kaisers ließ ihn zur unantastbaren Person werden. Kritik an seiner Regierung wurde als Majestätsbeleidigung oder gar als Gotteslästerung verfolgt. Um die Reformen der Meiji-Zeit zu beschreiben, wird heute auch der Begriff der „Renovation" verwendet.

Die Erneuerung der Wirtschaft folgte ebenfalls ausländischen Vorbildern. Unter den zahlreichen westlichen Wirtschaftsmodellen, die während der Meiji-Zeit nach Japan gelangten, stieß das preußische Vorbild auf besonders große Resonanz, da hier die privatwirtschaftlichen Ziele eng mit den Zielen des Staates verknüpft waren. In Japan wurde den Unternehmern jedoch mehr Freiheit gelassen als in Preußen. Die Meiji-Regierung ließ Bahn- und Telegrafenlinien, Werften und Waffendepots bauen und subventionierte in den 1880er-Jahren ausgewählte Industriezweige wie die Stahl- und Textilbranche. Sie baute Modellfabriken und engagierte Hunderte ausländischer Berater, um die Industrialisierung des Landes zu beschleunigen. Bereits am Anfang des 20. Jahrhunderts wurden Japans Industrien weitläufig elektrifiziert, sodass die Fabriken Tag und Nacht produzieren konnten.

Auch unterschiedlichste kulturelle Aspekte des Westens fassten in Japan Fuß, darunter die Ziegelsteinarchitektur, Bier, Spaghetti und Baseball – heute Japans Nationalsport. Zugleich wurden aber auch traditionelle japanische Werte wie etwa der Ehrenkodex der alten Samurai besonders betont. Das Motto der Zeit lautete „Japanischer Geist und westliche Wissenschaft" oder auch „Moral des Ostens, Technik des Westens".

In der zweiten Hälfte des 19. Jahrhunderts wurden auf diese Weise innerhalb von nur einer Generation Wirtschaft, Staat und Gesellschaft Japans vollständig umgestaltet. Die Modernisierung der Meiji-Zeit war jedoch nicht ausschließlich dem Import ausländischer Ideen geschuldet: Bereits vor der erzwungenen Öffnung des Landes hatten sich im Zuge der Urbanisierung frühe kapitalistische Strukturen und eine gewisse gesellschaftliche Offenheit für Veränderungen herausgebildet, die die Umgestaltung erleichterten.

M 4 *Waffengießerei in der Stadt Yokosuka, in der Bucht von Tokio*
Dieser kolorierte Druck aus der zweiten Hälfte des 19. Jahrhunderts zeigt den reformorientierten Meiji-Kaiser Japans mit seinem Gefolge, der sich von europäischen Experten eine moderne Gießereimethode zeigen lässt.

Nationalismus und Großmachtstreben

Mit der rapiden Erneuerung Japans wuchs zugleich auch das Selbstbewusstsein des Landes. Der neue Nationalismus, den Japan um 1900 entwickelte, speiste sich sowohl aus der Abneigung gegenüber den imperialen Übergriffen des Westens als auch aus dem Stolz auf die Meiji-Reformen. Vor allem aber war die Staatsführung von der historischen Einzigartigkeit des japanischen Volkes und von dessen Anspruch auf globale Anerkennung als Großmacht überzeugt. Die rasche Industrialisierung steigerte den Bedarf des Landes an neuen Märkten und Rohstoffquellen enorm; eine koloniale Expansion wurde als Notwendigkeit betrachtet.

1894/95 ergab sich eine erste Gelegenheit zur Umsetzung: Im Ersten Sino-Japanischen Krieg zwang Japan China zur Abtretung der Insel Taiwan, die danach zu einer „Musterkolonie" Japans wurde. Dieser Sieg löste enormen nationalistischen Eifer aus. Russland, Frankreich und das Deutsche Reich intervenierten jedoch und zwangen Japan, die von seinen Truppen besetzte chinesische Liaodong-Halbinsel an Peking zurückzugeben. Für Japan war die westliche Intervention eine Erniedrigung und ein Anreiz, noch mehr in die eigene militärische Stärke zu investieren.

Japan war bestrebt, mit den anderen Großmächten international auf Augenhöhe zu agieren. So stellte Japan während des Boxer-Aufstandes in China im Jahr 1900 den größten Truppenanteil der intervenierenden Acht-Staaten-Allianz und trug damit maßgeblich dazu bei, dass die Rebellion schnell und blutig niedergeschlagen wurde.

1902 erkannte Großbritannien in der Anglo-Japanischen Allianz Japans Interessen in China und Korea an. Kurze Zeit später konnte Tokio in einem Krieg gegen Russland (1904–05) seinen größten Konkurrenten in der Region besiegen und die Kontrolle über das Nachbarland Korea erlangen, das es 1910 schließlich annektierte. Der Sieg über Russlands Armee war eine Sensation: Zum ersten Mal hatte eine asiatische Streitmacht eine moderne europäische Armee besiegt. Das Mächtegleichgewicht in Ostasien verschob sich damit vollends zugunsten Japans, das daraus den eigenen Weltmachtstatus ableitete. Um die Jahrhundertwende erwuchs aus der japanischen

politischen Linken aber auch eine erste Anti-Kriegsbewegung. Zugleich suchten chinesische Studierende und Revolutionäre in Japan nach Ideen für eine neue, parlamentarisch verfasste Nation in China. Als der Meiji-Kaiser 1912 starb, galt Japan längst als Asiens großes Modernisierungsvorbild.

Imperiale Demokratie

Die zwei Jahrzehnte nach dem Tod des Meiji-Kaisers waren von einer vielfältigen politischen und kulturellen Dynamik geprägt: Gewerkschaften breiteten sich aus; alle männlichen Bürger ab 25 Jahre erhielten 1925 das Wahlrecht; Automobile füllten die Straßen der Städte; Kinofilme, Tanzlokale und Cafés erfreuten sich großer Beliebtheit. Kritiker dieser Entwicklungen monierten, dass die Jugend sich nur noch für Sport, Filme und Sex interessiere. Gleichzeitig wurden strengere Pressegesetze erlassen, um dem „Verfall der Sitten" entgegenzuwirken. Ende der 1920er-Jahre gab es sogar eine „Gedankenpolizei", die angeblich staatsfeindliche Bewegungen wie die Linken überwachte. Imperial-autoritäre und pluralistisch-demokratische Kräfte hielten sich dabei allerdings noch die Waage.

Japans Ultranationalismus

Im September 1931 wurde jedoch schlagartig klar, welche Macht die imperialen Kräfte Japans besaßen: Das japanische Militär inszenierte einen Vorwand, unter dem es in Nordostchina einmarschierte und in der Mandschurei den Japanfreundlichen Staat „Mandschukuo" gründete. Die Regierung in Tokio gab der Invasion erst im Nachhinein ihren Segen. 1932 ermordeten rechtsgerichtete Marineoffiziere den Premierminister Inukai, jedoch scheiterte der von ihnen angestrebte Sturz der Regierung. All dies waren Zeichen eines wachsenden Ultranationalismus, der einen Krieg gegen die westlichen Imperialmächte in Asien anstrebte. In Nordostchina erweiterte das japanische Militär seinen Einflussbereich graduell bis zum groß angelegten Einmarsch 1937. Der damit einsetzende Zweite Japanisch-Chinesische Krieg markierte auch den Beginn des Zweiten Weltkriegs in Asien, der erst mit der Kapitulation Japans am 2. September 1945 und dem Untergang des japanischen Imperiums endete.

Japan und die imperialistischen Mächte

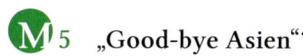 **5** „Good-bye Asien"?

Fukuzawa Yukichi war im späten 19. Jahrhundert einer der bedeutendsten Reformer Japans und sprach sich für eine Neuorientierung an der Westlichen Moderne aus (1885):

Die internationale Kommunikation ist heutzutage so bequem geworden, dass, sobald der Wind der westlichen Zivilisation in den Osten weht, jeder Grashalm und jeder Baum im
5 Osten dem folgt, was der westliche Wind bringt. [...]
Wenn man genau beobachtet, was in der heutigen Welt vor sich geht, weiß man, wie sinnlos der Versuch ist, den Ansturm der westli-
10 chen Zivilisation zu verhindern. Warum nicht mit ihnen im gleichen Ozean der Zivilisation schwimmen, auf den gleichen Wellen segeln und die Früchte und Bemühungen der Zivilisation genießen? Die Bewegung einer Zivili-
15 sation ist wie die Ausbreitung von Masern. [...] Wir mögen die Ausbreitung dieser übertragbaren Krankheit hassen, aber gibt es eine wirksame Möglichkeit, sie zu verhindern? Ich kann beweisen, dass dies nicht möglich ist.
20 Bei einer übertragbaren Krankheit erleiden die Menschen nur Schaden. In einer Zivilisation kann der Schaden mit dem Nutzen einhergehen, aber der Nutzen überwiegt immer bei weitem, und seine Kraft kann nicht aufge-
25 halten werden. Daher ist es sinnlos, zu versuchen, ihre Verbreitung ihre Ausbreitung zu verhindern. Ein weiser Mensch ermutigt die Ausbreitung und erlaubt es unserem Volk, sich an seine Gewohnheiten zu gewöhnen.
30 [...] Sowohl der öffentliche als auch der private Sektor, jeder in unserem Land hat die moderne westliche Zivilisation akzeptiert. Es ist uns nicht nur gelungen, die alten Konventionen Japans über Bord zu werfen, sondern
35 auch eine neue Achse für den Fortschritt in Asien zu schaffen. Unsere Grundannahmen lassen sich in zwei Worten zusammenfassen: „Good-bye Asien (Datsu-A)". [...]
Was müssen wir heute tun? Wir haben keine
40 Zeit, um auf die Aufklärung unserer Nachbarn zu warten, damit wir gemeinsam an der Entwicklung Asiens arbeiten können. Es ist besser für uns, die Reihen der asiatischen Na-

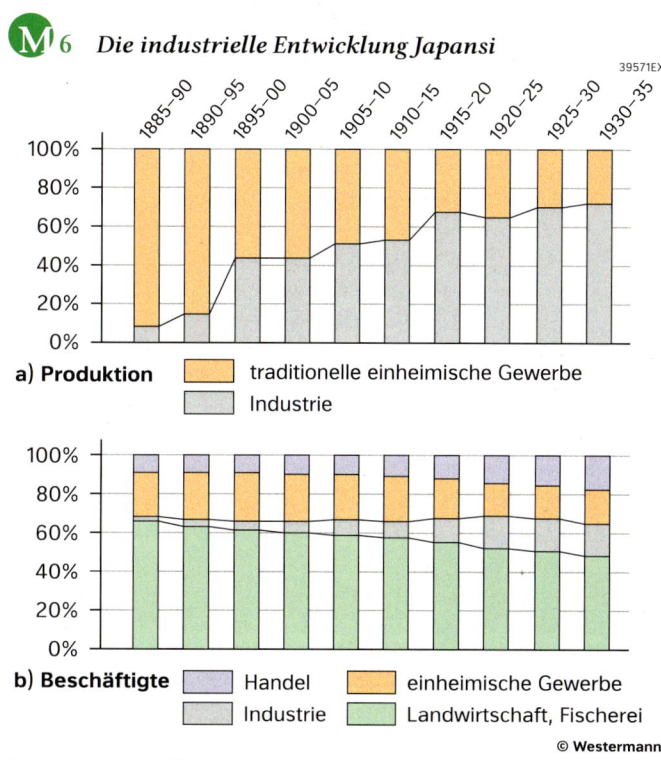 **6** *Die industrielle Entwicklung Japansi*

a) **Produktion**
 ▢ traditionelle einheimische Gewerbe
 ▢ Industrie

b) **Beschäftigte**
 ▢ Handel ▢ einheimische Gewerbe
 ▢ Industrie ▢ Landwirtschaft, Fischerei

© Westermann

Zusammengest. nach: T. Nakamura (Hg.): Japanese Economic Development and Indigenous Industries, Tokio 1997, S. 11 ff.

tionen zu verlassen und uns auf die Seite der
45 zivilisierten Nationen des Westens zu schlagen. Was die Art und Weise des Umgangs mit China und Korea betrifft, so ist keine Sonderbehandlung erforderlich, nur weil sie unsere Nachbarn sind. Wir sollten uns einfach an
50 den westlichen Ländern orientieren, um zu wissen, wie wir sie behandeln sollen.

*Fukuzawa Yukichi: "On Leaving Asia (Datsu-A Ron)";
in: Jiji shinpō newspaper, March 16, 1885 [übers. v. Daniel Schumacher].*

 7 Visionen von einer neuen Welt

Der Kaiserliche Fünf-Artikel-Eid (1868) skizzierte die Hauptziele und philosophischen Prinzipien der Meiji-Zeit:

Mit diesem Eid setzen wir uns zum Ziel, das nationale Wohlergehen auf breiter Basis zu etablieren und eine Verfassung und Gesetze zu schaffen.

Japan und die imperialistischen Mächte

5 1. Wir wollen weitreichende Versammlungen
abhalten, um alle Angelegenheiten öffentlich
zu entscheiden.
2. Obrigkeit und Untertanen seien eines Her-
zens, um die Wirtschaft des Reiches zu stär-
10 ken.
3. Es ist von Nöten, dass Hof und Krieger zusammen mit dem gemeinen Volk ihre Ziele
verfolgen können und nicht in Mutlosigkeit
versinken.
15 4. Wir wollen althergebrachte Unsitten beseitigen und uns auf die Basis des Öffentlichen
Weges von Himmel und Erde stellen.
5. Wir wollen Wissen aus aller Welt erwerben, um die Fundamente des Kaisertums um-
20 fassend zu festigen.

Zit. nach: James L. Huffman: Modern Japan. A History
in Documents, Oxford: Oxford University Press 2004,
S. 60 [übers. v. Daniel Schumacher].

 8 Im Reich fremder Sitten

Die Entschlossenheit der Meiji-Beamten, „zivili-
sierten" Regeln zu folgen, spiegelte sich beson-
ders in der Mission von Staatschef Iwakura To-
momi wieder. Sie bereiste von 1871 bis 1873 die
Vereinigten Staaten und Europa, in der Über-
zeugung, die Institutionen der imperialistischen
Mächte besser verstehen zu müssen, um im
Wettbewerb mit ihnen bestehen zu können. Der
folgende Auszug aus dem 1877 veröffentlichten
Tagebuch von Iwakuras Privatsekretär Kume
Kunitake veranschaulicht die Beobachtungen
der Iwakura-Mission:

Von dem Moment an, als unsere Gruppe in
Yokohama an Bord ging, [fanden wir uns] in
einem Reich völlig fremder Sitten wieder.
Was für uns ein angemessenes Benehmen ist,
5 scheint ihre Neugierde zu wecken, und was
für sie ein angemessenes Verhalten ist, ist uns
fremd. [...] Was uns an ihrem Verhalten am
meisten befremdete, waren die Beziehungen
zwischen Männern und Frauen. Was die Be-
10 ziehungen zwischen Mann und Frau betrifft,
so ist es in Japan üblich, dass die Frau den
Eltern ihres Mannes dient und dass die Kinder ihren Eltern dienen, aber in Amerika folgt
der Mann dem „Way of Serving His Wife".
15 Der [amerikanische Ehemann] zündet die

Lampen an, bereitet das Essen am Tisch vor,
schenkt seiner Frau Schuhe, bürstet den Staub
von [ihrer] Kleidung, hilft ihr die Treppe hin-
auf und hinunter, bietet ihr seinen Stuhl an
20 und trägt ihre Sachen, wenn sie ausgeht.
Wenn die Frau ein wenig wütend wird, ist der
Ehemann schnell bereit, seine Zuneigung und
seinen Respekt zu zeigen, indem er sich ver-
beugt, um sie um Verzeihung zu bitten. Aber
25 wenn sie seine Entschuldigung nicht an-
nimmt, kann es passieren, dass er aus dem
Haus gewiesen wird und ihm die Mahlzeiten
verweigert werden. Wenn die Frauen sich
hinsetzen, drängen sich die Männer um sie
30 herum, um ihnen ihren Respekt zu erweisen.
Männer sind in ihrem Verhalten zurückhal-
tend, wenn sie [mit Frauen] an einer Ver-
sammlung teilnehmen [...]. Erst wenn sich die
Frauen zurückziehen, beginnen die Männer,
35 ihr Verhalten zu lockern.

Zit. nach: James L. Huffman: Modern Japan. A History
in Documents, Oxford: Oxford University Press 2004,
S. 63 f. [übers. v. Daniel Schumacher].

 9 „Absolute Monarchie ist dumm"

Der Politische Theoretiker Nakai Chōmin
schrieb in seinem „Diskurs von drei Betrunke-
nen" 1887 Folgendes über Demokratie und Frei-
heit:

Ah, Demokratie, Demokratie! Absolute Monarchie ist dumm. Sie ist sich ihrer Fehler nicht
bewusst. Der Konstitutionalismus ist sich seiner Fehler bewusst, hat aber nur die Hälfte
5 davon korrigiert. Die Demokratie aber ist offen und ehrlich, ohne einen Flecken Unrein-
heit in ihrem Herzen. Alle Unternehmungen
der menschlichen Gesellschaft sind wie Alko-
hol, und die Freiheit ist die Hefe. Wenn du
10 versuchst, Wein oder Bier ohne Hefe zu brau-
en, werden alle anderen Zutaten, egal wie gut
sie sind, auf den Grund des Fasses sinken, und
deine Bemühungen werden vergeblich sein.
Das Leben in einem despotischen Land ist
15 wie ein Gebräu ohne Gärung: Ablagerungen
auf dem Boden des Fasses. Nehmen wir zum
Beispiel die Literatur eines despotischen Landes. Gelegentlich scheint ein Werk bemer-
kenswert zu sein, aber bei näherer Betrach-

20 tung stellt man fest, dass in tausend Jahren
nichts Neues, nichts Einzigartiges unter zehntausend Werken entstanden ist. Die Phänomene, die normalerweise das Auge und das
Gehör eines Autors ansprechen, sind in die-
25 sen Gesellschaften nur Sedimente auf dem
Boden eines Fasses, und der Autor kopiert
diese Phänomene mit einem Geist, der ebenfalls ein Sediment ist. Ist es dann nicht nur
natürlich, dass es in der Kunst keine Verände-
30 rung gibt?

*Zit. nach: James L. Huffman: Modern Japan. A History
in Documents, Oxford: Oxford University Press 2004,
S. 70 f. [übers. v. Daniel Schumacher].*

 10   Eine neue Gesellschaft

*Die 1926 erschienenen Memoiren eines jungen
Samurai-Mädchens aus Echigo im Nordosten
Japans, „Tochter des Samurai", beschreiben aus-
führlich, was geschah, als ihr Vater in den
1880er-Jahren erklärte, dass die Ernährung der
Familie modernisiert werden sollte. Sie selbst
wurde einige Jahre später die Frau eines Ge-
schäftsmannes, segelte nach Amerika, konver-
tierte zum Christentum und bekam zwei Töch-
ter, die gebildete, elitäre Japaner heiraten
würden:*

Ich erinnere mich gut an einen Tag, an dem
ich von der Schule nach Hause kam und den
ganzen Haushalt in Düsternis gehüllt vor-
fand. Ich fühlte mich bedrückt, sobald ich in
5 den „Schuhabtreter"-Eingang trat und meine
Mutter hörte, wie sie in leisen, feierlichen Tö-
nen einem Dienstmädchen Anweisungen
gab [...].
„Ehrenwerte Großmutter, ich bin zurückge-
10 kehrt", murmelte ich, als ich mit meiner übli-
chen Begrüßung zu Boden sank. Sie erwider-
te meine Verbeugung mit einem sanften
Lächeln, aber sie war ernster als sonst. Sie
und ein Dienstmädchen saßen vor dem
15 schwarz-goldenen Kabinett des Familien-
schreins, sie hatten ein großes Lacktablett mit
Rollen aus weißem Papier darauf, und das
Dienstmädchen klebte Papier über die vergol-
deten Türen des [Haus-] Schreins.
20 Ich erinnere mich, dass meine Stimme ein wenig zitterte, als ich fragte: „Ehrwürdige Großmutter, wird jemand sterben?"
Ich kann mir jetzt vorstellen, wie sie aussah –
halb amüsiert und halb schockiert. „Kleine
25 Etsu-ko", sagte sie, „du sprichst zu frei, wie

ein Junge. Ein Mädchen sollte nie so abrupt
und unzeremoniell sprechen."
Plötzlich richtete sie sich auf und drehte sich
zu mir um.
30 „Dein ehrenwerter Vater hat seinem Haushalt
befohlen, Fleisch zu essen", sagte sie sehr
langsam. „Der weise Arzt, der dem Weg der
westlichen Barbaren folgt, hat ihm gesagt,
dass das Fleisch der Tiere seinem schwachen
35 Körper Kraft verleiht und auch die Kinder ro-
bust und klug machen wird wie die Menschen
am westlichen Meer. Das Ochsenfleisch soll
in einer Stunde ins Haus gebracht werden
und unsere Pflicht ist es, das das heilige Hei-
40 ligtum vor Verunreinigung zu schützen."
An diesem Abend aßen wir ein feierliches
Abendessen mit Fleisch in der Suppe; aber
keine freundlichen Geister waren bei uns,
denn beide [Haus-]Schreine waren versiegelt.
45 Großmutter kam nicht zu uns [...].
An diesem Abend fragte ich sie, warum sie
nicht gekommen war:
„Ich möchte nicht so stark werden wie ein
Westler – und auch nicht so schlau", antwor-
50 tete sie traurig.
„Es steht mir besser an, den Weg unserer Vorfahren zu gehen."

*Zit. nach: James L. Huffman: Modern Japan. A History
in Documents, Oxford: Oxford University Press 2004,
S. 75 f. [übers. v. Daniel Schumacher].*

 **11   Die Geschäftswelt der Meiji-
Zeit**

*Kein Bereich der Gesellschaft veränderte sich so
dramatisch wie die Wirtschaft. Die Tokugawa-
Sitten hatten die Kaufleute als unterste Klasse
eingestuft, aber die Meiji-Ära ermutigte sie, ihren eigenen Reichtum – und damit den der Nation – zu entwickeln. Der berühmteste Unter-
nehmer der Ära, Shibusawa Eiichi, erklärte
1894 in einer Autobiografie und 1931 in einer
weiteren, warum er einen angesehenen Posten
in einem unorganisierten Regierungsbüro, in
dem er kaum Aufstiegschancen sah, verließ, um
in der Privatwirtschaft Geld zu verdienen:*

Die Geschäftswelt um 1873, als ich von mei-
nem Posten im Finanzministerium zurück-
trat, war von Trägheit geprägt [...]. Es
herrschte die Tradition, Beamte zu respektie-
5 ren und Bürgerliche zu verachten. Alle begab-
ten Männer betrachteten den Staatsdienst als
ihr höchstes Lebensziel, und die einfachen

Japan und die imperialistischen Mächte

Studenten folgten ihrem Beispiel. Praktisch niemand interessierte sich für die Wirtschaft.
10 Wenn man sich traf, diskutierte man nur über die Angelegenheiten der Nation und der Welt. So etwas wie eine praktische Wirtschaftsausbildung gab es nicht [...]. Bei der Gründung eines Unternehmens ist der wichtigste Faktor,
15 den man beachten muss, die richtige Person für die Leitung des Unternehmens zu finden. In den frühen Meiji-Jahren förderte die Regierung auch die Gründung von Unternehmen und organisierte Börsengesellschaften und
20 Entwicklungsgesellschaften [...]. Die meisten dieser Unternehmen scheiterten jedoch, weil ihr Management schlecht war. Um es einfach auszudrücken: Die Regierung hatte nicht die richtigen Männer als Manager. Ich hatte keine
25 Erfahrung im Handel und in der Industrie, aber ich war auch stolz darauf, dass ich in diesen Bereichen mehr Erfolgspotenzial hatte als die meisten, die zu dieser Zeit nicht für die Regierung arbeiteten. Außerdem hielt ich es
30 für notwendig, das soziale Ansehen der im Handel und in der Industrie Tätigen zu heben, und um ein Beispiel zu geben, begann

ich, die Lehren der Analekten des Konfuzius zu studieren und zu praktizieren [...]. Sie lie-
35 fern das Nonplusultra an praktischer Ethik für uns alle, die wir in unserem täglichen Leben befolgen sollten.

Zit. nach: James L. Huffman: Modern Japan. A History in Documents, Oxford: Oxford University Press 2004, SS. 76 f. [übers. v. Daniel Schumacher].

Ⓜ 13   „Fabrikarbeit ist Sträflingsarbeit"

Die rapide Industrialisierung Meiji-Japans belastete Mensch und Natur schwer. Das folgende Lied wurde von Mädchen verfasst, die um 1900 in den boomenden Baumwoll- und Seidenfabriken des Landes arbeiteten.

1. Fabrikarbeit ist Sträflingsarbeit,
Alles was ihr fehlt sind Eisenketten.
Noch mehr als ein Vogel in einem Käfig, noch mehr als ein Gefängnis,
5 Ist das Leben im Wohnheim hassenswert ...
Wie sehr wünschte ich mir, das Wohnheim würde weggespült werden,
Die Fabrik würde niederbrennen,

Ⓜ 12   *Arbeiterinnen spinnen Seide in einer japanischen Fabrik*
Foto, um 1900

Und die Torwächter würden an Cholera ster-
10 ben!
  2. In dieser sorgenschweren Welt
Bin ich nur ein seidenspinnendes Mädchen,
Doch dieses Mädchen will
Die Eltern sehen, die sie geboren haben.
15 Ihr Brief sagt, sie warten auf das Jahresende.
Warten sie auf mehr auf das Geld als auf
mich?

*Zit. nach: James L. Huffman: Modern Japan. A History
in Documents, Oxford: Oxford University Press 2004,
S. 78 [übers. v. Daniel Schumacher].*

Ⓜ 14 Leben und sterben für den Kaiser

*Kein anderes Dokument beflügelte Japans auf-
keimenden Nationalismus so sehr, wie der Kaiserliche Erziehungserlass (1890). Generationen
japanischer Schülerinnen und Schüler mussten
den Wortlaut dieses Erlasses zu Anfang eines
jeden Schultages wiederholen.*

So vernehmt, Unsere Untertanen!
Unsere kaiserlichen Vorfahren haben Unser
Reich auf einer breiten und immerwährenden
Grundlage gegründet und die Tugend tief und
5 fest eingepflanzt; Ihr Untertanen! Liebet und
ehret denn eure Eltern, seid ergeben euren
Geschwistern, seid einig als Gatte und Gattin,
und treu als Freund dem Freunde! Haltet auf
bescheidene Mäßigung für euch selbst, euer
10 Wohlwollen erstrecke sich auf Alle! Pfleget
das Wissen und übet die Künste, auf dass ihr
eure Kenntnisse und Fertigkeiten entwickelt
und eure sittlichen Kräfte vervollkommnet!
Bestrebt euch ferner, das öffentliche Wohl
15 und das Allgemeininteresse zu fördern! Ach-
tet die Reichsverfassung und befolget die Gesetze des Landes! Sollte es je sich nötig erweisen, so opfert euch tapfer für das Vaterland
auf! Erhaltet und mehret also das Gedeihen
20 Unserer wie Himmel und Erde ewig dauern-
den Dynastie! Dann werdet ihr nicht nur Unsere guten und getreuen Untertanen sein,
sondern dadurch auch die von den [kaiserli-
chen] Vorfahren überkommenen Eigenschaf-
25 ten glänzend dartun.
Der hier dargelegte Weg ist in der Tat die
Lehre, die uns von Unserer kaiserlichen Vorfahren vermacht wurde, die von ihren Nachkommen und den Untertanen gleichermaßen
30 zu befolgen ist, unfehlbar für alle Zeiten und
wahr an allen Orten. Es ist Unser Wunsch, sie
in aller Ehrfurcht zu beherzigen, gemeinsam
mit euch, Unseren Untertanen, damit wir alle
dieselbe Tugend erlangen können.

*Zit. nach: Klaus Antoni: Shintō und die Konzeption des
japanischen Staatswesens (kokutai), Leiden: Brill 1998,
S. 216.*

1. a) ●●○ Erstellen Sie auf Basis des Darstellungstextes eine Zeitleiste zur Modernisierung Japans während der Meiji-Zeit.
b) ●●● Charakterisieren Sie das Verhältnis
Japans zu westlichen Einflüssen während
der Meiji-Zeit unter den unten stehenden Gesichtspunkten. Bilden Sie hierzu
Kleingruppen und beziehen Sie sich auf
den Darstellungstext sowie auf folgende
Bild- und Textquellen: Politik: M5, M7, M9,
Gesellschaft: M8, M10, M14, Wirtschaft: M6,
M11, M12, M13.
→ Text, M5 – M14

2. ●●● In seinen Memoiren schrieb der britische Diplomat Ernest Satow (1843 – 1929),
die Revolution des Jahres 1868 in Japan sei
wie die Französische Revolution von 1789
gewesen, „nur ohne die Guillotine". Beurteilen Sie diese Aussage.
→ Text

3. ●●● Vergleichen Sie die Entwicklung
Japans mit der Chinas in der zweiten Hälfte
des 19. Jahrhunderts. Wählen Sie geeignete
Vergleichskategorien und beziehen Sie Ihr
Vorwissen aus den vorangegangenen Kapi-
teln ein.
→ Text

9. Ein Neuanfang? Die chinesische Revolution von 1911 und ihre Folgen

„[Es gibt] nichts Dringenderes als eine Veränderung des chinesischen Geistes durch die Einführung neuer Theorien. Vieles im Konfuzianismus passt nicht mehr in die neue Welt."

Dies schrieb der Gelehrte und Reformer Liang Qichao 1902, und er war mit seiner Einschätzung nicht allein. Aus der Sicht vieler Chinesen kamen die Reformen der Kaiserinwitwe Cixi zu spät oder gingen nicht weit genug, denn die Gesellschaft hatte sich längst radikal verändert: Die alten Ständeregeln waren fast gänzlich aufgelöst, vor allem in den Städten.

Die chinesische Gesellschaft kannte bisher nur den kaiserlichen Zentralstaat als Organisationsform und den Konfuzianismus als identitätsstiftende Ideologie. Was sollte diese althergebrachten Strukturen ersetzen?

Die Suche nach einer neuen Staatsform

Chinesische Revolutionäre wie der weltgewandte Arzt Sun Yat-sen fanden im Blick auf das Ausland eine attraktive Alternative: den Nationalstaat, dessen Institutionen dem Einzelnen die Teilhabe am öffentlichen Geschehen versprachen, während eine nationale Symbolik die Verbundenheit mit dem eigenen Heimatland stärken sollte.

Um die Jahrhundertwende zog Japan als großes asiatisches Modernisierungsvorbild Tausende Studierende sowie flüchtende Revolutionäre aus China an. Für sie wurde das Nachbarland zum Sammelpunkt und wichtigen Ideengeber. Zahlreiche politische Werke wurden aus dem Japanischen übersetzt und bereicherten das chinesische Vokabular mit Lehnwörtern, die die neuen Ideen der Nation (mínzú) und des Nationalismus überhaupt erst artikulierbar machten. 1905 gründete Sun Yat-sen in Tokio die „Revolutionäre Allianz" und bündelte so die Anstrengungen der Revolutionäre, die Qing-Dynastie in China zu stürzen.

M 1   *Flagge der Republik China, 1912 – 1928*
Die Farben stehen für die fünf Völker der Republik: Han, Mandschuren, Mongolen, Hui (Muslime), Tibeter.

Ende der Qing = Ende der Revolution?

Doch die Qing-Dynastie fiel erst einige Jahre später – durch einen Zufall. Am 10. Oktober 1911 zündeten aufständische Soldaten in der Stadt Wuchang in Zentralchina versehentlich eine Bombe. Da sie nun damit rechneten, entdeckt zu werden, schlugen sie einfach los und konnten tatsächlich die ganze Stadt besetzen. Die Provinzverwaltung erklärte daraufhin ihre Unabhängigkeit von Peking und rief eine Republik aus. Es setzte eine Kettenreaktion ein, gegen die die Qing machtlos schienen: Sechs Wochen später hatten sich bereits 15 von 22 Provinzen für unabhängig erklärt. Am 12. Februar 1912 dankte der Kindkaiser Puyi ab. Nach über 2000 Jahren ging Chinas Kaiserzeit damit schlagartig zu Ende. Jetzt musste sich die Republik als neue Staatsform für China bewähren.

Doch bereits die Wahl des Präsidenten war ein problematischer Kompromiss: Revolutionsführer Sun Yat-sen musste das Amt an den einflussreichen General Yuan Shikai abtreten – als Belohnung dafür, dass dieser mit den Qing die Abdankung des Kaisers ausgehandelt und das Militär in Schach gehalten hatte. Yuan hatte jedoch nicht viel übrig für republikanische Ideale. Er löste die frisch gewählte Volksversammlung bald wieder auf, gab Japans Forderungen nach mehr Einfluss in China nach und versuchte sogar, das Kaiserreich wiederzubeleben. Als er 1916 plötzlich starb, zersplitterte die junge Republik und Yuans Offiziere rangen um dessen Nachfolge. Um ihre Militärkampagnen gegeneinander zu finanzieren, schröpften diese sogenannten Kriegsherren die von ihnen kontrollierten Regionen des Landes. Der Kampf um das Gesicht des neuen Chinas war mit dem Fall der Qing also nicht zu Ende – er hatte gerade erst begonnen.

Neue Ideologien, neue Spaltung?

Inmitten der teils katastrophalen Anfangsjahre der Republik zeigte sich, dass zentrale Fragen der Revolution noch ungelöst waren: Welche kulturellen Elemente sollten das neue China zusammenhalten? Und würde der Einfluss des Auslands es China überhaupt erlauben, sich als eigenständige Nation neu zu erfinden?

Um sich als neuer Nationalstaat international zu beweisen, hatte China seine anfängliche Neutralität im Ersten Weltkrieg aufgegeben und war auf der Seite der Alliierten in den Krieg eingetreten. Ab 1916 entsandte es rund 140 000 freiwillige Arbeiter nach Frankreich, Russland und Großbritannien, um die dortigen Kriegsindustrien zu unterstützen. In Europa angekommen, wurden die chinesischen Arbeiter jedoch nicht selten auch entlang der Front eingesetzt, wo sie schwere und gefährliche Unterstützungsaufgaben wie den Bau von Schützengräben ausführten. Auch nach dem Krieg leisteten viele von ihnen teils noch bis 1921 Wiederaufbauarbeiten in den zerstörten Gebieten und bargen gefallene Soldaten. Insgesamt sollen rund 3000 chinesische Arbeiter durch Gefechtshandlungen, bei der Kampfmittelbeseitigung oder an der Spanischen Grippe gestorben sein.

Doch der Sieg der Alliierten brachte für China nicht die erhofften Ergebnisse: Auf der Friedenskonferenz von Versailles weigerten sich die Siegermächte, Chinas Forderung nach Rückgabe der deutschen Kolonie in der Provinz Shandong, die Japan kurz nach Ausbruch des Ersten Weltkriegs erobert hatte, nachzukommen. Anstatt China als gleichwertigen Partner anzuerkennen, schienen die europäischen Mächte und die USA vielmehr Japans Interessen zu entsprechen. Japan hatte bereits 1915 der Pekinger Regierung „21 Forderungen" überreicht, die Japans Vorherrschaft in China sichern sollten, darunter auch den Anspruch auf die Kontrolle der von Tokio eroberten deutschen Gebiete in Shandong. Diese Forderungen hatten bereits damals heftige Proteste in China und den Boykott japanischer Produkte ausgelöst.
Als nun die Bedingungen des Versailler Friedensvertrags bekannt wurden, gingen am 4. Mai 1919 rund 3000 Studierende in Peking auf die Straße und bewegten erfolgreich die chinesische Delegation in Versailles dazu, den Friedensvertrag dort nicht zu unterzeichnen. „Unser Land", so formulierten es die Pekinger Studierenden, „steht kurz davor, ausgelöscht zu werden. Steht auf, Brüder!" Auch in anderen Städten folgten die Menschen diesem anti-

M 2   Eine Protestaktion der „Vierter-Mai-Bewegung"
Studierende der Pekinger Tsinghua-Universität verbrennen japanische Handelswaren. Der Bewegung hatten sich auch Frauen angeschlossen. Sie setzten sich vor allem für die Abschaffung traditioneller Familiennormen und Tugenden ein, Foto, 4. Mai 1919.

imperialen Aufruf. Auch Frauen schlossen sich den Protesten an, wobei sie sich zugleich für die Abschaffung traditioneller Familiennormen aussprachen. Die alten Sitten des Konfuzianismus schienen ausgedient zu haben, nach denen die Jugend nie ihre Stimme gegen die ältere Generation erheben dürfte.

Russland als Revolutionsmodell

Die Ideologie, die den schnellsten Wandel versprach, war die des Kommunismus. Dessen Siegeszug in Russland nach der Oktoberrevolution 1917 stieß in China auf großes Interesse. Die neue Sowjetunion wurde zu einem beliebten Verbündeten, nicht zuletzt, weil sie alle territorialen Ansprüche in China aufgab sowie anti-imperiale Ideen, Selbstbestimmung und soziale Gerechtigkeit propagierte – ähnlich wie die Protestierenden des 4. Mai. Die Kommunistische Internationale (Komintern) half 1921 bei der Gründung der Kommunistischen Partei Chinas (KPCh). Überdies gab es Versuche, auch in Sun Yat-sens Nationaler Volkspartei, der Kuomintang (KMT), einen „inneren Block" an Kommunisten aufzubauen. So entstand eine neue politische Landschaft. Komintern-Berater trugen dazu bei, dass beide Parteien, KPCh und KMT, zu im Volk verankerten Organisationen mit zentraler Führung, eigenen Parteiarmeen und Mitteln zur Massenmobilisierung wurden.

Komintern
Ein internationaler Zusammenschluss kommunistischer Parteien. Über dieses Netzwerk nahm die sowjetische Regierung auch in China Einfluss und wollte so die kommunistische Weltrevolution vorantreiben.

Der chinesische Bürgerkrieg

Schon bald jedoch eskalierten die Rivalitäten zwischen KMT und KPCh. 1928 beendete der neue KMT-Vorsitzende, General Chiang Kai-shek, mit einem Feldzug nach Nordchina die Herrschaft der „Kriegsherren" und vereinte das Land unter einer KMT-Regierung. Doch Chiang nutze den Feldzug auch für den Angriff auf die zuvor mit der KMT verbündeten Kommunisten: Bis 1935 zerschlug er die Rote Armee der KPCh fast vollständig. Die Überlebenden konnten sich vor Chiangs Truppen nur durch einen chaotischen Rückzug quer durch das Land retten. Dieser dauerte rund ein Jahr und erstreckte sich über mehr als 10000 km. Nur etwa 8000 der knapp 100000 flüchtenden Rotarmisten überlebten. Später bezeichneten die Kommunisten diese Flucht beschönigend als „Langen Marsch". Seine Überlebenden bildeten in den folgenden Jahren den „harten Kern" der KPCh.

Der chinesische Bürgerkrieg wurde zeitweise unterbrochen, als das Kaiserreich Japan 1937 mit einer großangelegten Invasion Chinas begann. Für den Widerstand gegen den gemeinsamen Feind, mussten sich KMT und KPCh notgedrungen zusammenschließen. Der Angriff Japans markierte auch den Beginn des Zweiten Weltkriegs in Asien, der in China über 14 Millionen Tote forderte und zum Überlebenskampf für die chinesische Nation stilisiert wurde. Er schwächte die KMT erheblich und gab der KPCh Zeit, sich neu zu formieren. Als China 1945 siegreich aus dem Krieg hervorging, brach das Zweckbündnis seiner beiden Parteien zusammen. Zwischen 1946 und 1949 flammte der Bürgerkrieg erneut auf. Dieses Mal ging die KPCh als Sieger hervor und die KMT flüchtete sich auf die Insel Taiwan. Am 1. Oktober 1949 wurde auf dem chinesischen Festland die Volksrepublik China ausgerufen.

M 3 *Nach dem Sieg über die „Kriegsherren" wurde 1928 eine neue Flagge eingeführt.*
Die drei Farben stehen für die „Drei Volksdoktrinen": Die weiße Sonne auf blauem Grund ist zudem das Parteisymbol der KMT. Diese Flagge ist heute die Nationalflagge der Republik China auf Taiwan.

M 4 *Der „Lange Marsch"*
Die Erinnerung an dieses Ereignis wird in China u.a. durch Briefmarken aufrechterhalten.

Sun Yat-sen
(1866 – 1925)

- wuchs in Südchina und Hawaii auf
- Medizinstudium in Hongkong
- verbrachte als Revolutionär 16 Jahre im Exil in Europa, USA, Kanada und Japan
- Gründer der Nationalen Volkspartei Chinas (KMT), 1912, und vorübergehend Präsident der neuen chinesischen Republik
- wird heute als Gründer des modernen China verehrt

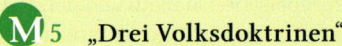

M 5 **„Drei Volksdoktrinen"**

Sun Yat-sen war das Aushängeschild der Revolution. Seine Theorie der „Drei Volksdoktrinen", wurde Teil der Verfassung der neuen Republik:

Die „Doktrin des Volksstamms" bedeutet, dass alle Völker der Welt gleich sind und dass kein Volk von einem anderen unterdrückt werden darf. […]
Die „Doktrin des Volksrechts" bedeutet, dass alle Menschen gleich sind und gemeinsam ein Volk bilden und dass keine Minderheit die Mehrheit unterdrücken darf. […]
Die „Doktrin des Volkswohls" bedeutet, dass Arm und Reich gleichrangig sind und die Reichen die Armen nicht unterdrücken dürfen.
Zit. nach: Kai Vogelsang: Kleine Geschichte Chinas, Stuttgart: Reclam 2014, S. 308.

Theorie der „Drei Volksdoktrinen"– Eine Deutung

M 6 Bedeutung der „3 Volksprinzipien"

Der Sinologe Dieter Kuhn analysiert die Bedeutung von Sun Yat-sens „Drei Volksprinzipien" (2007):

Sun Yatsen gab mit seinen Drei Volksprinzipien einfache Antworten auf komplexe Fragen, weswegen sie in ihrer politischen und gesellschaftlichen Logik und ihrem Inhalt auch nicht befriedigen können. [...]
5 Auch Sun Yatsen ging davon aus, dass China eine Modernisierung brauchte, wollte aber eine kulturelle Verwestlichung vermeiden. Modernisierung bezog sich nur auf die anvisierte industrielle Revolution. Ideologisch und mental sollte China chinesisch bleiben.
10 ben. Immer wieder vertrat er in seinen Reden die Ansicht, dass China das demokratische Regierungssystem des Westens nicht kopieren dürfe. Generell nahm er für China in Anspruch, dass Konfuzius bereits vor über zweitausend Jahren das Wesen der Demokratie
15 erfasst hatte, als er sagte: „Alles unter dem Himmel gehört allen" [...].
[Laut Sun Yatsen] wurden persönliche und gesellschaftliche Freiheiten nicht zu Rechten für das Individuum, sondern zu Privilegien, die der Staat in seinem
20 eigenen, höheren Interesse gewährte. [...]
Mit dem ersten Prinzip, dem Volkstum oder Nationalismus [...], verband er eine Vorstellung von der Gleichheit der Rassen, dann auch die Wiederherstellung der nationalen Würde Chinas. Selbstverständ-
25 lich wusste Sun Yatsen spätestens seit dem Ersten Weltkrieg, dass die nationalistische Ideologie in Europa versagt hatte. Doch wie er schon früher die Herrschaft der Mandschuren über China abgelehnt hatte, durfte [...] [es] also nicht zu einer Schwächung
30 des Verständnisses von der Dominanz des Han-chinesischen Kulturalismus kommen. Das bedeutete, dass der Nationalismus als der Wegbereiter für die Freiheit und Unabhängigkeit der chinesischen Nation eine antiimperialistische Bewegung sein musste.
35 [...]
Das zweite Prinzip, die Volksrechte oder Demokratie [...], ist schwieriger zu deuten. Es ging dabei nicht um gleiche Rechte für alle, nicht um die Sicherung der Freiheit für das Individuum, sondern um das Recht
40 des Volkes, seine Macht gemeinschaftlich organisiert [...] wahrzunehmen. Die Unterordnung der individuellen Freiheit war gefordert. [...]
Sun Yatsen machte deutlich, dass sich der Demokratiebegriff der Guomindang vom sogenannten
45 „Naturrecht der Menschen" unterscheidet, da er aus-

schließlich auf die Erfordernisse der gegenwärtigen Revolution ausgerichtet ist. [...] Volksrechte haben in Sun Yatsens China nur diejenigen, die sich dem antiimperialistischen Kampf anschließen. [...]
50 Die Erklärung des dritten Prinzips verursacht große Probleme. Dieses Prinzip des Volkswohls oder der Volkswohlfahrt [...] lässt sich zum einen auf Sun Yatsens Beschäftigung mit der Geschichte des Sozialismus in Europa zurückführen, zum anderen kann es
55 von seinen Erfahrungen im kaiserlichen Deutschland vor dem Ersten Weltkrieg und seinem Verständnis von Deutschland nicht getrennt werden. Sun Yatsen war beeindruckt von der Autokratie [...] und Omnipotenz [...] der Regierung Otto von Bismarcks, die er
60 für die kompetenteste in Europa hielt. Er bewunderte die Schaffung der Reichseinheit durch von Bismarck und sah in seiner Innenpolitik den Weg zu staatlich sanktioniertem Wachstum und zu sozialer Wohlfahrt. Ganz fraglos war das dritte seiner Prinzipien
65 an den sozialen Vorstellungen und Errungenschaften von Bismarcks orientiert, der sein Amt dazu genutzt hatte, Arbeitszeitregelungen, Versicherungen und Sozialrenten einzuführen. [...] Aus diesem Verständnis erklärt sich auch seine Vorstellung vom Volks-
70 wohl oder der Volkswohlfahrt, die eine wirtschaftliche Gleichberechtigung durchaus einschloss. [Es lässt] den Schluss zu, dass mit Hilfe des dritten Prinzips auch Eigentums- und Verfügungsrechte neu geregelt werden sollten. Die Parole vom „gleichen Recht
75 auf Boden" [...] stand dafür. In ihr waren die Bewertung von Grundbesitz sowie die Besteuerung und die Verteilung von Landbesitz angesprochen. Selbst die Verstaatlichung von Land [...] wurde in Erwägung gezogen. Eine weitere Parole lautete „das Kapital be-
80 schränken" [...], worunter die Beschränkung von Privatkapital, die Besteuerung und Nationalisierung von Banken, Eisenbahn, Schifffahrtslinien und dergleichen mehr unter bestimmten Bedingungen und Voraussetzungen verstanden wurde. Dies alles lässt
85 sich durchaus im Sinn einer Sun Yatsen'schen „sozialistischen Revolution" [...] interpretieren. Auch sehen viele chinesische Historiker gerade im dritten Prinzip mit seinen wichtigen wirtschaftlichen und sozialen Komponenten und deren erweiterter Auslegung den
90 Grundstein für den Sozialismus in China, der die Zusammenarbeit mit den Russen und den Kommunisten ermöglichte.

Dieter Kuhn: Die Republik China von 1912 bis 1937. Entwurf für eine politische Ereignisgeschichte, Heidelberg: edition forum 2007 (3. Aufl.), S. 50 – 53.

„Vierter-Mai-Bewegung– Periode der intellektuellen Debatte

Deng Yingchao (1904–1992)

- wuchs in Südchina in Armut auf
- Aktivistin während der „Vierte-Mai-Bewegung" 1919
- wichtige politische Figur in der Volksrepublik China, u. a. als Vorsitzende der Politischen Konsultativkonferenz des chinesischen Volkes (1983–1988)

 7   In der „Vierter-Mai-Bewegung"

Deng Yingchao (1904–1992), Ehefrau des KPCh-Aktivisten und späteren Premierministers Zhou Enlai, erinnert sich an ihre Erfahrungen während der ersten Welle der Proteste im Frühling 1919 in der Hafenstadt Tianjin, wo sie – als 16-Jährige – eine Mädchenschule besuchte:

Obwohl es patriotische Schülerdemonstrationen waren, wandte die Kriegsherrenregierung des Nordens Gewalt an, um die Proteste niederzuschlagen. [...] Doch während unseres Kampfes mit der Regierung
5 weckte unser politisches Bewusstsein einen neuen Geist in uns.
Neue Ideen und kulturelle Einflüsse aus Europa waren nach dem Ersten Weltkrieg nach China geströmt, und der Erfolg der Oktoberrevolution von 1917 in
10 Russland brachte den Marxismus-Leninismus nach China. [...]
Wir wussten noch nicht, dass wir Intellektuellen uns mit den Arbeitern und Bauern zusammenschließen mussten, um unser revolutionäres Ziel zu erreichen.
15 [...] Was wir intuitiv wussten, war, dass wir Schüler allein nicht stark genug waren, um China vor den fremden Mächten zu retten. Um unsere Landsleute wachzurütteln, organisierten wir viele Komitees mit Vortragenden, um die Propaganda zu verbreiten. [...]
20 Zunächst trauten wir Frauen uns nicht, Reden auf der Straße zu halten, aufgrund der feudalen Einstellungen, die damals in China herrschten. [...] Doch bald hielten auch wir Reden und suchten Behausungen in schlecht erreichbaren Gegenden und Armenvierteln auf. [...] Wir verteilten Flugblätter und veröffentlichten Zeitungen, um unsere patriotische Begeisterung noch weiter zu verbreiten. [...] Die

Frauenbefreiungsbewegung wurde von der „Vierter-Mai-Bewegung" deutlich gestärkt; sie wurde ein
30 wichtiger Teil der Bewegung. Und Losungen wie „Gleichheit", „Heiratsfreiheit", „gemischte Universitäten", „soziale Kontakte für Frauen" und „Arbeitsplätze für Frauen" wurden verbreitet. [...]
Zu jener Zeit hatten wir keine festen politischen
35 Überzeugungen und wussten auch nicht viel über den Kommunismus. [...] Wir wussten nur, dass eine Revolution, angeführt von Lenin in Russland, erfolgreich gewesen war und dass es das Ziel dieser Revolution gewesen war, die Mehrheit der Menschen, die
40 unterdrückt wurde, zu befreien und eine klassenlose Gesellschaft zu errichten. Wie sehr wir uns nach solch einer Gesellschaft sehnten! [...] Die Mehrheit von uns trat schließlich dem 1920 gegründeten Chinesischen Sozialistischen Jugendverband oder der
45 1921 gegründeten Kommunistischen Partei bei.

Zit. nach: Patricia Buckley Ebrey (ed.): Chinese Civilization – A Sourcebook, New York: The Free Press 1993 (2nd. ed.), S. 360 ff. [übers. v. Daniel Schumacher].

8   Vorsicht vor den Studierenden

Anlässlich des 100. Jahrestags, blickt die deutsche Zeitung DIE ZEIT auf die Ereignisse vom 4. Mai 1919 in China:

Drei zusätzliche Ferientage – wer möchte das nicht. So geschehen gerade in der Volksrepublik China, wo die Staatsführung unvermittelt den freien Tag der Arbeit bis zum 4. Mai verlängert hat. Wer will, kann
5 bis dahin Urlaub nehmen. Die vier freien Tage sollen zum Reisen ermuntern, heißt es offiziell, was wiederum die Konjunktur beleben soll. Doch der eigentliche Grund könnte ein anderer sein: Chinas Führung möchte, dass möglichst viele Städter dieses Jahr die
10 freien Tage dafür nutzen, ihren Urlaub außerhalb der Metropolen zu verbringen – auf dass niemand auf die Idee kommt, sich spontan mit anderen zu versammeln.
Genau das taten mehrere Tausend Studenten am
15 4. Mai vor 100 Jahren auf dem Platz des Himmlischen Friedens in Peking, dem Tiananmen. Sie forderten die Modernisierung ihres rückständigen Landes, technologisch, gesellschaftlich und politisch. [...]
Die [sogenannte] 4.-Mai-Bewegung gilt heute als Ur-
20 grund des modernen China. Mit dem Ende des chinesischen Kaiserreiches 1911 hatten im Ausland ausgebildete und heimgekehrte Akademiker sich in der

sogenannten „Neuen Kulturbewegung" zusammen-
gefunden. Sie wollten im Kern die Übernahme westlicher Errungenschaften: „Mr. Science" und „Mr. Democracy" sollten das Land wieder stark machen, und
das forderten auch die Studenten am 4. Mai 1919 auf
dem Tiananmen. Die seit 1949 autokratisch herrschende Kommunistische Partei (KP) hat diese Bewegung für sich reklamiert und begeht den Jahrestag
entsprechend. Immerhin erfolgte die Gründung der
KP im Jahr 1921 auch aus den Ideen der 4.-Mai-Bewe-
gung.

Am Dienstag sprach deswegen Parteichef Xi Jinping
in der Großen Halle des Volkes in Peking vor 3500
ausgesuchten Jugendlichen. Er referierte über die
KP-Interpretation des 4. Mai 1919, und vor dem Hintergrund des wirtschaftlichen Aufstiegs Chinas ap-
pellierte er unermüdlich an den Patriotismus der Jugendlichen.

Die eigentlichen Ursachen der Proteste sind heute
aber gar nicht mehr aktuell, denn der 4. Mai begann
als antiimperialistische Aufwallung. China war sei-
nerzeit im Versailler Vertrag ungerecht behandelt
worden: Das ehemals vom Deutschen Kaiserreich annektierte Qingdao war den Japanern zugesprochen
worden, was in China zur Enttäuschung über die demokratischen Westmächte führte und erst 1922 korrigiert wurde.

Doch in der Folge ging es 1919 eben nicht nur um
„Mr. Science" und die technologische Rückständigkeit

Chinas – diese hat das Land in den vergangenen Jahrzehnten weitgehend eingeholt –, es ging auch um
„Mr. Democracy", wovon die KP heute aber nichts
wissen will. Wenn Xi wie am Dienstag von Demokratie spricht, steht das nicht in einem liberalen Kontext,
sondern meint die Art und Weise, wie sich die KP um
China kümmert.

Die KP-Propaganda hat die Bedeutung der 4.-Mai-
Bewegung als Jahrestag daher vor allem patriotisch
aufgeladen, um nicht nur das moderne China, sondern auch die Partei selbst zu feiern – eine Rechtfertigung ihrer autokratischen Herrschaft. [...]

Dennoch scheint die Abneigung gegen Studentenbe-
wegungen derart groß, dass das KP-Politbüro, das
höchste Leitungsgremium, im April extra eine Studi-
ensitzung zum 4. Mai 1919 einberief. Auf dieser
mahnte Parteichef Xi, „den Geist des 4. Mai zu studieren, um die Jugend zu motivieren, unermüdlich zur
Erneuerung Chinas beizutragen". Bereits 2016 forderte Xi vor leitenden Kadern, Chinas Universitäten
sollten „Bollwerke der Partei" sein und den Studenten müsse dort die „richtige" politische Orientierung
vermittelt werden – und zwar Marxismus und keine
westlich-liberalen Werte.

*Steffen Richter: „4.-Mai-Bewegung: Obacht vor den Studenten";
in: Die Zeit (04.05.2019); https://www.zeit.de/politik/ausland/2019-
05/4-mai-bewegung-china-tiananmen-jahrestag-kommunistische-
partei-xi-jinping/komplettansicht [letzter Zugriff: 26.10.2022].*

1. ●●● Verfassen Sie einen Lexikonartikel über Sun
Yat-sens politische Theorie zur chinesischen Repu-
blik.
→ Text, M5

2. ●●● Der Beginn des 20. Jahrhunderts war auch
andernorts eine Zeit rapider Veränderungen. Vergleichen Sie die Einflüsse Japans und Russlands auf
die revolutionäre Entwicklung Chinas in dieser Zeit.
Erstellen Sie hierzu eine Tabelle.
→ Text, M7

3. ●●○ Vergleichen Sie die Symbolik der Flaggen M1
und M3. Erläutern Sie, was dies über Exklusion und
Inklusion im jungen chinesischen Nationalstaat
aussagt.
→ Text, M1, M3

4. a) ●●○ Erläutern Sie, woran sich der Bruch mit
der traditionellen Gesellschaftsordnung zur Zeit der
„Vierter-Mai-Bewegung" am deutlichsten zeigt. Beziehen Sie sich vor allem auf den Darstellungstext
und M7.
b) ●●● Beurteilen Sie die Ziele und Methoden der
Protestierenden des 4. Mai 1919.
→ Text, M7

5. ●●○ Erläutern Sie die Gründe für den heutigen
Umgang mit dem 4. Mai in China.
→ Text, M8

10. Gespaltenes China? – Fazit und Ausblick

Ein „chinesischer Traum"

„Verbirg deine Stärke und warte deine Zeit ab" – dieser Wahlspruch, der Chinas beispiellose wirtschaftliche Transformation seit Ende der 1970er-Jahre begleitete, scheint heute nicht mehr zu gelten. Seit 2013 Xi Jinping Staatspräsident wurde, formuliert China seinen Anspruch auf eine Vormachtstellung in Ostasien immer selbstbewusster und aggressiver. Mit größerem diplomatischem Nachdruck und dem Ausbau des Militärs werden nun Ansprüche angemeldet, die China zum Teil schon seit der Gründung der Volksrepublik 1949 hegt – nämlich die Wiedervereinigung mit der Insel Taiwan und die Kontrolle eines Großteils des rohstoffreichen und strategisch bedeutsamen Südchinesischen Meeres. Gleichzeitig verfolgt China mit dem Projekt der „Neuen Seidenstraße" in Zentral-, Süd- und Südostasien, aber auch in Europa den infrastrukturellen Ausbau riesiger Regionen. Diese

Ⓜ 1 **Demonstranten in Hongkong am 3. Oktober 2019**
Das Foto zeigt Demonstranten in Hongkong, die sich mit Regenschirmen vor Tränengasbeschuss durch die Polizei schützen. Ihre Forderungen nach mehr Selbstbestimmung und Autonomie stehen im Gegensatz zu den Vorstellungen der chinesischen Führung in Peking. Diese behauptet, Widerstand gegen die Regierung sei „unpatriotisch" und Demokratie ein Mittel des Westens, die Einheit Chinas zu schwächen.

sollen im Gegenzug an den chinesischen Markt gebunden werden. Entsteht hier ein neues chinesisches Imperium?

Gesamtstaat statt souveräne Einzelstaaten

Das erklärte Ziel von Chinas „Neuer Ära" unter Xi Jinping ist es, nach der Erniedrigung des Landes durch fremde Mächte endlich wieder „aufzublühen" und seinen „rechtmäßigen Platz in der Welt" einzunehmen. Dieser Anspruch auf eine globale Vormachtstellung wird von der jahrhundertelangen Rolle des chinesischen Kaiserreichs als kulturellem Impulsgeber und wirtschaftlich-politisch tonangebender Macht Ostasiens hergeleitet. Während Europa in der Frühen Neuzeit durch Druck „von oben" und „von unten" seine ethnisch-religiös diversen Gebiete zunehmend in national-definierte Territorialstaaten ordnete (so etwa nach dem Westfälischen Frieden 1648 und erneut nach dem Wiener Kongress 1814/15), ging man in China einen anderen Weg, um mit der eigenen Vielfalt umzugehen: Im Reich der Qing unterzog man unterschiedliche Bevölkerungsgruppen – wie Muslime, Tibeter oder Taiwanesen – einer oft gewaltsamen Integration in eine größere chinesische Gesellschaftsordnung. Laut dem deutschen Sinologen Helwig Schmidt-Glintzer wurde diese Politik der Qing-Dynastie, die vorsah, dass es nur einen chinesischen Gesamtstaat und nicht etwa ein China mehrerer souveräner Staaten geben solle, auch nach dem Untergang des Kaiserreichs weitergeführt. Die „Ein-China-Politik" der heutigen chinesischen Regierung steht damit in dieser Tradition.

Doch China ist in sprachlicher, religiöser und ethnischer Hinsicht deutlich vielfältiger, als es die KPCh mit ihrem Bild des „harmonischen Gesamtstaates" propagiert. Wenn wir also von China sprechen, müssen wir damit auch immer an das „andere China" denken, nämlich an das China der Minderheiten, der vielfältigen (aber oft im Ausland nicht hörbaren) Meinungen und des Widerstands gegen die offizielle Linie der Regierung in Peking. Dies gilt sowohl für das kaiserzeitliche als auch für das heutige China.

Ein „Jahrhundert der Erniedrigung" überwinden

Der rapide Abstieg des einst mächtigen chinesischen Imperiums wird ausländischen Imperialmächten angelastet. Ein „Jahrhundert der Erniedrigung" habe mit der Niederlage Chinas gegen Großbritannien im Ersten Opiumkrieg in den 1840er-Jahren begonnen und sich bis zur Besatzung durch Japan im Zweiten Weltkrieg in den 1940er-Jahren fortgesetzt. Die Zeit danach, also seit der Machtübernahme der KPCh 1949 und der Ausrufung der Volksrepublik durch den „Großen Vorsitzenden" Mao Zedong, wird als gradueller Weg Chinas verstanden, sich der Schande dieser Erniedrigung zu entledigen. Die desaströsen Auswirkungen der Versuche Maos zur Mitte des 20. Jahrhunderts, das Land im Schnellverfahren zu modernisieren und kulturell umzukrempeln, werden heute jedoch kaum mehr erinnert: Mao gilt als wichtiger, wenn auch fehlbarer Führer auf dem Weg Chinas zu alter Größe. Diese Größe rückte mit einer umfassenden Reform- und Öffnungspolitik des neuen „obersten Führers" Deng Xiaoping ab Ende der 1970er-Jahre immer mehr in greifbare Nähe. Innerhalb von nur einer Generation transformierte sich die Volksrepublik China von einem Entwicklungsland zur zweitgrößten Volkswirtschaft der Welt.

In den 2010er-Jahren verkündete Staatschef Xi Jinping, dass China nun seinen eigenen, chinesischen Traum träumen solle – einen Traum, der nicht die Verwirklichung der Ziele des Einzelnen, sondern der Nation als Kollektiv anstrebt. Die liberale Demokratie des Westens wird dabei nicht als Vorbild, sondern als für China ungeeignet betrachtet. Für die Bereitschaft, umfassende digitale Überwachungs- und Zensurmaßnahmen sowie die Unterdrückung von Systemkritik zu akzeptieren, verspricht Xis Volksrepublik den Menschen Stabilität und die Möglichkeit zum wirtschaftlichen und sozialen Aufstieg. Die staatlich betriebene „Patriotismus-Erziehung" der Jugend befeuert den Nationalstolz der Bevölkerung. Die Stilisierung Xi Jinpings zum „Erneuerer Chinas" bindet den erfolgreichen Wiederaufstieg des Landes eng an seine Person als zentrale Führungspersönlichkeit.

China präsentiert sich somit als autoritäre Alternative zu den westlichen Gesellschaftssystemen, die in den vergangenen 200 Jahren die Weltordnung maßgeblich geformt haben. Zentrale Inhalte des westlich inspirierten Wertekanons wie der Schutz von Menschenrechten oder individuellen Freiheiten besitzen in dieser alternativen Gesellschaftsordnung keine Priorität: Im Vordergrund steht der „Kampf" um das „Überleben" der chinesischen Nation und der Schutz der eigenen staatlichen Souveränität. Dieses Ziel darf weder durch Destabilisierungen von innen noch von außen gefährdet werden. Vor diesem Hintergrund wird auch Chinas extrem strenge „Zero-Covid"-Strategie leichter verständlich: Der Coronapandemie wurde mit einer regelrechten Abschottung des Landes und einem massiven Ausbau der Kontrolle der eigenen Bevölkerung begegnet.

M 2 Xi Jinping
Der chinesischen Staatspräsident, Foto, 2019

M 3 Umgang mit Minderheiten
Uiguren, Angehörige einer muslimischen Minderheit Chinas, fordern im April 2018 von der EU in Brüssel, China zur Einhaltung der Menschenrechte zu ermahnen. In China werden ethnische Minderheiten – vor allem in den autonomen Gebieten Xinjiang und Tibet im Westen des Landes – oft benachteiligt und verfolgt.

Chinas „Neue Seidenstraße"

Dass das illiberale China durchaus als Vorbild beziehungsweise bevorzugter Partner gesehen werden kann, zeigt sich etwa am wirtschaftlichen Mega-Projekt der „Neuen Seidenstraße". Ins Leben gerufen zu Beginn von Xi Jinpings Amtszeit 2013, verspricht sie mithilfe milliardenschwerer Kredite chinesischer Anlagebanken Autobahnen und Eisenbahnlinien, Containerterminals, Flughäfen und Kraftwerke sowie digitale Infrastrukturen entlang alter und neuer Handelsrouten zu schaffen. Riesige Wirtschaftskorridore sollen zahlreiche Länder miteinander vernetzen – mit China als Dreh- und Angelpunkt. Ziel der Initiative ist es, für China neue Märkte zu erschließen, Überkapazitäten (z. B. in der Stahlindustrie) abzubauen sowie die Ungleichheit zwischen den eigenen Küstenregionen und dem Inland zu verringern. Gefördert werden hierbei auch Länder in Zentralasien oder Ostafrika, die lange Zeit von westlichen Staaten vernachlässigt wurden und die in China einen finanziell potenten und weniger moralisierenden Handelspartner sehen.

Die „Neue-Seidenstraßen-Initiative" stellt für China ein wichtiges Soft-Power-Instrument dar,

nicht nur im Bereich der Wirtschaft, sondern auch in Politik und Kultur: Mithilfe von neuen und erneuerten Kulturstätten entlang der „Neuen Seidenstraße" wird zugleich auch ein positives Chinabild transportiert. Dieses beruft sich oft auf ausgesuchte Episoden aus der kaiserzeitlichen Geschichte. Ein häufig propagiertes Beispiel ist Admiral Zheng He aus der Ming-Zeit, der als vorbildlicher Handelsbotschafter präsentiert wird, der die asiatische Welt auf friedliche Weise an Chinas Wohlstand teilhaben ließ. Die Person Zheng Hes soll das Bild eines mächtigen, aber nicht bedrohlichen Chinas vermitteln, das vor allem am Aufbau freundschaftlicher Beziehungen durch Handel interessiert ist. Westliche Kritiker befürchten hingegen, dass die „Neue Seidenstraße" ein neo-imperiales Projekt Chinas sein könnte.

Hinsichtlich der territorialen Ausbreitung des Landes ist es aber wichtiger, das Augenmerk auf die unmittelbare Nachbarschaft Chinas zu lenken, vor allem auf Taiwan. Die nur von etwa einem Dutzend Länder in der Karibik, in Lateinamerika und Ozeanien als Staat anerkannte Insel stellt einen Konfliktherd dar, der weit über die Frage der von Peking angestrebten „Wiedervereinigung" Chinas hinausweist.

M 4 Die „Neue Seidenstraße" (Stand 2018)

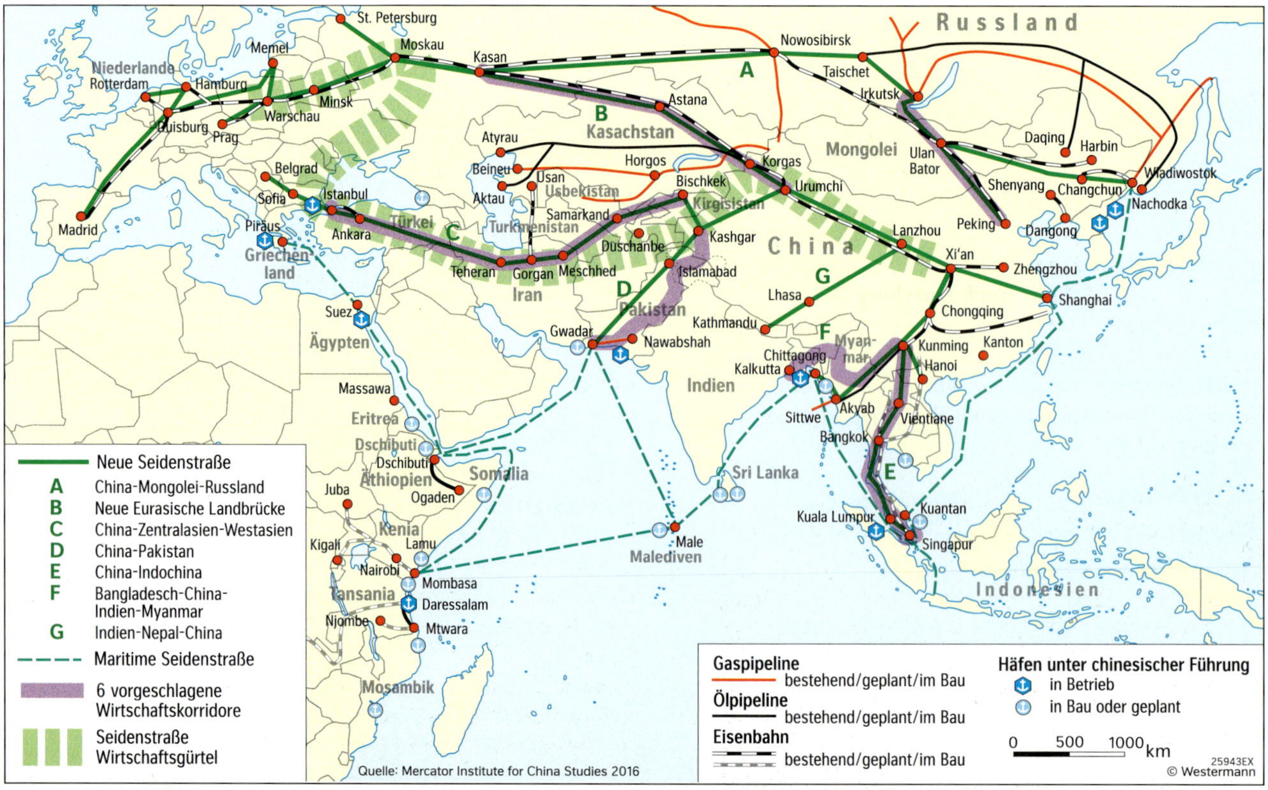

Die „Neue Seidenstraße"

Legende:
- Neue Seidenstraße
- A China-Mongolei-Russland
- B Neue Eurasische Landbrücke
- C China-Zentralasien-Westasien
- D China-Pakistan
- E China-Indochina
- F Bangladesch-China-Indien-Myanmar
- G Indien-Nepal-China
- Maritime Seidenstraße
- 6 vorgeschlagene Wirtschaftskorridore
- Seidenstraße Wirtschaftsgürtel

Gaspipeline bestehend/geplant/im Bau
Ölpipeline bestehend/geplant/im Bau
Eisenbahn bestehend/geplant/im Bau

Häfen unter chinesischer Führung
- in Betrieb
- in Bau oder geplant

0　500　1000 km

Quelle: Mercator Institute for China Studies 2016

25943EX
© Westermann

M 5 „Die Seidenstraße soll eine Straße des Friedens sein."

In einer Nachrichtenmeldung werden wichtige Inhalte einer Rede des chinesischen Staatspräsidenten Xi Jinping bezüglich der „Neuen Seidenstraße" wiedergegeben (2015):

„Tausende von Meilen und auch Jahre überspannend stand die antike Seidenstraße immer für Frieden und Kooperation, für Offenheit und Teilhabe, für gegenseitiges Lernen und gemeinsame Vorteile aller Betei-
5 ligten. Der Geist der Seidenstraße ist ein großartiges Kulturerbe der gesamten Menschheit", sagt Xi. Dabei wolle man mit der neuen Seidenstraße das Rad nicht neu erfinden [...]. Die Initiative solle lediglich die Entwicklungsstrategien der involvierten [beteiligten]
10 Länder ergänzen, indem sie ihnen die Chance biete, ihre jeweiligen Stärken und Vorteile international zur Geltung zu bringen. [...]
China habe kein Interesse daran, aus den an der Initiative partizipierenden [teilnehmenden] Ländern ei-
15 nen elitären [einer Elite angehörenden] Klub zu machen. Der Wirtschaftskorridor Seidenstraße und die maritime Seidenstraße des 21. Jahrhunderts sollten auch als internationales Friedensprojekt verstanden werden [...]. Denn die Seidenstraße sei vor allem in
20 Friedenszeiten erfolgreich gewesen. In Zeiten des Krieges habe man schnell das Interesse an ihr verloren [...]. Die Umsetzung der Initiative mache ein friedliches und stabiles Umfeld erforderlich und fördere dieses auch.

Xi Jinping: „Die Seidenstraße soll eine Straße des Friedens sein" (15.05.2017); Übers. zit. nach: China Internet Information Center (CIIC); http://german.china.org.cn/txt/2017-05/15/content_4081 8464.htm [letzter Zugriff: 26.10.2022].

M 6 Offizielle Einweihung der Güterzugverbindung von Zentralchina nach Duisburg 2014
Von links: Sigmar Gabriel (damaliger Bundesminister für Wirtschaft und Energie), Xi Jinping (Staatspräsident der Volksrepublik China), Hannelore Kraft (damalige Ministerpräsidentin des Landes NRW), Duisburg, Foto (Ausschnitt), 2014

M 7 Der „chinesische Traum"

Die Bundeszentrale für politische Bildung schreibt (2018):

Der „chinesische Traum" (Zhong guo mèng) ist eine politische Parole und offizielle Vision für das Land, die seit 2013 intensiv von der KPC und dem derzeitigen Partei- und Staatschef Xi Jinping beworben und
5 in Xis Rede auf dem 19. Parteitag 2017 bekräftigt wurde. Er steht als Oberbegriff für die kollektiven Ziele, die China unter der Führung der Partei erreichen möchte. Xi Jinping erwähnte den „chinesischen Traum" erstmals bei einem Besuch im chinesischen
10 Nationalmuseum im November 2012. Dort definierte er ihn als „das große Wiederaufblühen der chinesischen Nation". Damit knüpfte er an frühere Motive der Geschichtsschreibung der KPC an, laut derer China im 19. und in Teilen des 20. Jahrhunderts vom
15 Westen gedemütigt wurde. Mit seinem wirtschaftlichen Aufstieg kann das Land nun unter der Führung der Partei „wiederaufblühen" und seinen „rechtmäßigen Platz" in der Welt einnehmen.
Obwohl die konkreten Inhalte des „chinesischen
20 Traums" relativ vage gehalten sind, ist der Term eng mit den zwei „Hundertjahreszielen" des Landes verknüpft: Bis 2021, dem hundertjährigen Geburtstag der KPC, will China den Aufbau einer Gesellschaft mit bescheidenem Wohlstand beendet haben. Bis
25 2049, wenn wiederum die Volksrepublik ihren hundertsten Geburtstag feiert, soll China ein „wohlhabender und starker, kulturell hochentwickelter, harmonischer, sozialistischer, modernisierter Staat" sein. Im Gegensatz zum amerikanischen Traum geht es
30 beim „chinesischen Traum" also nicht um die individuelle Verwirklichung, sondern vorrangig um nationale und kollektive Ziele.

Mareike Ohlberg: „Der ‚chinesische Traum'"; in: Bundeszentrale für politische Bildung (Hg.): IzpB – Informationen zur politischen Bildung Heft 337 – Volksrepublik China, Bonn: bpb 2018, S. 22; https://www.bpb.de/system/files/dokument_pdf/IzPB_337_Volks republik-China_barrierefrei.pdf [letzter Zugriff: 26.10.2022].

• •

1. a) ●●○ Erklären Sie ausgehend von M7 mit eigenen Worten die Formulierung: „der chinesische Traum".

b) ●●● Vergleichen Sie den „chinesischen Traum" mit dem „amerikanischen Traum" und nehmen Sie dazu Stellung.

c) ●●○ Erläutern Sie anhand von M4, M5 und M6 das Projekt der „Neuen Seidestraße" und bestimmen Sie dessen Bedeutung für China und andere Staaten.

d) ●●● Ist China die Weltmacht der Zukunft? Begründen Sie Ihre Einschätzung.

→ Text, M1 – M7, Internet

11. Nur *ein* legitimes China? Die Taiwan-Frage

Eine Insel – viele Namen

„Formosa", „Republik China", „Chinesisch Taipeh" – die Insel, die wir heute allgemein als
„Taiwan" kennen, wurde und wird mit unterschiedlichen Namen bezeichnet. Diese Tatsache
spiegelt sowohl die wechselnden Herrschaftsverhältnisse als auch die politisch brisante Position Taiwans auf der Weltbühne wider.

Den heute gängigen Namen Taiwan erhielt die
Insel von dem Qing-Kaiserreich, nachdem dieses 1683 das auf der Insel herrschende Königreich Tungning besiegt und Taiwan zu einer
Präfektur des chinesischen Reiches gemacht
hatte. Kurz davor hatte die Niederländische
Ostindienkompanie die Kontrolle über die Insel
ausgeübt, die in der westlichen Welt noch bis ins
20. Jahrhundert hinein als „Formosa" bekannt
war. Denn mit diesem Namen hatten sie portugiesische Seefahrer Mitte des 16. Jahrhunderts
erstmals auf ihren Karten verzeichnet.

Die Insel beheimatete sowohl indigene Gruppierungen als auch Einwanderer vom chinesischen Festland (Han-Chinesen). Die Identität
der Bewohner Taiwans wurde überwiegend
von regionalen oder dörflichen Zugehörigkeiten
bestimmt, weniger von der Zugehörigkeit zum
chinesischen Kaiserreich. Sie sahen sich auch
nicht als eine einheitliche Gruppe. Dies änder-

te sich mit einem erneuten Herrschaftswechsel.
Im Jahr 1895 musste das geschwächte Qing-
Kaiserreich Taiwan nach rund 200 Jahren an
das Kaiserreich Japan abtreten. Grund hierfür
war die chinesische Niederlage im ersten Sino-
Japanischen Krieg.

Für die folgenden fünf Jahrzehnte regierte Japan
die Insel als eine Art Modellkolonie. Das japanische Besatzungsregime erzwang zwar den Un-
terricht der japanischen Sprache und Kultur im
lokalen Bildungssystem, erlaubte den Bewohnern der Insel jedoch, weiterhin ihre eigenen
Lokaldialekte und indigenen Sprachen zu sprechen sowie ihre traditionellen Bräuche zu praktizieren. Unter der japanischen Kolonialherrschaft
durchlief Taiwan einen ersten Industrialisie-
rungsprozess: Der Bergbau wurde modernisiert,
Industrieanlagen wurden elektrifiziert. Diese
Modernisierung wird von den Menschen vor Ort
heute oft positiv bewertet. Die Bewohner der
Insel wurden von Japan entlang verschiedener
Han-chinesischer und indigener Gruppierungen klassifiziert und sollten sich gleichzeitig als
Untertanen des japanischen Reichs verstehen.
Letztlich verband sie aber die gemeinsame Erfahrung, dass sie von Japan kategorisch als „Ko-
lonisierte" behandelt wurden.

Nicht ein China, sondern mehrere?

Der Zweite Weltkrieg in Asien stellte in der Region einen tiefen Einschnitt dar. Auf Taiwan
richtete das japanische Kolonialregime die Wirtschaft der Insel noch stärker an den Interessen
Tokios aus und verschärfte unterdrückerische
Maßnahmen. Taiwan wurde zu einem wichtigen
Rekrutierungsort für Hunderttausende Soldaten, Zwangsarbeiter und „Trostfrauen", die im
Krieg dem kaiserlich-japanischen Militär dienen
mussten. Viele Bewohner Taiwans begrüßten
daher die Niederlage Japans 1945. Mit ihr erlangte die Republik China als eine der Siegermächte erneut die Kontrolle über Taiwan.

Nach dem Ende des Krieges gegen Japan begann auf dem chinesischen Festland der Bürgerkrieg zwischen KMT und KPCh erneut, aus
dem die KPCh 1949 als Sieger hervorging. Die
KMT zog sich daraufhin mit rund zwei Millionen
Soldaten nach Taiwan zurück und etablierte hier

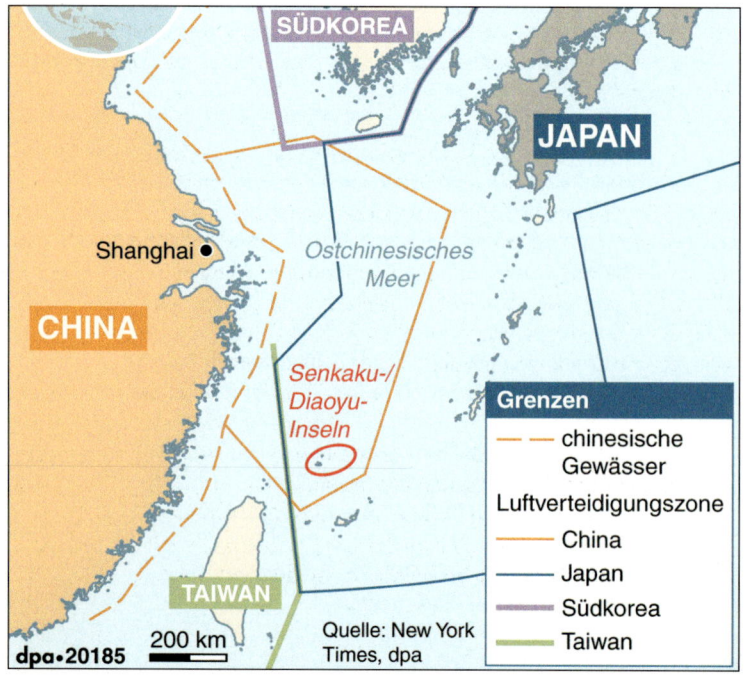

SÜDKOREA

JAPAN

Shanghai

Ostchinesisches
Meer

CHINA

Senkaku-/
Diaoyu-
Inseln

Grenzen

- – – chinesische
Gewässer

Luftverteidigungszone

—— China

—— Japan

—— Südkorea

—— Taiwan

TAIWAN

200 km

Quelle: New York
Times, dpa

dpa•20185

eine Einparteienherrschaft. Die Insel markierte damit de facto die neuen Grenzen der von General Chiang Kai-shek geführten „Republik China" (ROC). Nachdem 1949 auf dem Festland die „Volksrepublik China" ausgerufen worden war, gab es nun zwei chinesische Gebiete, die sich feindlich gegenüberstanden. Die KPCh-geführte Volksrepublik sah die kleine Insel Taiwan als abtrünnige Provinz, die mit dem Festland zu „einem China" wieder vereinigt werden müsse. Die KMT auf Taiwan erkannte ihrerseits die kommunistische Regierung in Peking nicht an und strebte lange Zeit nach einer Wiedervereinigung Chinas nach eigenen Vorstellungen.

Auf Taiwan selbst betrachtete die KMT-Regierung die ansässige Lokalbevölkerung als „rückständig" und „nicht patriotisch genug". Sie verhängte das Kriegsrecht und implementierte Maßnahmen zur „Sinisierung" Taiwans. Grundschulkinder mussten nun Hochchinesisch lernen und wurden in KMT-Ideologie unterwiesen. Die KMT kontrollierte zudem die kulturellen Institutionen Taiwans, um sie nationalistisch auszurichten. Widerstand gegen diese Politik wurde mit Gewalt niedergeschlagen. Ein besonders traumatisches Ereignis war das Massaker vom 28. Februar 1947 in der Hauptstadt Taipeh, als ein Bevölkerungsaufstand gegen die KMT blutig niedergeschlagen wurde. Bis in die 1980er-Jahre entwickelten sich auf Taiwan regional-ausgerichtete Identitäten. Sie unterschieden vorallem zwischen „Taiwanesen" (Han-Chinesen, deren Vorfahren vor 1895 auf die Insel migriert waren) und „Festländern" (Han-Chinesen, die zwischen 1945 und 1949 mit der KMT nach Taiwan gekommen waren).

Taiwan – der „unsinkbare Flugzeugträger"

Die Republik China (ROC) besaß seit 1945 einen Sitz im Sicherheitsrat der Vereinten Nationen. Nachdem 1949 auf dem Festland die Volksrepublik China (VR) entstanden war, stellte sich allerdings die Frage nach der international legitimen Regierung Chinas. Taiwan sah und sieht sich dabei als Fortsetzung der 1912 auf dem Festland ausgerufenen Republik China.

Im Kontext des Kalten Krieges erhielt die ROC auf Taiwan militärische Unterstützung und „Entwicklungshilfe" vonseiten des Westens, vor allem von den USA. Im Zuge einer diplomatischen Annäherung zwischen den USA und der VR China im Zusammenhang mit dem Kalten Krieg musste die ROC ihren Sitz im UN-Sicherheitsrat 1971 jedoch an die VR China abtreten. Zwar erkannten die USA Peking damit offiziell als einzig legitimen Regierungssitz des „einen China" an, jedoch stellten sie keineswegs ihre Waffenlieferungen an Taiwan ein.

Die USA besitzen bis heute ein großes geopolitisches Interesse an Taiwan, obwohl sie die Insel offiziell nicht als unabhängigen Staat anerkennen. Diplomatisch anerkannt ist Taiwan lediglich durch den Vatikan, einige mittelamerikanische Staaten sowie winzige Inselrepubliken in Ozeanien. Bei Olympischen Spielen tritt die ROC als „Chinesisch Taipeh" auf. Dies ist auch ein Zeichen des Drucks durch die VR China.

„Taiwanesisches Wunder" und Taiwans Identität

Ab den 1960er-Jahren begann sich Taiwan mit US-amerikanischer Hilfe weiter zu industrialisieren – ein „taiwanesisches Wirtschaftswunder" brach sich Bahn. Hinzu traten die Transformation des Finanz- und Bildungswesens sowie auf politischer Ebene die Aufhebung des Kriegsrechts (1987) und der Beginn demokratischer Reformen ab 1988. Auch das Reiseverbot aufs chinesische Festland, das 40 Jahre zuvor für alle Taiwanesen verhängt worden war, wurde endlich aufgehoben. Zudem traten die Regierungen in Taipeh und Peking miteinander in direkten Kontakt.

In den folgenden Jahrzehnten gelang es Taiwan, sich als Wirtschaftsmacht und führende Größe in der global extrem wichtigen Elektronik- und Halbleiterindustrie zu etablieren. Das multinationale taiwanesische Unternehmen TSMC betreibt auf Taiwan beispielsweise die größte Mikrochip-Fabrik der Welt. In Folge der Reformen der 1980er- und 1990er-Jahre veränderte sich außerdem die Identität Taiwans drastisch. Sie wurde inklusiver, nationalistischer und selbstbewusster. Die „taiwanesische" Identität verstand sich danach als eine Mischung aus indigenen und Han-chinesischen Elementen. Umfragen im Jahr 2020 zeigten, dass sich bei den Menschen auf Taiwan ein Konsens darüber gebildet hatte, dass sie Bürgerinnen und Bürger eines unabhängigen Landes sind, welches in den letzten zwei Jahrzehnten Autonomie und Demokratie erreicht hat. Viele lehnen daher jegliche Einflussnahme durch die VR China ab.

Mit der fortschreitenden wirtschaftlich-militärischen Erstarkung der VR China in den 2010er-Jahren wurden in der Volksrepublik jedoch Stimmen lauter, die die Durchsetzung der Wiedervereinigung Taiwans mit dem Festland verlangen. Xi Jinpings „Ideen des Sozialismus chinesischer Prägung im neuen Zeitalter", die 2018 als neue Leitfäden in den Parteistatuten der KPCh festgeschrieben wurden, beinhalten auch das „Vorantreiben der Wiedervereinigung des Vaterlandes". Ist damit eine, vielleicht gewaltsame, Übernahme Taiwans durch die VR China unvermeidlich?

1. a) ●○○ Beschreiben Sie die Entwicklungen der Selbst- und Fremdzuschreibungen der Menschen auf Taiwan.
   b) ●●○ Recherchieren Sie zum aktuellen Verhältnis zwischen Festlandchina und Taiwan. Setzen Sie ihre Ergebnisse in den Kontext der historischen Beziehungen zwischen beiden Territorien.
   → Text, M1, Internet

Erklärungsmodelle zu Transformationsprozessen

Kontinuität und Wandel

Dass man sich im Laufe des Lebens verändert und sich dennoch gleich bleibt, ist eine allgemeine biografische Erfahrung. Auch wenn man die Verhältnisse betrachtet, in denen man lebt, stellt man fest, dass kurzfristig meist vieles gleich bleibt, dass sich aber langfristig auch vieles ändert, was uns meist erst in der Rückschau bewusst wird. So geht man vielleicht täglich in einem vertrauten Geschäft einkaufen, stellt aber nach einigen Jahren möglicherweise fest, dass der Ladeninhaber inzwischen mehrmals gewechselt hat. Diese alltägliche Erfahrung lässt sich auch auf den Geschichtsverlauf übertragen: Auch hier begegnet uns Gleichbleibendes und sich Veränderndes. Diese Tatsache beschreibt das Grundproblem von Kontinuität und Wandel im historischen Verlauf.

Im Unterschied zur Natur galt die Geschichte früher als das Feld der Veränderung und des Zufalls. Erst um 1800 entstand die Idee von der Geschichte als einer sich entwickelnden Ereignisfolge, der ein bestimmter Sinn innewohnt. Es bildete sich die Überzeugung heraus, dass der Gang der Ereignisse von einem Fortschritt bestimmt werde, Geschichte mithin ein bestimmtes Ziel habe. Ob die Kontinuität jedoch der geschichtlichen Entwicklung selbst zukommt oder ob sie erst das Ergebnis der deutenden Historiker ist, war und ist umstritten.

Strukturen – Prozesse – Ereignisse

Unabhängig von diesen theoretischen Überlegungen stößt man bei der Erklärung von historischen Sachverhalten immer darauf, dass es einerseits langfristig bedeutsame und andererseits kurzfristig wirksame Faktoren gibt. Diese lassen sich grob in drei Aspekte gliedern:

- Strukturen sind dauerhaft wirksame, sich in der Regel nur langsam verändernde Bedingungen, die die historische Entwicklung bestimmen. So übersteht eine Rechtsordnung oder eine staatliche Verwaltung oft sogar re-volutionäre Umbrüche, wenngleich nicht unverändert.
- Prozesse sind historische Entwicklungen, die einen vorangegangenen Ausgangszustand verändern. Dies kann in Form von kontinuierlichem Wandel (evolutionär) oder in Form eines tief greifenden Umbruchs (revolutionär) geschehen. Ein Beispiel für evolutionären Wandel wäre die sich über Jahrhunderte vollziehende zunehmende Vernetzung der Welt, ein Beispiel für revolutionären Umbruch das Ende der DDR und die deutsche Einigung in den Jahren 1989/90.
- Ereignisse sind unmittelbar beobachtbare und datierbare Geschehnisse unterschiedlicher Zeitdauer. So kann innerhalb der Französischen Revolution der Sturm auf die Bastille am 14. Juli 1789 ebenso als Ereignis gelten wie die Französische Revolution selbst innerhalb der Geschichte der Neuzeit.

Wer „macht" Geschichte?

Führten die Menschen früher geschichtliche Veränderungen mitunter auf das Wirken von Göttern oder auf einen feststehenden heilsgeschichtlichen Plan zurück, so gilt seit gut 200

M 1 *„Bismarck als Schmied der deutschen Einheit"*
Holzschnitt, um 1895

Jahren die Vorstellung, dass Geschichte von Menschen gemacht wird. Insbesondere im 19. Jahrhundert spielte das Wirken großer Persönlichkeiten eine entscheidende Rolle beim Verständnis historischer Vorgänge: Der antike Feldherr und Eroberer Alexander, der mittelalterliche Kaiser Karl und der preußische König Friedrich II. erhielten den Beinamen „der Große", da ihnen ein nachhaltiger Einfluss auf den Gang der Geschichte zugesprochen wurde. Der Historiker Heinrich von Treitschke brachte dies auf die Formel „Männer machen Geschichte", wobei Treitschke vor allem die Rolle der Einzelperson betonen wollte. Dies brachte es mit sich, dass politische Ereignisse in den Mittelpunkt des historischen Interesses rückten. Nach und nach wurden jedoch auch andere Faktoren berücksichtigt: Einerseits fanden andere Akteure, etwa Parteien oder Gewerkschaften, die Aufmerksamkeit der Wissenschaft, andererseits interessierte man sich auch für weitere Bereiche des Lebens in der Vergangenheit: für den Alltag der Menschen, die Formen des Zusammenlebens in Familien und sozialen Gruppen, die wirtschaftlichen Aktivitäten und religiösen Vorstellungen, aber auch für geografische und klimatische Gegebenheiten.

Die Geschichtsschreibung wandelt sich

Die Konzentration auf die politische Ereignisgeschichte führte bereits im 19., vor allem aber im 20. Jahrhundert zu Gegenbewegungen. Zwei Beispiele mögen dies illustrieren:
In Frankreich scharten sich seit den 1930er-Jahren die prominentesten Historiker um die Zeitschrift „Annales", die, unzufrieden mit dem Gang der bisherigen Forschung, neue Zugänge zur Erforschung der Vergangenheit suchte. Man interessierte sich für die Umwelt der Menschen, untersuchte ihren Lebensraum und ergründete, wie sie sich sozial, wirtschaftlich, kulturell und politisch organisierten. Dabei suchten die Historiker auch die Zusammenarbeit mit anderen Fächern, insbesondere mit der Geografie, der Psychologie, der Wirtschaftswissenschaft und der Gesellschaftswissenschaft. Dementsprechend traten die einzelnen Geschehnisse gegenüber den übergreifenden Entwicklungen in den Hintergrund: Strukturen und langfristige Prozesse waren von größerem Interesse als Ereignisse. Die Vorstellung der langen Dauer („longue du-

rée"), die der Historiker Fernand Braudel entwickelte, spielte bei den Forschungen eine besondere Rolle. Gegenüber dem Wandel in der Geschichte war nun die Kontinuität von größerer Bedeutung.

Eine ähnliche Bewegung war in Deutschland vor allem nach dem Zweiten Weltkrieg zu beobachten. Die Strukturgeschichte und die Sozialgeschichte interessierten sich für übergreifende, insbesondere gesellschaftliche Bedingungen der historischen Entwicklung, z. B. für Familienstrukturen oder soziale Schichten. Die sogenannte Gesellschaftsgeschichte betonte vor allem den Einfluss wirtschaftlicher und gesellschaftlicher Faktoren. Inzwischen gibt es eine große Anzahl historischer Forschungen, die mit neuen Quellentypen operieren (z. B. Erfahrungsberichte von Betroffenen) und bislang wenig genutzte Methoden verwenden (z. B. Auswertung von Statistiken oder Befragung).

Formen historischen Wandels

Die Erklärung historischer Sachverhalte ist das Hauptgeschäft der Geschichtswissenschaft. Dabei stößt diese immer wieder auf vielfältige Veränderungen, die zu beschreiben und zu interpretieren sind. Der historische Wandel lässt sich in zwei grundsätzliche Kategorien fassen:
Ein evolutionärer Wandel vollzieht sich durch kleine, oft unbemerkte Schritte, die erst im Rückblick als große Veränderungen wahrgenommen werden. So existiert die Bundesrepublik seit 1949, aber die vielfältigen Wandlungen im Laufe der Zeit haben heute zu einem Staat geführt, der sich deutlich von dem des Gründungszeitpunktes unterscheidet.

Ein revolutionärer Wandel zeichnet sich durch plötzliche und umfassende Veränderungen in sehr vielen Bereichen aus. So wurde in der Französischen Revolution das alte System gewaltsam gestürzt.

Was sind Transformationsprozesse?

Seit einiger Zeit wird für bestimmte Veränderungen auch der Begriff der Transformation verwendet. Ausgangspunkt war der Zusammenbruch des Ostblocks um 1990, die damit verbundene Entstehung neuer Staaten und ein mehr oder weniger umfassender politischer, gesellschaftlicher, wirtschaftlicher und kultureller Wandel. Dieser war zwar revolutionär ausgelöst worden, er wurde aber nachfolgend evolutionär umgesetzt. Der Begriff der Transformation beschreibt also eine spezifische Form des historischen Wandels, die grundlegende Veränderungen mit sich bringt, welche aber nicht auf einmal durchgesetzt werden: In einer längeren Übergangsphase finden vielfältige Veränderungen in verschiedensten Bereichen statt, die miteinander verbunden sind. Sie sind zum Teil bewusst geplant, verlaufen aber auch spontan und folgen einer eigenen Dynamik.

Ein klassisches Beispiel für einen solchen Transformationsprozess stellt die deutsche Einigung dar: Die DDR als eigenständiger Staat löste sich zusehends auf. Durch den Beitritt zur Bundesrepublik Deutschland übernahmen die östlichen Bundesländer politisch die Verfassungsordnung des Grundgesetzes und führten wirtschaftlich das System der sozialen Marktwirtschaft ein. Dies führte zu großen gesellschaftlichen Umwälzungen und hatte tief greifende Auswirkun-

gen auf das kulturelle Leben und die Medien. Manches war dabei bewusst geplant, anderes verlief unvorhergesehen. Bis heute ist der Angleichungsprozess der beiden früheren Staaten im Gange.

Bei der Untersuchung derartiger Prozesse ist es wichtig, das Gesamtsystem, die Institutionen und die Akteure genauer zu betrachten. So hat die DDR das System der Bundesrepublik weitgehend übernommen, während andere Staaten des ehemaligen Ostblocks eigene Wege gehen und selbst eine neue Ordnung finden mussten. Unterhalb des Systems gibt es verschiedene Institutionen, die im Zuge eines Transformationsprozesses abgeschafft, grundsätzlich verändert oder neu geschaffen werden. So wurde die Volkskammer, das Parlament der DDR, aufgelöst. An ihrer Stelle wurden Abgeordnete aus den neuen Ländern in den vergrößerten Bundestag gewählt und in den einzelnen Ländern entstanden Landesparlamente. Eine Besonderheit solcher Prozesse ist schließlich, dass eine Vielzahl von Akteuren beteiligt ist. Es gibt politisch Verantwortliche, die grundsätzliche Entscheidungen treffen, aber auch viele Personen, die diese Entscheidungen dann umsetzen. Hinzu kommen politische Aktionen von Betroffenen, die z. B. durch Proteste und Demonstrationen ihre Meinung kundtun. Dies alles wird in der Öffentlichkeit diskutiert und kann zu Veränderungen ursprünglicher Planungen führen.

---

1. a) ●●○ Strukturen – Prozesse – Ereignisse. Erläutern Sie anhand geeigneter Beispiele diese Begriffe.
   b) ●●○ Erklären Sie, welche Rolle diese Begriffe bei der Erklärung von historischem Wandel spielen.
   c) ●●○ Erläutern Sie die Begriffe Strukturgeschichte, Sozialgeschichte, Gesellschaftsgeschichte.
   → Text

2. ●●○ Arbeiten Sie die Position heraus, die Heinrich von Treitschke vertritt.
   → Text, M3

3. a) ●●○ Erklären Sie den Unterschied zwischen „kurzer Zeit" und „langer Dauer".
   b) ●●● Arbeiten Sie heraus, welche verschiedenen Begriffe Fernand Braudel

verwendet, um historische Phänomene zu erklären.
   → Text, M4

4. ●●○ Analysieren Sie den Unterschied zwischen Sozialgeschichte und Gesellschaftsgeschichte.
   → Text, M5

5. a) ●●○ Vergleichen Sie die Aussagen von Treitschke, Braudel und Kocka. Arbeiten Sie die Unterschiede heraus. Gibt es auch Gemeinsamkeiten?
   b) ●●● Welche dieser Positionen erscheint Ihnen am überzeugendsten? Nehmen Sie dazu Stellung.
   → Text, M3 – M5

Ereignis, Struktur, Transformation – Begriffe klären

 3 „Männer machen Geschichte"

Der preußische Historiker Heinrich von Treitschke äußerte sich in einer an der Universität zu Berlin gehaltenen Vorlesung (1897):

Es scheint zwar, als ob der erzählende Historiker nur vom Früheren auf das Spätere schlösse, in Wahrheit folgert er umgekehrt von dem Späteren auf das Frühere. Er will und kann von
5 dem Geschehenen immer nur einen Ausschnitt geben; er muss sich also, wenn er an die Beschreibung einer Epoche herantritt, darüber klar sein, welche Ereignisse für die Folgezeit bedeutsam, für die Nachwelt wichtig gewor-
10 den sind. Wäre die Geschichte eine exakte Wissenschaft, so müssten wir im Stande sein, die Zukunft der Staaten zu enthüllen. Das können wir aber nicht, denn überall stößt die Geschichtswissenschaft auf das Rätsel der Per-
15 sönlichkeit. Personen, Männer sind es, welche die Geschichte machen. Männer wie Luther, wie Friedrich der Große und Bismarck. Diese große, heldenhafte Wahrheit wird immer wahr bleiben; und wie es zugeht, dass diese Männer
20 erscheinen, zur rechten Zeit der rechte Mann, das wird uns Sterblichen immer ein Rätsel sein. Die Zeit bildet das Genie, aber sie schafft es nicht. Wohl arbeiten gewisse Ideen in der Geschichte, aber sie einzuprägen in den sprö-
25 den Stoff ist nur dem Genius beschieden, der sich in der Persönlichkeit eines bestimmten Menschen zu einer bestimmten Zeit offenbart.

Heinrich von Treitschke: Politik. Vorlesungen gehalten an der Universität zu Berlin, Bd. 1, Leipzig S. Hirzel 1897, S. 6f.

 4 „Die lange Dauer"

Der französische Historiker und Begründer der „Schule der Annales" Fernand Braudel schreibt über „die lange Dauer":

Jede historische Arbeit zerlegt die vergangene Zeit und entscheidet sich je nach mehr oder weniger bewussten Vorlieben und mehr oder weniger exklusiven Standpunkten für die
5 eine oder andere der chronologischen Realitäten. Die traditionelle Geschichtsschreibung hat sich auf die kurze Zeit, auf das Individuum spezialisiert, und so sind wir seit langem an einen überstürzten, dramatischen, kurzat-
10 migen Bericht gewöhnt.

Der neuen Wirtschafts- und Sozialgeschichte dagegen geht es bei ihren Untersuchungen in erster Linie um die zyklischen Schwankungen und deren Dauer; sie hält sich an die
15 Luftspiegelung der Preiskurven bzw. an die Wirklichkeit ihres zyklischen Aufstiegs und Falls, und so gesellt sich heute zum Bericht (oder traditionellen „Rezitativ") das Rezitativ der Konjunktur, das die Vergangenheit in gro-
20 ßen Zeiträumen von 10, 20, 50 Jahren betrachtet.

Dieses zweite Rezitativ wiederum wird überlagert von einer Geschichte mit einem noch viel längeren, über Jahrhunderte hinweg rei-
25 chenden Atem: von der Geschichte der langen, der sehr langen Dauer. Diese Formel, ob gut oder schlecht, ist mir in Fleisch und Blut übergegangen. Sie bezeichnet das Gegenstück zu[r] Ereignisgeschichte [...]. Doch die For-
30 meln sind von untergeordneter Bedeutung. Sie stecken nur den Rahmen unserer Betrachtung von einem Pol zum anderen, vom Augenblick zur langen Dauer ab.

Nun sind diese Begriffe allerdings nicht abso-
35 lut eindeutig. Nehmen wir das Wort Ereignis. Ich für meinen Teil würde es in der kurzen Dauer ansiedeln, einsperren: Für mich ist das Ereignis etwas Explosives, eine „klingende Neuigkeit", um einen Ausdruck aus dem 16.
40 Jahrhundert zu gebrauchen. Es erfüllt das Bewusstsein der Zeitgenossen mit seiner übermäßigen Rauchentwicklung, ist aber schnell verpufft, sodass kaum Zeit bleibt, die Flamme wahrzunehmen. [...]
45 Gehen wir über die Zyklen [...] noch hinaus, stoßen wir auf den „langfristigen Trend" der Wirtschaftswissenschaftler, den sie allerdings keineswegs immer untersuchen. Genau genommen interessieren sich bis jetzt sogar nur
50 wenige Vertreter ihrer Zunft für ihn, und ihre Betrachtungen über die Strukturkrisen können, zumal sie von den Historikern bislang nicht verifiziert wurden, auch nur als Skizzen oder Hypothesen gewertet werden, die im
55 Übrigen lediglich in die jüngste Vergangenheit, bis 1929, bestenfalls bis in die Siebzigerjahre des 19. Jahrhunderts, zurückreichen, dennoch aber eine nützliche Einführung in die Geschichte der langen Dauer, der langfris-
60 tig wirkenden Kräfte bieten und so etwas wie einen ersten Schlüssel liefern. Den zweiten,

weitaus nützlicheren Schlüssel liefert das Wort Struktur, das, ob gut oder schlecht gewählt, die Probleme der langen Dauer be-
65 herrscht. Die Beobachter des Sozialen verstehen darunter eine Organisation, einen Zusammenhang, relativ feste Beziehungen zwischen bestimmten Realitäten und sozialen Massen. Für uns Historiker ist eine Struktur
70 zweifellos etwas Zusammengefügtes, ein Gebäude, mehr noch aber eine Realität, der die Zeit nicht viel anhaben kann und die sie deshalb sehr lange mitschleppt. Ja, manche Strukturen werden aufgrund ihrer Langlebig-
75 keit für zahllose Generationen zu einem festen Bestand und behindern dadurch die Geschichte, hemmen sie, indem sie ihren Ablauf beherrschen. Andere Strukturen wiederum zerfallen schneller. Alle aber sind gleichzeitig
80 Stütze und Hindernis. Hindernis, insofern sie Grenzen bezeichnen (das Einhüllende im mathematischen Sinn), die der Mensch und seine Erfahrung kaum zu überschreiten vermögen. Man denke nur, wie schwer sich in manchen
85 Fällen ein bestimmter geografischer Rahmen, bestimmte biologische Realitäten, bestimmte Produktionsgrenzen bzw. die einen oder anderen geistigen Zwänge sprengen lassen: denn auch die geistigen Rahmen sind Lang-
90 zeitgefängnisse. Das einleuchtendste Beispiel scheint noch immer der von der Geografie ausgeübte Zwang zu sein. Jahrhundertelang ist der Mensch der Gefangene des Klimas, der Vegetation, der Tierwelt, der Bodennutzung,
95 kurzum, eines im Lauf der Zeit langsam aufgebauten Gleichgewichts, aus dem er sich nicht lösen kann, ohne womöglich alles zu gefährden. Man nehme nur einmal die Bedeutung der Transhumanz [best. Form der
100 Weidewirtschaft] für das Leben in den Bergen [...] oder die Standorttreue der Städte und der Straßen und damit auch des Verkehrs, kurzum, die erstaunliche Festigkeit des geografischen Rahmens der Kulturen.

Fernand Braudel: Geschichte und Sozialwissenschaften, die lange Dauer, in: ders., Schriften zur Geschichte Bd. 1: Gesellschaften und Zeitstrukturen (übers. v. Gerda Kurz u. Siglinde Summerer), Stuttgart: Klett-Cotta 1992, S. 52, 57 f.

 5   „Gesellschaftsgeschichte"

Der Historiker Jürgen Kocka schreibt in seiner Abhandlung über die „Sozialgeschichte" (1977):

Gesucht wäre also eine – vor allem strukturgeschichtliche Betrachtungsweisen ver-
wendende, doch keineswegs in diesen aufgehende – Interpretation der allgemeinen
5 Geschichte, die häufig auch als „Sozialgeschichte" bezeichnet wird, für die hier aber der Begriff der „Gesellschaftsgeschichte" vorgeschlagen wird. Gesellschaftsgeschichte in dem so skizzierten Sinn setzt sich also ab von
10 den in der deutschen Geschichtswissenschaft lange vorherrschenden Traditionen, die, wenn überhaupt, Synthesen um den Mittelpunkt des Staatlich-Politischen, vielleicht auch um die Bewegungen der Ideen zentrier-
15 ten. Sie kann jedoch auf meist vagen oder doch nicht ausgearbeiteten älteren gesellschaftsgeschichtlichen Ansätzen fußen, die, wie gezeigt, bereits vor dem Ersten Weltkrieg in den entstehenden Sozialwissenschaften
20 und im Umkreis der Kulturgeschichte (im umfassenden Sinn verstanden) entwickelt wurden und – ohne viel Erfolg – die etablierte Fachhistorie herausforderten. Auch gesellschaftsgeschichtliche Untersuchungen wer-
25 den schon aus arbeitsökonomischen Gründen Arbeitsschwerpunkte bilden und perspektivisch auswählen müssen, doch sind sie dadurch gekennzeichnet, dass sie im Prinzip die verschiedensten Wirklichkeitsbereiche ein-
30 beziehen – von den materiellen Bedingungen, von den Bevölkerungsverhältnissen, vom wirtschaftlichen Wachstum und Wandel über die sozialen Klassen, Gruppen und Schichten, Allianzen, Proteste und Konflikte, Sozialisati-
35 onsprozesse, Verhaltensmuster und kollektiven Mentalitäten bis hin zu den politischen Institutionen und Willensbildungsprozessen sowie den Veränderungen im Bereich der Kunst, Religion und Wissenschaft. Ihrem
40 Grundansatz entsprechend versuchen sie, die untersuchten Phänomene, welchem Wirklichkeitsbereich im engeren Sinne sie auch zugehören mögen, mit sozialen bzw. sozialökonomischen Faktoren in Verbindung zu
45 setzen, und zwar in einer Weise, die von deren hervorragender Wirkungsmächtigkeit innerhalb der Gesamtgeschichte ausgeht. Die Behauptung einseitiger Kausalbeziehungen zwischen sozialökonomischen Faktoren ei-
50 nerseits und politischen, kulturellen und anderen Faktoren andererseits ist nicht Bestandteil des Ansatzes, der vielmehr die in der historischen Realität vorherrschenden multikausalen Beziehungen, Interdependenzen
55 und gegenseitigen Beeinflussungen zwischen den verschiedenen Faktoren und Dimensio-

nen in wechselndem Maße in Rechnung stellen kann und muss.

Jürgen Kocka: Strukturgeschichte – Sozialgeschichte – Gesellschaftsgeschichte, in: ders. (Hg.), Sozialgeschichte. Begriff – Entwicklung – Probleme, Göttingen: Vandenhoeck und Ruprecht 1977, S. 36 f.

M 6 Was bedeutet Transformation?

In der Einführung eines verbreiteten Handbuchs definieren die Herausgeber den Begriff Transformation (2015):

Transformation ist ein wissenschaftliches Allerweltswort, denn wo wird nicht etwas umgeformt? Mathematik, Biologie und Elektrotechnik gebrauchen den Begriff ebenso wie
5 Wirtschaftswissenschaft, Soziologie, Kulturwissenschaft oder Linguistik. Er bezeichnet einen Wandel von Form, Natur, Gestalt, Charakter, Stil oder Eigenschaften eines Phänomens. Dabei ist in den meisten fachwissen-
10 schaftlichen Begriffen die Bestimmung eines Ausgangs- und Endzustands semantisch eingeschlossen. Folgt man den vielfältigen Begriffsdebatten in den unterschiedlichen Disziplinen, spannt sich der Forschungsgegenstand
15 zwischen fünf Bestimmungsachsen auf. Die erste Achse polarisiert substanzielle bzw. systemsprengende Umwälzungen und akzidentielle [zufällige, nebensächliche], das jeweilige System eher reformierende Wandlungen. Die
20 zweite unterscheidet Transformationen, die ein klares Subjekt und Objekt aufzeigen, von solchen, bei denen [...] das System das Subjekt ist: Eine Ganzheit transformiert sich selbst. Mit dieser Achse verwandt, aber nicht
25 deckungsgleich, ist drittens die Dimension gesteuerte vs. ungesteuerte Transformation. Viertens werden revolutionäre, kurzfristige und radikale von evolutionären, über lange Zeiträume sich schrittweise vollziehenden
30 Transformationen unterschieden. Schließlich spricht eine fünfte Achse den Gegensatz von innovativen gegenüber imitativen Transformationen an.
Das vorliegende Handbuch der sozialwissen-
35 schaftlichen, also soziologischen, politik- und wirtschaftswissenschaftlichen Transformationsforschung sieht sich ausdrücklich einer inter- und transdisziplinären [fächerübergreifenden] Perspektive verpflichtet und
40 nimmt die Komplexität des Transformationsdiskurses auf. Bliebe man allerdings bei den fünf Bestimmungsachsen stehen, würden sozialer Wandel und Transformation praktisch deckungsgleich. Transformationsforschung
45 geriete dann lediglich zu einer neuen Bezeichnung für jegliche soziale, politische und wirtschaftliche Wandlungs- oder Entwicklungsforschung. [...]
Unter Aufnahme der sich vor allem nach dem
50 Epochenumbruch im Jahr 1989 herausbildenden und heute dominierenden Semantik in Politik und Wissenschaft fokussiert das Handbuch jene sozialen, politischen und wirtschaftlichen Umformungen, die substan-
55 ziellen und systemischen Charakter tragen, durch identifizierbare Akteure eher revolutionär und steuerungsorientiert begonnen werden sowie deutliche imitative [nachahmende] Merkmale aufweisen.
60 Allerdings bedeutet dieser Fokus keineswegs den Ausschluss der je anderen Seite der eingeführten fünf Begriffsdimensionen. Das gilt doppelt: Zum einen und grundsätzlich handelt es sich um idealtypische Dichotomien
65 [Zweiteilung]. In der realen Transformationspraxis wird immer wieder erkennbar, dass die dimensionalen Achsen Kontinua [lückenlose Fortdauer] repräsentieren und die polaren Bestimmungen im Prozess verwischen,
70 sich phasenweise abwechseln oder sogar ineinander übergehen. Zum anderen finden sich im Handbuch auch Beiträge, die explizit den Horizont weiten und langfristige, evolutionäre und nur in Momenten steuerbare Transfor-
75 mations- oder Wandlungsprozesse thematisieren.

Raj Kollmorgen, Wolfgang Merkel und Hans-Jürgen Wagener: Transformation und Transformationsforschung. Zur Einführung, in: dies. (Hg.): Handbuch Transformationsforschung, Wiesbaden: Springer VS 2015, S. 11 f.

● ●

1. a) ●●○ Erklären Sie den Begriff Transformation. Grenzen Sie ihn von verwandten Begriffen wie Wandel, Evolution und Revolution ab.

b) ●●● Erstellen Sie eine grafische Übersicht, die die im Text M6 erwähnten Bestimmungsachsen visualisiert.

c) ●●○ Erläutern Sie die einzelnen Bestimmungsachsen mithilfe geeigneter historischer Beispiele.

d) ●●● Erörtern Sie die Eignung des Begriffs „Transformation" an geeigneten historischen Beispielen.

→ Text, M6

M 1 „Die Landung des Kolumbus"
Gemälde von José Garnelo y Alda, 1892

M 2 Kolumbus in Handschellen
Foto, Honduras, 1998

M 3 Kolumbus-Denkmal in Mexiko-Stadt
Foto, 2011

Der spanische Kolonialismus

„Zwanzig Jahre später, nunmehr auf der Höhe seiner Macht und allgemein angesehen als einer der erfahrensten militärischen Befehlshaber des katholischen Königtums von Spanien, ging der Sieger von al-Hudayl [Dorf in der Nähe von Granada] von seinem Schlachtschiff an einem Strand tausende von Meilen von seinem Heimatland entfernt von Bord. [...] Seine zwei Adjutanten, nunmehr selbst Kapitäne, hatten ihn auf seiner Mission begleitet.

Das Expeditionsheer reiste mehrere Wochen lang durch Sümpfe und dichte Wälder. Als er sein Ziel erreichte, wurde der Kapitän von Botschaftern des lokalen Herrschers begrüßt, gekleidet in Gewänder in unerwarteter Farbenpracht. Geschenke wurden ausgetauscht. Dann wurde er zum Palast des Königs eskortiert.

Die Stadt war auf Wasser gebaut. Nicht einmal in seinen Träumen hatte der Kapitän sich irgendetwas in dieser Art vorgestellt. Boote beförderten Bewohner von einem Teil in einen anderen Teil der Stadt.

‚Weißt du, wie sie diesen bewundernswerten Ort nennen?' fragte er, um seinen Adjutanten zu prüfen, als das Boot [...] am Palast anlegte.

‚Tenochtitlán heißt die Stadt und Moctezuma ist der König.'

‚Viel Reichtum floss in ihren Bau', sagte der Kapitän.

‚Sie sind ein sehr reiches Volk, Kapitän Cortés', kam die Antwort. Der Kapitän lächelte."

Kaum eine Buchseite umfasst er, dieser unwesentlich gekürzte „Epilog" des historischen Romans von Tariq Ali: „Im Schatten des Granatapfelbaums" (1992). Auf den 239 Seiten zuvor breitet Ali die Geschichte der Reconquista seit dem Fall von Granada (1492) aus, um abschließend diesen Auftakt der Eroberung der „Neuen Welt" durch Hernán Cortés zu präsentieren. Ohne die Rückeroberung des Südens der Iberischen Halbinsel von den Arabern, u.a. auch verbunden mit Judenverfolgung und -vertreibung, ist die Geschichte der spanischen Eroberung und Kolonisation nicht zu verstehen. Die (Zwangs-) Bekehrung von Juden und Mauren war zu einem innenpolitischen Instrument der katholischen spanischen Krone geworden, die religiöse Einheit der Untertanen zu gewährleisten und sie an den Staat zu binden, der eng mit der katholischen Kirche verwoben war. Ähnlich erging es den indígenas in der „Neuen Welt".

Das Wahlmodul thematisiert Formen der Begegnung des altamerikanischen und europäischen Kulturkreises, Verlauf und Struktur, Anspruch und Realität der spanischen Herrschaftspraxis in der „Neuen Welt", um anschließend nach den Folgen zu fragen, demografische, ökologische und gesundheitliche Auswirkungen in den Kolonien und wirtschaftliche Folgen für Spanien in den Blick zu rücken. Die Kernmodul dargestellten Theorien Bitterlis und Huntingtons zu Kulturkontakt und Kulturkonflikt können hier überprüft werden. Seine Relevanz gewinnt das Wahlmodul im Rahmen einer globalisierten Welt, die von friedlichem Kulturaustausch oder kulturellen und politischen Hegemonialbestrebungen geprägt war und ist.

Mögliche Leitfragen

- **In welchem Verhältnis stehen Anspruch und Realität der spanischen Herrschaftspraxis zueinander?**
- **Wie können die demografischen, sozialen, ökologischen und wirtschaftlichen Folgen für die Kolonien und Spanien beurteilt werden?**
- **Inwiefern lassen sich Bitterlis modellhafte Formen der Kulturbegegnung (vgl. Seite 6ff.) auf die Phasen der spanischen Eroberung, Kolonisation und Herrschaft in der „Neuen Welt" übertragen?**

Der spanische Kolonialismus

M 1 Landung der Spanier auf der Insel Hispaniola
Der Lütticher Kupferstecher Theodor de Bry (1528–1598), der aus Glaubensgründen seine Heimat verlassen musste und sich in Frankfurt niederließ, brachte ab 1590 eine Sammlung von Reiseberichten in lateinischer und deutscher Sprache heraus und versah diese mit zahlreichen Kupferstichen.

M 2 Hernán Cortés (1485–1547)
Anonymes Gemälde, 16. Jahrhundert

Ende des 15. Jahrhunderts veränderte die europäische Expansion die Kenntnis von der Welt radikal. Innerhalb von nur drei Jahrzehnten folgte auf die unbeabsichtigte „Entdeckung" der „Neuen Welt" Amerika durch den Genuesen Christoph Kolumbus (1492) die erste Umsegelung der Welt durch den Portugiesen Fernão de Magalhães (1519–1522), beide in spanischen Diensten. Fast zur selben Zeit eroberte der Spanier Hernán Cortés das Aztekenreich in Mexiko, nur etwa ein Jahrzehnt später Francisco Pizarro das Inkareich in Peru (1531–1535). Das gerade entstandene Spanien war plötzlich eine Weltmacht. Und die Welt hatte ein völlig neues Gesicht. Das entdeckte Amerika, ja die ganze Welt stand vermeintlich zur Verfügung der Europäer.

Zielsetzungen und Rechtfertigung der iberischen Expansion

Die iberische Expansion bezeichnet somit den Beginn eines welthistorischen Prozesses, in dessen Verlauf vom ausgehenden Mittelalter bis zum Beginn des 20. Jahrhunderts Europa fast den gesamten Globus seinem direkten oder indirekten Einfluss unterwarf. Die spanische *conquista* (Eroberung) Amerikas vollzog sich dabei im Rahmen einer zielorientierten Politik unter der Kontrolle der Krone. Insgesamt hielten sich im 15. und 16. Jahrhundert in der Kolonialpolitik Spaniens ökonomisch-machtpolitische und missionarisch-zivilisatorische Zielsetzungen in etwa die Waage.

Die Kirche unterstützte die kolonialen Zielsetzungen, da sie auf Grund des Patronatskirchentums an die weltlichen Machtstrukturen gebunden war. Indem der Papst Portugal bereits 1455 und Spanien 1486 bzw. 1508 das Patronatsrecht über neu eroberte Gebiete zusprach, erhielten die iberischen Herrscher den Auftrag und das Recht zur Christianisierung dieser Gebiete. Unter der Vermittlung des Papstes lösten die beiden iberischen Mächte Kastilien und Portugal zudem im Jahre 1494 im Vertrag von Tordesillas

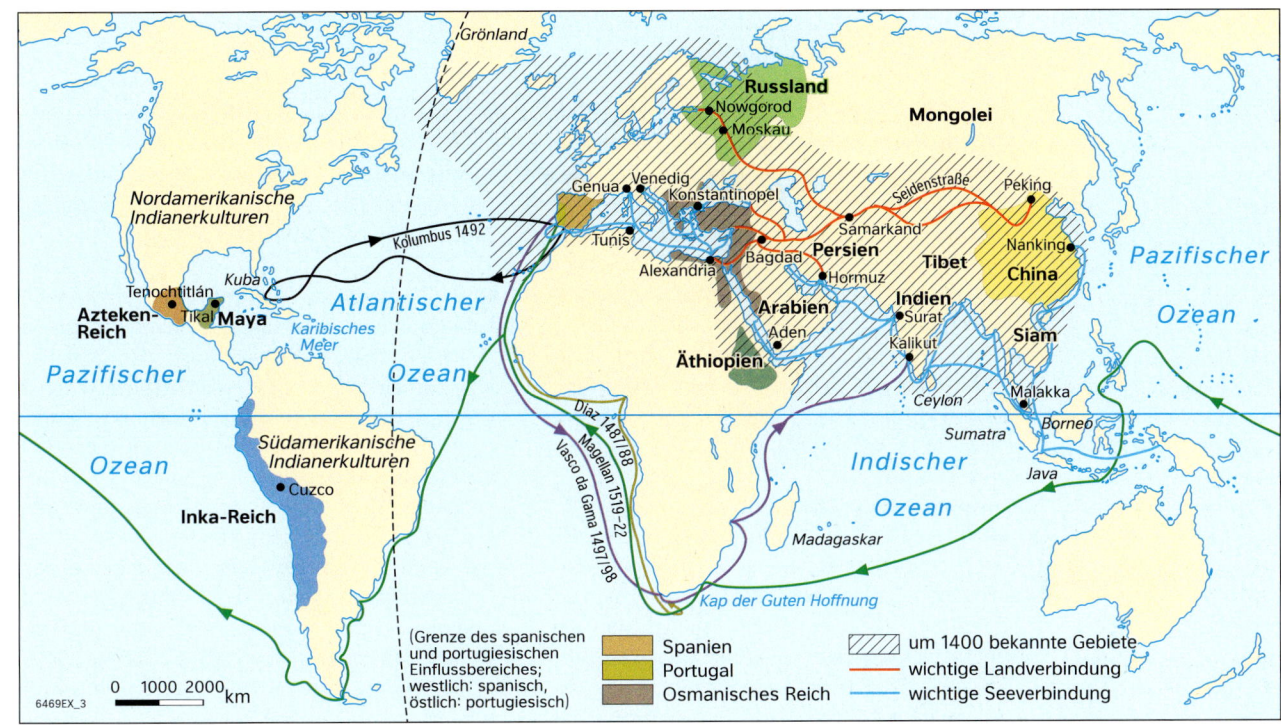

Grönland

Russland
Nowgorod
Moskau

Mongolei

Genua
Venedig
Konstantinopel
Seidenstraße
Peking

Nordamerikanische
Indianerkulturen

Kolumbus 1492

Tunis
Samarkand

Persien
Bagdad
Nanking

Alexandria
Hormuz
China

Kuba
Tenochtitlán
Atlantischer
Tibet
Indien
Pazifischer

Azteken-
Reich
Tikal Maya
Karibisches
Meer
Ozean
Arabien
Surat
Ozean

Pazifischer
Aden
Kalikut
Siam

Südamerikanische
Indianerkulturen
Äthiopien
Ceylon
Malakka
Borneo

Ozean
Díaz 1487/88
Sumatra
Java

Cuzco
Magellan 1519–22
Vasco da Gama 1497/98
Indischer

Inka-Reich
Ozean

Madagaskar

Kap der Guten Hoffnung

0 1000 2000 km

6469EX_3

(Grenze des spanischen
und portugiesischen
Einflussbereiches;
westlich: spanisch;
östlich: portugiesisch)

Spanien
Portugal
Osmanisches Reich

um 1400 bekannte Gebiete
wichtige Landverbindung
wichtige Seeverbindung

M 3 *Ent-deckungsreisen im 15. und 16. Jahr-hundert*

den Streit um die Aufteilung der Neuen Welt: Sie teilten sich die außereuropäische Welt durch einen um 370 kastilische Meilen (*leguas*) westlich der Kapverden verlaufenden Längengrad in eine kastilische und eine portugiesische Hälfte. Dadurch fiel mit Ausnahme (des noch gar nicht entdeckten!) Brasiliens ganz Lateinamerika in die Interessensphäre Spaniens.

Das koloniale Herrschaftssystem der Spanier

Bei der Eroberung der Hochkulturen in Mexiko und Peru kamen den Konquistadoren innenpolitische Konflikte in den beiden Großreichen entgegen, die sie für ihre Zwecke nutzten, indem sie sich mit den von diesen jeweils unterworfenen Völkern verbanden. Im Falle der Eroberung Mexikos ermöglichte ein Bündnis mit den Totonaken und den Tlaxcalteken dem *conquistador* Hernán Cortés den Einmarsch in die Aztekenhauptstadt Tenochtitlán, das heutige Mexiko-Stadt. Die Gefangennahme des einheimischen Herrschers war ein weiteres Mittel, das ausreichte, um den gesamten Verwaltungsapparat lahm zu legen. Dies zeigte sich bei der endgültigen Eroberung Mexikos 1520, als der azteki-

sche Herrscher Moctezuma II. gefangen gesetzt werden konnte, sowie bei der Unterwerfung der Inka-Kultur in Peru, deren gottähnlich verehrter Kaiser Atahualpa 1532 in die Hände von Francisco Pizarro fiel.

Nach den Siegen der Konquistadoren ging es für die Krone darum, den Übergang zu einer dauerhaften Herrschaft zu vollziehen. Dies gelang durch zwei Institutionen, die in der Phase zwischen Inbesitznahme und Kolonisation die staatliche Ordnung der Kolonien prägten: die Gründung von Städten und das *encomienda*-System.

Zentral für die Verwaltung der von Spanien kolonisierten Gebiete wurde die Gründung von Städten. Sie dienten der Konzentration der wenigen Konquistadoren, als militärische Stützpunkte und als Basen für die Durchdringung des Hinterlandes. In ihrer schachbrettartigen Bauweise und in ihrer rechtlichen Ordnung entsprachen die Kolonialstädte dem kastilischen Vorbild. Tempel und Paläste der Inka und Azteken wurden dabei ebenso systematisch wie symbolträchtig mit Kirchen, Klöstern und Regierungsgebäuden überbaut.

Noch wichtiger war das System der *encomienda*. Es bestand darin, dass Gruppen von Eingeborenen einem Teilnehmer des *conquista*-Zuges „anvertraut", d.h. in *encomienda* übergeben wurden. Der Konquistador erhielt dadurch in Form von indigenen Naturalabgaben und Arbeit Anspruch auf Tributleistungen, die der Krone geschuldet wurden. Dafür verpflichtete er sich, militärisch einsatzbereit zu sein, sich dauernd in den eroberten Gebieten niederzulassen sowie die *indígenas* (Eingeborenen) zu christianisieren und zu beschützen. Dies hatte zur Folge, dass die *encomienda* sich kaum von der Sklaverei unterschied, obwohl sie den *indígenas* formell den Status freier Lohnarbeiter zuerkannte.

Die Krone betrieb konsequent den Aufbau eines staatlich kontrollierten Verwaltungsapparates. Den Ausgangspunkt bildete die Einrichtung von kollegialen Gerichtsbehörden (*audiencias*), die die immer wiederkehrenden Streitigkeiten der Konquistadoren um ihre Ansprüche regelten und deren Macht damit erste Schranken setzten. Bald trat neben die *audiencias* das Amt des Vizekönigs, der als unmittelbarer Vertreter der Krone die oberste Regierungsgewalt ausübte und die Monarchie nach außen vertrat. Im 16. Jahrhundert entstanden zunächst zwei Vizekönigreiche: Neu-Spanien (1536) und Peru (1543). Aus ihnen gingen im 18. Jahrhundert zwei weitere hervor, nämlich Neu-Granada (1739) und Río de la Plata (1776). Diese Vizekönigreiche waren in Generalkapitanate und Gouvernements eingeteilt, in deren Händen die Verantwortung für die Militär-, Zivil- und Finanzverwaltung lag.

Der Vizekönig war zugleich Präsident der an seinem Amtssitz ansässigen *audiencia* sowie Generalkapitän und Gouverneur der dem Regierungssitz zugehörigen Provinz. Die übrigen Generalkapitanate und Gouvernements unterstanden nur in besonderen Fällen seiner Weisungsbefugnis. Sogar auf der Ebene der Stadtverwaltung war die spanische Krone durch den königlichen Bevollmächtigten (*corregidor*) direkt präsent. Ihm kam die Aufgabe zu, den aus den Grundbesitzern gebildeten Stadtrat (*cabildo*) und die von diesem gewählten Stadtrichter (*alcaldes ordinarios*) zu überwachen. Auf jeder Verwaltungsstufe bestanden militärische Verwaltungseinheiten sowie königliche Finanzkassen, die die Steuern sowie den kirchlichen Zehnten einzogen.

Neben die staatlichen traten mit den Erzbistümern, Bistümern und Diözesen kirchliche Verwaltungseinheiten sowie – unabhängig von diesen – ein von den Bettelorden (Franziskaner und Dominikaner) und später auch den Jesuiten bestrittener Apparat der Indianermissionen. Der gesamte Verwaltungsapparat unterstand zwei direkt der Krone unterstellten, gleichberechtigten, mit unterschiedlichen Verantwortungsbereichen ausgestatteten Zentralbehörden im Mutterland: der für den gesamten Handels-, Nachrichten-, Verwaltungs- und Personenverkehr zuständigen *Casa de Contratación* in Sevilla sowie dem ebenfalls direkt der Krone verantwortlichen *Consejo de Indias* (Indienrat) als oberster Verwaltungs- und Finanzbehörde, höchstem Gericht und Leitungsinstanz für die Kirche.

Die Eingeborenenpolitik Spaniens

Mit einer flammenden Adventspredigt gegen die Auswüchse der spanischen Kolonialherrschaft gab der Dominikaner Antonio de Montesinos 1511 in Santo Domingo den Anstoß zum Erlass der ersten Indianerschutzgesetze. In den 1512

M 4   *Indígenas werden zum christlichen Glauben bekehrt*
Die Konquistadoren Francisco Pizarro und Diego de Almagro, der Mönch Vicente de Valverde und der Dolmetscher Felipillo (von links nach rechts) vor dem Inkaherrscher Atahualpa, aus der Bilderchronik des Felipe Guaman Poma de Ayala, um 1615 (Ausschnitt)

verabschiedeten Gesetzen von Burgos wurde das Zusammenleben von Spaniern und *indígenas* streng reglementiert. Die Krone erklärte die unter spanischer Herrschaft lebenden Eingeborenen zu freien Vasallen der Krone, die aber zum Zwecke der Christianisierung in möglichst enger Gemeinschaft mit den europäischen Siedlern leben sollten. Bischof Las Casas erwirkte 1542 bei Karl V. eine Revision der Indianerschutzgesetze, die auf eine drastische Einschränkung der Verfügungsgewalt der Kolonisten über die *indígenas* abzielten. In diesen „neuen Gesetzen" (*leyes nuevas*) wurde die Sklaverei endgültig verboten und die *encomienda* praktisch abgeschafft. Dies schlug sich in der Gesetzgebung der Rassentrennung und dem Aufbau einer zweigeteilten Gesellschaft nieder. Dieses Konzept fand seine vollkommenste Verwirklichung in den von Bischof Las Casas vorgeschlagenen Missionsreservaten, den so genannten Reduktionen, die vor allem im heutigen Nordost-Argentinien (*Misiones*) und Paraguay angelegt wurden.

Im 16. Jahrhundert kam es zu einem dramatischen Rückgang der indigenen Bevölkerung. Die Hauptursache für das Massensterben lag in den von den Europäern eingeschleppten Bakterien und Viren, gegen die das Immunsystem der *indígenas* nicht resistent war und die sich in viel rascherem Tempo als die Europäer selbst unter der autochthonen Bevölkerung ausbreiteten. In Zentralmexiko ging die Bevölkerung von 25,2 Millionen Einwohnern im Jahre 1519 auf 2,6 Millionen 1568 und auf eine Million im Jahre 1605 zurück, und in Peru war in der Zeit zwischen 1520 und 1620 ein Bevölkerungsrückgang von 93 % zu verzeichnen. Auf vielen westindischen Inseln starb die Bevölkerung gänzlich aus, und auf Haiti lebten 1520 nur noch 16000 von rund einer Million indianischer Einwohner im Jahre 1492.

Schätzungen gehen davon aus, dass im 16. Jahrhundert nur etwa 300000 Spanier nach Amerika auswanderten, wobei nicht alle auf Dauer blieben. Nichtspaniern wurde nur sehr selten eine Einreisebewilligung erteilt, da zum einen der Einfluss jüdischer oder protestantischer Ideen auf die Eingeborenen befürchtet wurde und zum zweiten der spanische König streng darüber wachte, dass nur Spanien von den Edelmetallen des neuen Kontinents profitierte. Die Besiedlung Iberoamerikas durch die Spanier war also keine freie Wanderungsbewegung einzelner Personen

M 5   *„Arbeitsunfähige Sklaven auf Haiti werden von den spanischen Eroberern misshandelt."*
Kupferstich von Theodor de Bry, 1595

oder Gruppen zur Begründung einer neuen Heimat, jede Auswanderung bedurfte einer staatlichen Erlaubnis.

Aus drei Gründen setzte bereits im frühen 16. Jahrhundert die Einfuhr afrikanischer Sklaven ein: Zum ersten wegen des Massensterbens der *indígenas*, zum zweiten infolge des frühzeitigen (1500) königlichen Verbots der Indianersklaverei, zum dritten aufgrund der Arbeitsunwilligkeit der Einwanderer. Die Auffassung setzte sich durch, dass die Einfuhr afrikanischer Sklaven mit gutem Gewissen gefördert werden konnte. Sogar Geistliche wie Las Casas befürworteten zunächst deren Einfuhr, um die weniger robusten *indígenas* vor der Vernichtung zu schützen. Insgesamt wurden von 1492 bis 1870 etwa 1,5 Millionen schwarze Sklaven aus Afrika nach Hispanoamerika verschleppt. Die entsprechenden Zahlen für die Antillen und Brasilien liegen weit höher.

Sozialstruktur der Kolonien

Im Zuge der *conquista* bildete sich in Hispanoamerika eine streng hierarchische Gesellschaftsordnung nach spanischem Vorbild heraus. An der Spitze der kolonialen Gesellschaft

M 6   *Bartolomé de Las Casas (1474 – 1566) Spanischer Geistlicher und Geschichtsschreiber, anonymes Gemälde, um 1690*

standen die leitenden Beamten der Krone und der hohe Klerus, die zumeist dem spanischen Geburts- oder Dienstadel entstammten. Wurden die höchsten kirchlichen und staatlichen Ämter in der Regel mit Spaniern besetzt, so waren auf den mittleren und unteren Stufen der Behördenpyramide auch Kreolen, d.h. in Amerika geborene Spanier, anzutreffen. Parallel zu dieser von beruflichen Kriterien geprägten sozialen Rangordnung entstand nach und nach eine soziale Stufenabfolge aufgrund ethnisch-rassischer Merkmale. Im Sinne dieser Rangordnung war es entscheidend, ob sich jemand zur kleinen Gruppe der Weißen zählen konnte oder nicht. Die unterste Stufe in der rassisch-sozialen Rangfolge wurde überall von den schwarzen Sklaven und ihren Nachkommen eingenommen.

Wirtschaftssystem der Kolonien

Das wirtschaftliche Interesse der Krone wie der Eroberer galt in erster Linie den Edelmetallen. Die Gesamtmenge der Edelmetallausfuhren von Amerika nach Spanien betrug zwischen 1503 und 1660 offiziell 181 Tonnen Gold und 16 887 Tonnen Silber. Rechnet man die ge-

(M) 7 *Silberschürfen im Bergwerk von Potosí in Zentralbolivien*
Illustration, um 1590

schmuggelten und veruntreuten Mengen hinzu, kommt man auf schätzungsweise 300 Tonnen Gold und 25 000 Tonnen Silber, was zusammen 29 000 Tonnen „Rechensilber" ergab. Für den Kolonialzeitraum 1500 bis 1800 dürfte Amerika insgesamt rund 85 000 – 90 000 Tonnen Rechensilber erzeugt haben, was ungefähr 80 – 85 % der damaligen Weltproduktion waren. Der größte Teil dieses Edelmetalls gelangte zunächst auf die Iberische Halbinsel, floss aber überwiegend wieder aus dem Lande ab und gelangte zu den Kreditgebern (im Norden Europas oder in Genua), die die spanische Großmachtpolitik (vor) finanzierten.

Erhebliche Umweltschäden entstanden durch den massiven Einsatz von Quecksilber bei der Gold- und Silbergewinnung im sogenannten Amalgamationsverfahren. (Gold und Silber wurden hierbei wegen des Brennstoffmangels im Andenraum durch Quecksilberbeigabe aus dem Gestein gelöst.) Die Quecksilberdämpfe schädigten die Gesundheit der Hüttenarbeiter, das ins Wasser gelangende Quecksilber die gesamte Biosphäre.

Der Bergbau war ebenso von großer Bedeutung für die Entwicklung der Landwirtschaft. Wo Edelmetalle entdeckt wurden und deshalb eine zahlreiche Bevölkerung zusammenströmte, entstand ein rasch ansteigender Bedarf an Lebensmitteln. Deshalb entwickelten sich zur selben Zeit wie die Silberminen aus der Zusammenlegung von *encomienda*-Landstücken die noch heute für Lateinamerika typischen agrarischen Großbetriebe, *haciendas* und Plantagen. Der Übergang von der *encomienda* zum agrarischen Großbetrieb hatte nachhaltige Folgen. Die *encomienda* war im Wesentlichen ein reines Personalverhältnis gewesen, das nur in geringem Maße mit einer Landzuteilung verbunden gewesen war. Mit dem Übergang zum Großbetrieb trat an die Stelle der Ausbeutung durch Zwangsarbeit die großflächige spanische Inbesitznahme des Landes. Dennoch erhielten sich auch jetzt noch indianische Dorfgemeinschaften mit ihrer Kultur und den indigenen Sprachen. Erst im 19. Jahrhundert gerieten diese durch die europäische Einwanderung (verbunden mit massiven Landenteignungen) in die Minderheit.

Die gesamte Wirtschaft war in das spanische Monopolhandelssystem eingebunden, das offiziell bis zum Ende der Kolonialzeit beibehalten wurde. Sevilla blieb Monopolhafen und Sitz der Monopolbehörde *Casa de Contratación*. Schon in den Zwanzigerjahren des 16. Jahrhunderts entstand im Zusammenwirken der europäischen Großmächte der atlantische Dreiecksverkehr, der auf jeder der Teilstrecken hohe Gewinne abwarf. Dieser Dreieckshandel war ein Handel von Europa aus mit europäischen Waren nach Westafrika, von dort mit der Ware „Sklave" in die Karibik (Westindien), von dort mit den amerikanischen Plantagenprodukten zurück nach Europa. Damit war Amerika früh in das damalige Weltwirtschaftssystem integriert. Mit der Einfuhr von amerikanischem Silber nach Europa stieg die Kaufkraft der Europäer, die in einer verstärkten Nachfrage nach asiatischen Gütern zum Ausdruck kam. Dadurch belebte das amerikanische Silber auch den Asienhandel und floss in die Taschen der portugiesischen Großkaufleute. Im 16. und 17. Jahrhundert entwickelte sich außerdem zwischen Mittelamerika und Ostasien ein bedeutender Fernhandel: Auf der Route Mexiko-Philippinen erwarben die Spanier für amerikanisches Silber vor allem chinesische Seide und orientalische Gewürze, die weiter nach Europa verschifft wurden.

Ausblick

Spaniens System der Kolonialverwaltung bestand auf dieser Basis fast drei Jahrhunderte, nicht konfliktfrei, aber erstaunlich stabil. Es zerbrach nicht an den sich auch in Amerika aufbauenden sozialen Spannungen, sondern in Folge der Besetzung Spaniens (1808) durch das Frankreich Napoleons I., was die amerikanischen Unabhängigkeitsbewegungen auslöste. Die großen Vizekönigreiche zerfielen in den Unabhängigkeitskriegen bis 1825 in viele überschaubare Republiken. Diese gaben sich, nach dem Vorbild der USA und des revolutionären Frankreichs, die damals modernsten Verfassungen. Doch die vormodernen sozialen Strukturen des nun bald „Lateinamerika" genannten Halbkontinents blieben weiterhin bestehen.

M 8 *Eine Galeone auf dem Weg nach Portugal*
Anonyme Darstellung aus dem 16. Jahrhundert

Wichtige Daten

1492	Christoph Kolumbus „entdeckt" Amerika.
1494	Vertrag von Tordesillas.
1519 – 1521	Hernán Cortés erobert das Aztekenreich; seit 1535 Vizekönigreich Neu-Spanien mit Hauptstadt Mexiko
1519 – 1522	Erste Umsegelung der Welt durch den in spanischen Diensten stehenden Portugiesen Fernão de Magalhães
1531 – 1535	Francisco Pizarro erobert das Inkareich; seit 1542 Vizekönigreich Peru mit Hauptstadt Lima
1713	Spanien tritt das Recht zur Versorgung Hispanoamerikas mit Sklaven an England ab
1810 – 1825	Die spanischen Kolonien in Lateinamerika werden unabhängig.

Die präkolumbischen Kulturen in Amerika

Die *indígenas*

Als die Spanier 1492 auf der Insel Guanahani, den heutigen Bahamas, amerikanisches Land betraten, war dieses keineswegs herrenlos. Ganz im Gegenteil: Damals dürften über 50 Millionen Menschen auf dem amerikanischen Kontinent gelebt haben, 90 Prozent davon in dem später Lateinamerika genannten Teil. Da Kolumbus davon überzeugt war, „Indien" erreicht zu haben, nannte er die Menschen, auf die er traf, *„indios"* – eine Bezeichnung, die beibehalten wurde, selbst nachdem man Kolumbus' Irrtum erkannt hatte.

Die Bevölkerung des neu entdeckten Kontinents bot ethnisch, sprachlich und kulturell ein ausgesprochen heterogenes Bild. Die große Vielfalt der Kulturen manifestierte sich in ca. 125 Sprachfamilien; es gab Horden von Jägern und Sammlern ebenso wie Hochkulturvölker mit großartigen wissenschaftlichen und kulturellen Leistungen. Wahrscheinlich sind die ersten Menschen mehrere zehntausend Jahre vor unserer Zeitrechnung über eine eiszeitliche Landbrücke in der Beringsee von Asien über Alaska nach Nordamerika eingewandert. Von hier aus drangen sie dann bis nach Feuerland im äußersten Süden des heute Südamerika genannten Kontinents vor.

Hochkulturen

Die hochkulturellen Großreiche der Azteken und der Inka, auf die die Spanier in der ersten Hälfte

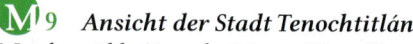

M 9 *Ansicht der Stadt Tenochtitlán*
Wandgemälde (Ausschnitt) von Diego Rivera im Palacio Nacional, dem Regierungssitz von Mexiko, 1945

des 16. Jahrhunderts stießen, waren zum damaligen Zeitpunkt allerdings erst wenige Hundert Jahre alt. Seit der Jahrtausendwende hatten sich in den Räumen, in denen es zuvor schon Stadtstaaten gab, neue staatliche Herrschaftsbereiche herausgebildet, die ethnisch unterschiedliche Bevölkerungsgruppen integrierten. Die meisten dieser zentralisierten Herrschaftsformen wiesen dabei feste administrative und rechtliche Strukturen auf.

In Zentralmexiko fehlte nach dem Untergang des mächtigen Stadtstaates Tollan – dem heutigen Tula – ein starkes Zentrum. Ab dem 13. Jahrhundert wanderte von Norden her das Volk der Mexica – das nach seinem mythischen Ursprungsort Aztlán auch Azteken genannt wurde – ein und gründete um 1325 im Texcoco-See die Stadt Tenochtitlán. Um die Mitte des 15. Jahrhunderts waren die Azteken die führende Macht in Zentralmexiko; sie machten sich große Gebiete und benachbarte Staaten tributpflichtig. Der von ihnen angeführte Drei-Städte-Bund (Tenochtitlán, Texcoco, Tlacopan) beherrschte das Hochtal von Mexiko. Die unterworfenen Völker mussten hohe Tribute entrichten. 1502 trat Moctezuma II. als vergöttlichter Monarch die Herrschaft dieses mächtigen Reiches an. Auf ihn traf 1519, von Kuba kommend, der spanische Hauptmann Hernán Cortés (1485 – 1547), der sich der Unterstützung unterdrückter Stämme (etwa der Tlaxcalteken) bediente und in nur zwei Jahren das gewaltige Aztekenreich eroberte.

Bald stießen die Spanier in den Süden des Festlandes vor: Die Konquistadoren Francisco Pizarro (1476/78 – 1541) und Diego de Almagro (1475 – 1538) hatten sich vorgenommen, das Inka-Reich zu erobern, das sich entlang der Pazifik-Küste und des Hochlandes vom heutigen Ecuador bis in den Norden Chiles und Argentiniens erstreckte. In Tahuantinsuyo („Reich der vier Teile") wurde die Inka-Sprache Quechua als Amtssprache verwendet; die Inka-Herrscher leiteten ihre Dynastie von der Sonne her. Zum Zeitpunkt des Auftauchens der Spanier war das Inka-Reich aufgrund eines Erbfolgekrieges allerdings geschwächt und gespalten. 1532 nahm Pizarro einen der Herrscher, Atahualpa, in Cajamarca gefangen und ließ ihn hinrichten. Ähnlich wie in Mexiko gelang es den Spaniern auch bei der Eroberung des Inka-Reiches, die Rivalitäten innerhalb der indigenen Elite auszunutzen.

Azteken

Mayas

Inkas

0 500 1000 1500 2000 km

1799G

M 10 *Hochkulturen in Mittel- und Südamerika*

Neben den beiden Großreichen der Azteken und der Inka gab es noch zahlreiche weitere Kulturen: Die Kultur der Maya im Süden des heutigen Mexiko und in Zentralamerika hatte ihren Höhepunkt Anfang des 16. Jahrhunderts jedoch längst überschritten. Das Reich war zerfallen und kleinere Herrschaftsgebiete bekriegten sich untereinander. In der Nähe der heutigen mexikanischen Stadt Oaxaca befand sich das Territorium der Zapoteken, später auch das der Mixteken. Die Chibcha-Kultur im nördlichen Südamerika, dem heutigen Kolumbien, war in zahlreiche Kleinstaaten zersplittert, zu denen auch die Muiscas gehörten. Die ersten „Indianer", auf die die Spanier stießen, waren die auf den Karibik-Inseln und an den Küstenzonen des nördlichen Südamerika ansässigen Tainos und Tupis. Zum Zeitpunkt der ersten Kontaktaufnahme zwischen Europäern und „Amerikanern" gab es in der „Neuen Welt" eine außerordentlich vielfältige, kaum zu überschauende Menge an Kulturen. Der vereinheitlichende Begriff „Indianer" wird dieser Vielfalt in keiner Weise gerecht; bei ihm handelt es sich zudem um eine aus europäischer Perspektive geprägte kolonialistische Kategorie.

M 11 *Darstellung eines Gesichts* Goldschmiedearbeit der Inka, Chimu (Peru), Größe des Originals: 24 x 32 cm, 13./15. Jahrhundert

Motive der Conquista

M 12 Requerimiento

Im Requerimiento wurde der spanische Anspruch, Bekehrung und Unterwerfung der Indígenas zu fordern, folgendermaßen begründet:

[...] Über alle diese Völker gab der Herr, unser Gott, einem, der St. Petrus genannt wurde, das Amt, der Herr und Vorgesetzte aller Menschen der Welt zu sein [...] und alle Völker zu richten und zu regieren,
5 Christen, Mauren, Juden und Heiden, und welchen Glaubens sie auch waren [...]. Einer der früheren Päpste, der an seiner Stelle in dieser Würde und auf dem genannten Thron als Herr der Welt nachfolgte, machte diese Inseln und dieses Festland des Welt-
10 meeres [...] dem König und der Königin und ihren Nachfolgern zum Geschenk [...], sodass also ihre Hoheiten Könige und Herren dieser Inseln und des Festlandes sind [...]. Deshalb bitte ich euch [...], die Kirche als Herrin anzuerkennen und [...] den [...] Papst
15 [...] in ihrem Namen und den König und die Königin [...] an seiner Statt [...] und Freiheit zu geben, dass diese Ordensleute euch das Gesagte erklären und predigen. Wenn ihr dies tut, [...] werden ihre Hoheiten und ich in ihrem Namen euch mit aller Zunei-
20 gung und Liebe aufnehmen und werden euch eure Frauen und Kinder und Güter lassen, frei von aller Knechtschaft [...], und man wird euch nicht zwingen, Christen zu werden, wenn ihr nicht, über die Wahrheit unterrichtet, selbst euch bekehren wollt [...].
25 Wenn ihr es aber nicht tut [...], so tue ich euch kund, dass ich mit der Hilfe Gottes [...] euch bekriegen [...] und euch unterwerfen werde unter das Joch und den Gehorsam der Kirche und ihrer Hoheiten. Und eure Personen und eure Frauen und Kinder werde ich ge-
30 fangennehmen und zu Sklaven machen und sie als solche verkaufen [...], und ich erkläre, dass die Tötungen und Schäden, die sich daraus ergeben werden, von euch verschuldet sind und nicht von seiner Hoheit, noch von den Herren, die mit mir gekommen
35 sind [...].

Juan López de Palacios Rubios, zit. nach: Wolfgang Reinhard: Geschichte der europäischen Expansion Bd. 2: Die Neue Welt, Stuttgart/Berlin/Köln: Kohlhammer 1985, S. 59.

M 13 Goldgier der Konquistadoren

Im Florentiner Kodex, der um 1585 auszugsweise vom Franziskaner Bernardino de Sahagún aus dem mexikanischen Nahuatl ins Spanische übersetzt wurde, wird die Goldgier der Konquistadoren aus der Sicht der Azteken beschrieben:

Sie schenkten den Spaniern Goldfahnen, Fahnen aus Quetzalfedern und goldene Halsketten. Nachdem sie ihnen das Geschenk überreicht hatten, wurde ihr [der Spanier] Gesicht heiter, sie freuten sich sehr und
5 waren vergnügt. Wie Affen hoben sie das Gold auf. Es war, als ob sie zufriedengestellt worden seien, als ob ihr Herz neu und erleuchtet würde. Wirklich, sie dürsten mächtig nach Gold, ihr Körper streckt sich, sie werden wie wild vor Hunger danach. Wie hungri-
10 ge Schweine waren sie gierig nach Gold. Sie entreißen die goldenen Fahnen, schwenken sie hin und her, betrachten sie auf der einen Seite und auf der anderen. Sie sind wie jemand, der eine wilde Sprache spricht. Alles, was sie sagen, ist ein Kauderwelsch.

Bernardino de Sahagún, zit. nach: Eberhard Schmitt (Hg.): Dokumente zur Geschichte der europäischen Expansion Bd. 2, München: Beck 1984, S. 323.

---

1. a) ●●○ Erläutern Sie mithilfe des Darstellungstextes die jeweilige Rolle der einzelnen Träger des spanischen Kolonialismus.
b) ●●○ Analysieren Sie die Konstellationen der zwei sich begegnenden Kulturen und überprüfen Sie die Tragweite der fünf Idealtypen Urs Bitterlis (vgl. Seite 6 ff.).
→ Text, M12, Kernmodul Seite 6 ff.

2. a) ●●○ Erklären Sie den Begriff „Requerimiento".
b) ●●○ Erläutern Sie, inwiefern dies die Herrschaft der spanischen Eroberer ermöglichte.
→ Text, M12

3. ●●○ Warum übte Gold auf die Spanier eine solche Faszination aus? Erklären Sie die Attraktivität des Goldes für die Spanier.
→ Text, M13

Kulturkontakte

(M) 14 Aus dem Bordtagebuch des Kolumbus

Die wichtigste Quelle zur Entdeckung Amerikas ist das Schiffstagebuch von Christoph Kolumbus, in dem dieser die Stationen seiner Reise festgehalten hat. Allerdings ist das Original, das er nach seiner Rückkehr dem spanischen Königspaar überreichte, nicht mehr erhalten, sondern nur noch eine Abschrift des Bischofs Las Casas, der den Text teilweise umformulierte:

Freitag, den 12. Oktober. [...]
Um 2 Uhr morgens kam das Land in Sicht, von dem wir etwa 8 Seemeilen entfernt waren. Wir holten alle Segel ein und fuhren nur mit einem Großsegel, ohne
5 Nebensegel. Dann lagen wir bei und warteten bis zum Anbruch des Tages, der ein Freitag war, an welchem wir zu einer Insel gelangten, die in der Indianersprache „Guanahani" [San Salvador] hieß.
Dort erblickten wir allsogleich nackte Eingeborene.
10 Ich begab mich, begleitet von Martin Alonso Pinzón und dessen Bruder Vicente Ybanez, dem Kapitän der „Niña", an Bord eines mit Waffen versehenen Bootes an Land. Dort entfaltete ich die königliche Flagge, während die beiden Schiffskapitäne zwei Fahnen mit
15 einem grünen Kreuz im Felde schwangen, das an Bord aller Schiffe geführt wurde und welches rechts und links von den je mit einer Krone verzierten Buchstaben F und Y [Anfangsbuchstaben des Königs Fernando und der Königin Ysabel von Spanien] um-
20 geben war. Unseren Blicken bot sich eine Landschaft dar, die mit grün leuchtenden Bäumen bepflanzt und reich an Gewässer und allerhand Früchten war.
Ich rief die beiden Kapitäne und auch all die anderen, die an Land gegangen waren, ferner Rodrigo
25 d'Escobedo, den Notar der Armada, und Rodrigo Sánchez von Segovia zu mir und sagte ihnen, durch ihre persönliche Gegenwart als Augenzeugen davon Kenntnis zu nehmen, dass ich im Namen des Königs und der Königin, meiner Herren, von der genannten
30 Insel Besitz ergreife, und die rechtlichen Unterlagen zu schaffen, wie es sich aus den Urkunden ergibt, die dort schriftlich niedergelegt wurden.
Sofort sammelten sich an jener Stelle zahlreiche Eingeborene der Insel an. In der Erkenntnis, dass es sich
35 um Leute handle, die man weit besser durch Liebe als mit dem Schwerte retten und zu unserem heiligen Glauben bekehren könne, gedachte ich sie mir zu Freunden zu machen und schenkte also einigen unter ihnen rote Kappen und Halsketten aus Glas und noch
40 andere Kleinigkeiten von geringem Werte, worüber

sie sich ungemein erfreut zeigten. Sie wurden so gute Freunde, dass es eine helle Freude war. Sie erreichten schwimmend unsere Schiffe und brachten uns Papageien, Knäuel von Baumwollfaden, lange Wurfspieße
45 und viele andere Dinge noch, die sie mit dem eintauschten, was wir ihnen gaben, wie Glasperlen und Glöckchen. Sie gaben und nahmen alles von Herzen gern – allein mir schien es, als litten sie Mangel an allen Dingen.
50 Sie gehen nackend umher, so wie Gott sie erschaffen, Männer wie Frauen, von denen eine noch sehr jung war. Alle jene, die ich erblickte, waren jung an Jahren, denn ich sah niemand, der mehr als 30 Jahre alt war. Dabei sind sie alle sehr gut gewachsen, haben
55 einen schön geformten Körper und gewinnende Gesichtszüge. Sie haben dichtes, struppiges Haar, das fast Pferdeschweifen gleicht, das über der Stirn kurz geschnitten ist bis auf einige Haarsträhnen, die sie nach hinten werfen und in voller Länge tragen, ohne
60 sie jemals zu kürzen. Einige von ihnen bemalen sich mit grauer Farbe [sie gleichen den Bewohnern der Kanarischen Inseln, die weder eine schwarze noch eine weiße Hautfarbe haben], andere wiederum mit roter, weißer oder einer anderen Farbe; einige bestrei-
65 chen damit nur ihr Gesicht oder nur die Augengegend oder die Nase, noch andere bemalen ihren ganzen Körper.
Sie führen keine Waffe mit sich, die ihnen nicht einmal bekannt sind; ich zeigte ihnen die Schwerter, und
70 da sie sie aus Unkenntnis bei der Schneide anfassten, so schnitten sie sich. Sie besitzen keine Art Eisen. Ihre Spieße sind eine Art Stäbe ohne Eisen, die an der Spitze mit einem Fischzahn oder einem anderen harten Gegenstand versehen sind. Im Allgemeinen ha-
75 ben sie einen schönen Wuchs und anmutige Bewegungen.
Manche von ihnen hatten Wundmale an ihren Körpern. Als ich sie unter Zuhilfenahme der Gebärdensprache fragte, was diese zu bedeuten hätten, gaben
80 sie mir zu verstehen, dass ihr Land von den Bewohnern der umliegenden Inseln heimgesucht werde, die sie einfangen wollten und gegen die sie sich zur Wehr setzten. Ich war und bin auch heute noch der Ansicht, dass es Einwohner des Festlandes waren, die
85 herkamen, um sie in die Sklaverei zu verschleppen. Sie müssen gewiss treue und kluge Diener sein, da ich die Erfahrung machte, dass sie in Kürze alles, was ich sagte, zu wiederholen verstanden; überdies glaube ich, dass sie leicht zum Christentum übertreten
90 können, da sie allem Anschein nach keiner Sekte angehören. Wenn es dem Allmächtigen gefällt, werde

Kulturkontakte

ich bei meiner Rückfahrt sechs dieser Männer mit mir nehmen, um sie Euren Hoheiten vorzuführen, damit sie die Sprache [Kastiliens] erlernen. Auf die-
95 ser Insel traf ich keine Tiere an, bis auf Papageien. Samstag, den 13. Oktober. [...]
Ich beachtete alles mit größter Aufmerksamkeit und trachtete herauszubekommen, ob in dieser Gegend Gold vorkomme. Dabei bemerkte ich, dass einige von
100 diesen Männern die Nase durchlöchert und durch die Öffnung ein Stück Gold geschoben hatten. Mit Hilfe der Zeichensprache erfuhr ich, dass man gegen Sü- den fahren müsse, um zu einem König zu gelangen, der große, goldene Gefäße und viele Goldstücke be-
105 saß. Ich versuchte nun, sie zu bewegen, mich dahin zu geleiten, doch musste ich späterhin einsehen, dass sie sich weigerten, dies zu tun.

Christoph Columbus, zit. nach: Friedemann Berger, Ernst Gerhard Jacob (Hg./Übers.): Christoph Columbus. Dokumente seines Lebens und seiner Reisen, Bd. 1: 1451–1493, Leipzig: Verlag Sammlung Dieterich 1991, S. 104–108.

 **15   Eine Deutung**

Der amerikanische Kulturwissenschaftler, Professor an der Universität Harvard und Pulitzerpreisträger Ste- phen Greenblatt (geb. 1943) versucht die Darstellung Kolumbus' über eine Begegnung mit einem Eingebore- nen zu deuten:

So groß die Kluft zwischen den Europäern und den Einheimischen war, fast alle Entdeckungsreisenden glaubten, dass sie sich durch Geschenkgaben und die Zurschaustellung von Repräsentation überbrücken
5 ließ. Eine Eintragung in Kolumbus' Bordbuch soll uns einen ersten Eindruck von diesen Kommunikati- onsversuchen geben [...]. Am 18. Dezember 1492 wird Kolumbus auf seinem Schiff, das vor der Insel Tortuga vor Anker liegt, von einem jungen und be-
10 merkenswert würdevollen einheimischen „König" und mehreren seiner „Räte" besucht:
„Ich sah, dass eine Tapetenleinwand, die über mei- nem Bett hing, sein Wohlgefallen erregte; ich schenk- te sie ihm und gab ihm ferner eine Kette mit sehr
15 schönen Bernsteinkugeln, die ich am Hals trug, rote Schuhe und ein Sprengfläschchen mit Orangenblü- tenwasser; er freute sich über diese Dinge so sehr, dass es ein Wunder war; er und sein Hofmeister und Ratgeber waren tief betrübt, weil sie mich nicht ver-
20 standen und ich sie auch nicht. Trotzdem begriff ich,

dass er mir sagte, wenn ich von hier irgendetwas brauchte, so stünde die ganze Insel zu meiner Verfü- gung. Ich ließ eine Kette von mir holen, ich habe da- ran als Erkennungszeichen einen Goldexzellenten
25 [Münze], auf dem das Bildnis Eurer Hoheiten eingra- viert ist; das zeigte ich ihm und sagte wiederum, wie ich schon gestern getan hatte, dass Eure Hoheiten den größten und besten Teil von der Welt regierten und beherrschten und dass es keine mächtigeren
30 Fürsten gäbe; ich zeigte ihm die königliche Flagge und die andere mit dem Kreuz, die ihm sehr gefielen; welch mächtige Herrscher müssten Eure Hoheiten sein, sagte er zu seinen Ratgebern, dass sie mich von so weit her und vom Himmel ohne Furcht zu ihnen
35 geschickt hätten; und er sagte noch vieles andere, was ich nicht verstand, abgesehen davon, dass er sich, wie ich wohl merkte, über alles höchlichst ver- wunderte."
Mich fasziniert der Umschlag vom Eingeständnis,
40 nichts zu wissen („sie verstanden mich nicht und ich sie auch nicht"), zur Einbildung eines absoluten Be- sitzes („so stünde die ganze Insel zu meiner Verfü- gung"). Kolumbus hätte sich einfach auf sein Macht- gefühl berufen können: Erst kurz zuvor hatte er
45 selbstgefällig (aber, wie sich später zeigte, irrtümlich) ins Bordbuch geschrieben, eine Handvoll Spanier könne leicht über die gesamte Inselbevölkerung ge- bieten. Stattdessen stellt er den Umschlag zum abso- luten Besitz als das Ergebnis eines Akts der Interpre-
50 tation, einer Entzifferung der Worte und Gesten des einheimischen „Königs" dar: „Trotzdem begriff ich, dass er mir sagte ..." Kolumbus malt sich – und seinen Lesern, allen voran dem König und der Königin von Spanien – eine Szene legitimer Aneignung aus, einer
55 Aneignung, die auf einem sowohl institutionellen wie psychischen Mechanismus beruht. Möglich ge- macht wird diese Aneignung durch die Übergabe von Geschenken und die Vorführung von Repräsentatio- nen, die den Einheimischen völlig unverständlich
60 bleiben mussten: das in eine Goldmünze geprägte Bildnis des Königs, die königlichen Banner, das Kreuz. Die Absurdität dieser Vorführung wird umgehend durch eine offensichtliche Lüge unterdrückt – ob- schon Kolumbus soeben zugegeben hat, dass weder
65 er die Sprache des einheimischen „Königs" noch die- ser seine Sprache verstand, berichtet er von einer Rede, die sowohl ihm selbst wie auch den spanischen Herrschern schmeicheln muss – und zugleich indi- rekt als „höchlichste Verwunderung" der Gäste fest-

70 gehalten. Verwunderung ist denn auch die zentrale Figur in den ersten europäischen Begegnungen mit der Neuen Welt, das entscheidende emotionale und geistige Erlebnis angesichts radikaler Verschieden-heit: Es ist durchaus möglich, dass die Leute, denen
75 Kolumbus begegnete, ebenfalls, wie er berichtet, ver-wundert waren, aber diese und alle anderen Darstel-lungen des Anderen verraten hauptsächlich etwas über den Autor selbst.

Nil admirari [nichts bewundern], so lehrte die Maxi-
80 me der Alten. Aber angesichts der Neuen Welt er-schien das klassische Vorbild reifer und ausgewoge-ner Unvoreingenommenheit ebenso unangemessen wie unmöglich. Kolumbus' Reise war der Beginn ei-nes Jahrhunderts des Staunens. Die europäische Kul-
85 tur erlebte so etwas wie den „Überraschungsreflex".

Stephen Greenblatt: Wunderbare Besitztümer. Die Erfindung des Fremden: Reisende und Entdecker (übers. v. Robin Cackett), Berlin: Wagenbach 1998, S. 26 f.

M 16   *Eine Sicht der Inkas auf die Europäer*
Der Eingeborene Felipe Guaman Poma de Ayala (gebo-ren zwischen 1530 und 1550, gestorben um 1615) lernte bei katholischen Priestern Spanisch sowie Lesen und Schreiben und arbeitete als Übersetzer. In seinem 1200 Seiten umfassenden Werk „Die erste Chronik und gute Regierung" schildert er die vorspanische Geschichte der Völker der Anden und die durch die spanischen Eroberer verursachten Schäden an der Gesellschaft der Eingebore-nen. Dieses Bild zeigt das erste Gespräch zwischen dem spanischen Conquistador Pedro de Candia mit dem Inkaherrscher Huayna Capac in Cuzco. Der Herrscher Huayna Capac fragt den Spanier: „Isst du dieses Gold?" Pedro de Candia: „Dieses Gold essen wir."

1. **a)** ●○○ Beschreiben Sie das Vorgehen des Chris-toph Kolumbus beim Betreten der Insel San Salva-dor.
b) ●●○ Erläutern Sie die Ziele seiner Handlungen und Anweisungen.
c) ●○○ Fassen Sie die Beschreibung der Eingebo-renen durch Kolumbus zusammen.
d) ●●● Beurteilen Sie das Fremdbild, das Kolum-bus von den Eingeborenen zeichnet. Gehen Sie anschließend auch auf sein Selbstbild als Europäer ein.
→ Text, M14

2. **a)** ●●○ Fassen Sie Greenblatts Deutung der Aus-sagen des Kolumbus zusammen.
b) ●●○ Arbeiten Sie aus der Darstellung das Selbst- und Fremdbild des Christoph Kolumbus heraus und vergleichen Sie mit den Ergebnissen aus der Quellenarbeit.
c) ●●● Analysieren Sie die Darstellung des Inka-herrschers und des Conquistadoren aus der Sicht von Felipe Guaman Poma de Ayala hinsichtlich der präsentierten Selbst- und Fremdbilder. Vergleichen Sie diese Sicht mit der Sicht des Kolumbus auf die Eingeborenen und die Europäer.
→ Text, M14 – M16

Die Behandlung der *indígenas* im Spiegel zeitgenössischer Quellen und Darstellungen

 17   Zeitgenössische Quellen

a) Aus der Adventspredigt von 1511 des Dominikaners Antonio de Montesinos in der Kirche von Santo Domingo:

Ihr seid alle in Todsünde und lebt und sterbt in ihr wegen der Grausamkeit und Tyrannis, die ihr gegen diese unschuldigen Menschen gebraucht. Sagt, mit welchem Recht [...] haltet ihr jene Indianer in einer
5 so grausamen und schrecklichen Dienstbarkeit? [...] Wie bedrückt und plagt ihr sie, ohne ihnen Essen zu geben, noch sie in ihren Krankheiten zu pflegen, die sie sich durch die übermäßigen Arbeiten zuziehen, die ihr ihnen auferlegt, und die sterben oder, besser
10 gesagt, die ihr tötet, um jeden Tag Gold zu erraffen.

Antonio de Montesinos, zit. nach: Wolfgang Reinhard: Geschichte der europäischen Expansion Bd. 2: Die Neue Welt, Stuttgart/Berlin/Köln: Kohlhammer 1985, S. 61.

b) Der Dominikanermönch Bartolomé de Las Casas beschreibt im Jahr 1542 den grausamen Umgang der Spanier mit den Einheimischen:

Die Spanier hingegen, welche zu Pferde und mit Schwertern und Lanzen bewaffnet waren, richteten ein gräuliches Gemetzel und Blutbad unter ihnen an. Sie drangen unter das Volk, schonten weder Kind
5 noch Greis, weder Schwangere noch Entbundene, rissen ihnen die Leiber auf und hieben alles in Stücke, nicht anders, als überfielen sie eine Herde Schafe, die in den Hürden eingesperrt wäre. Sie wetteten miteinander, wer unter ihnen einen Menschen auf einen
10 Schwertstreich mitten voneinander hauen, ihm mit einer Pike den Kopf spalten oder das Eingeweide aus dem Leibe reißen könne. Neugeborene Geschöpfchen rissen sie bei den Füßen von den Brüsten ihrer Mütter und schleuderten sie mit den Köpfen wider die
15 Felsen. Andere schleppten sie bei den Schultern durch die Straßen, lachten und scherzten dazu, warfen sie endlich ins Wasser und sagten: Da zapple nun, du kleiner schurkischer Körper! Andere ließen Mutter und Kind zugleich über die Klinge springen und
20 stießen sie mit den Füßen vor sich hin. Sie machten auch breite Galgen, so, dass die Füße beinahe die Erde berührten, hingen zu Ehren und zur Verherrlichung des Erlösers und der zwölf Apostel je dreizehn und dreizehn Indianer an jedem derselben, legten
25 dann Holz und Feuer darunter und verbrannten sie

alle lebendig. [...] Andern, die sie bloß deswegen am Leben ließen, hieben sie beide Hände ab, banden sie ihnen an, jagten sie sodann fort und sagten: Gehet hin (wohl zu merken) mit diesem Sendschreiben, und
30 bringt euern Landsleuten, die sich ins Gebirge geflüchtet haben, etwas Neues! Große und Edle brachten sie gewöhnlich folgendermaßen um: Sie machten Roste von Stäben, die sie auf Gabeln legten, darauf banden sie die Unglücklichen fest und machten ein
35 gelindes [schwaches] Feuer darunter, bis sie nach und nach ein jämmerliches Geschrei erhoben und unter unsäglichen Schmerzen den Geist aufgaben.

Bartolomé de Las Casas, zit. nach: Joachim G. Piepke: Die prophetische Kirche Lateinamerikas von Las Casas bis Oscar Romero, in: Bernhard Mensen (Hg.), Fünfhundert Jahre Lateinamerika, Nettetal: Steyler Verlag Wort u. Werk 1989, S. 113–144.

c) Die Argumente des Humanisten Juan Ginés de Sepúlveda (um 1490–1573) zur Begründung der Inferiorität der Indianer lauten zusammengefasst:

Da [...] die Indianer ihrer Natur nach Sklaven, Barbaren, rohe und grausame Gestalten sind, lehnen sie die Herrschaft der Klugen, Mächtigen und Vortrefflichen ab, anstatt sie zu ihrem eigenen Besten anzunehmen,
5 wie es einer natürlichen Gerechtigkeit entspricht, wonach die Materie der Form, der Körper der Seele, die Begierde der Vernunft, die rohen Tiere den Menschen, das heißt also das Unvollkommene dem Vollkommenen, das Schlechtere dem Besseren unterwor-
10 fen sein müssen [...]. Als zweiten Grund hast du angeführt die Ausrottung des entsetzlichen Verbrechens, Menschenfleisch zu verzehren, was ganz besonders der Natur zuwider ist, und weiter die Vermeidung, dass anstelle Gottes Dämonen angebetet
15 werden [...], vor allem in Verbindung mit jenem ungeheuerlichen Ritus, Menschen als Opfer darzubringen, [...] alle Menschen [sind] durch göttliches Gesetz verpflichtet [...], jede Person vor derartigen Untaten zu schützen. An vierter Stelle hast du auf
20 den Umstand hingewiesen, dass die christliche Religion bestimmt ist, sich überall [...] mittels Predigt des Evangeliums zu verbreiten, [...] und dass diese Missionare in einer Weise geschützt werden, um mit Sicherheit ihrer Personen die Heilslehren verkündigen
25 zu können. Zugleich müssen die Barbaren von jeder Furcht vor ihren Fürsten und Priestern befreit werden, damit sie, einmal bekehrt, frei und unbestraft die christliche Religion annehmen können.

Juan Ginés de Sepúlveda, zit. nach: Richard Konetzke: Lateinamerika seit 1492, Stuttgart: Klett 1970, S. 8 f.

Der Rückgang der autochthonen Bevölkerung in Mexiko und Peru 1550–1650 (in Mio.)

Zentralmexiko insg.

Zentralmexiko (Hochland)

Peru insg.

Peru (Hochland)

Zentralmexiko (Tiefland)

Peru (Tiefland)

Aus: Handbuch der Geschichte Lateinamerikas, Bd. 1, Stuttgart 1994, S. 458

2004G

 18

 19   **Eine Darstellung**

Die Historikerin Renate Pieper fasst im „Handbuch der Geschichte Lateinamerikas" die Gründe für den „Bevölkerungsrückgang" in Lateinamerika zusammen (1994):

Zweifellos führten die Entdeckung und die Landnahme in der Neuen Welt durch die Europäer für die autochthone Bevölkerung zu einer demografischen Katastrophe in einem bis dahin unbekannten Ausmaß.
5 [...] Der Bevölkerungsrückgang, der mit der Ankunft der Europäer auf den Antillen einsetzte und in Peru und Chile den Eroberungen sogar vorausging, wird je nach Region auf 80 – 98 Prozent geschätzt. [...]
Die mit Abstand wichtigste Ursache des Massensterbens unter der autochthonen Bevölkerung lag in den
10 von Europäern und Afrikanern eingeschleppten Krankheiten. Während die Bewohner der Alten Welt gewisse Anpassungs- und Widerstandsmechanismen gegen einen Teil der Krankheiten ihrer näheren und
15 ferneren Nachbarn entwickelt hatten, war dies bei den Ameroindianern nicht der Fall. [...]

Für eine erhöhte Sterblichkeit unter der indianischen Bevölkerung sind neben den europäischen und afrikanischen Krankheiten weitere Ursachen zu nennen.
20 Zunächst ist auf die militärischen Auseinandersetzungen während der Conquista hingewiesen worden. Darüber hinaus dezimierte der Sklavenhandel [...] insbesondere Indianer der Karibik und Mittelamerikas. Schätzungen gehen davon aus, dass zwischen
25 1527 und 1536 etwa 450 000 indianische Sklaven aus Nicaragua vorwiegend nach Peru und Panama verschleppt wurden. Auch andere Formen der von den Europäern geforderten Zwangsarbeit [...], insbesondere im Bergbau, führten zu einer übermäßigen Be-
30 lastung der autochthonen Bevölkerung. [...] Hinzu kam, dass sich die Ernährungsbedingungen der Ureinwohner erheblich verschlechterten. Die von den Spaniern geforderten Arbeitsleistungen ließen den Ameroindianern weniger Zeit, die eigenen Felder zu
35 bestellen; folglich sanken die Erträge.

Renate Pieper: Die demographische Entwicklung; in: Walther L. Bernecker (Hg.), Handbuch der Geschichte Lateinamerikas Bd. 1: Mittel-, Südamerika und die Karibik bis 1760, Stuttgart: Klett-Cotta 1994, S. 317 – 320.

Die neue Gesellschaft

M 20   *Bildtafel zum Kastensystem in Lateinamerika*
18. Jahrhundert

M 21 Die neue Gesellschaft

a) Der preußische Naturforscher Alexander von Humboldt (1769–1859) bereiste 1799 bis 1804 als junger Mann das spanische Kolonialreich. Er schreibt in seiner Schrift „Versuch über den politischen Zustand des Königreichs Neu-Spanien" über das Kastensystem Folgendes (1809):

Die Bevölkerung besteht in Mexico aus denselben Elementen, wie in den übrigen spanischen Kolonien. Man unterscheidet daselbst folgende sieben Raçen:
1) Geborne Europäer, gewöhnlich Gachupines ge-
5 nannt; 2) spanische Kreolen, oder Weisse, von europäischer Raçe in America geboren; 3) Metis, (Mestizos) die von Weissen und von Indianern; 4) Mulatten, welche von Negern und Indianern; 5) Zambos, die von Negern und Weissen abstammen; 6) Indianer
10 selbst, oder die kupferfarbige Raçe der Ureinwohner; und 7) africanische Neger. Von den Unterabtheilungen abgesehen, ergeben sich daher vier Kasten: Weisse, unter dem allgemeinen Namen Spanier begriffen; Neger, Indianer, und die Menschen, welche aus der
15 Vermischung der Raçen von Europäern, Africanern, americanischen Indianern und Malaien entstanden sind; indem sich durch die häufige Verbindung zwischen Acapulco und den philippinischen Inseln manche ursprünglichen Asiaten, wie Chinesen und Ma-
20 laien, in Neu-Spanien niedergelassen haben.

b) Weiter schreibt Alexander von Humboldt:

Der in den spanischen Besitzungen allgemeine Mangel an Geselligkeit und der Hass, welcher die verwandtesten Kasten voneinander trennt und dessen Wirkungen das Leben der Kolonisten verbittern,
5 stammt einzig und allein aus den politischen Grundsätzen, nach welchen die Gegenden seit dem sechzehnten Jahrhundert beherrscht worden sind. [...]
Bei ihrer Ansiedlung [der Kolonisten] unter ackerbauenden Völkern, welche unter so komplizierten
10 und despotischen Regierungen lebten, benutzten die Europäer alle Vorteile, die ihnen das Übergewicht ihrer Zivilisation, ihre List und das Ansehen, welches ihnen die Eroberung gab, gestattete. Aber diese besondere Lage und das Gemisch der Rassen, deren In-
15 teressen einander geradezu entgegen sind, wurden auch zu einer unerschöpflichen Quelle von Hass und Uneinigkeit. In dem Maß, wie die Abkömmlinge der Europäer zahlreicher wurden als die, welche das Mutterland unmittelbar schickte, teilte sich die weiße
20 Rasse in zwei Parteien, deren schmerzliche Nachgefühle nicht durch die Bande der Blutsverwandtschaft unterdrückt werden konnten. Aus einer falschen Po-

litik wähnte die Kolonialregierung, diese Uneinigkeiten benutzen zu können. Je größer eine Kolonie wird,
25 desto misstrauischer wird ihre Administration. Nach den Ideen, welche man unglücklicherweise seit Jahrhunderten befolgt hat, werden diese entfernten Gegenden als Europa tributär angesehen. Die gesetzliche Macht wird nicht nach dem Bedürfnis des
30 Gemeinwohls verteilt, sondern wie es die Furcht, dass das Glück der Bewohner zu schnell steigen könnte, eingibt. Der Mutterstaat sucht im Bürgerzwist, in dem Ungleichgewicht der Macht und des Ansehens und in der Verwicklung aller Triebfedern
35 einer großen politischen Maschine seine Sicherheit und arbeitet unaufhörlich daran, den Parteigeist zu nähren und den Hass zu vermehren, welchen die Kasten und die konstituierten Autoritäten von Natur aus gegeneinander hegen. Und aus solchem Stand der
40 Dinge entspringt eine Bitterkeit, welche die Genüsse des gesellschaftlichen Lebens stört.

Alexander von Humboldt: Versuch über den politischen Zustand des Königreichs Neu-Spanien (Bd. 1), Tübingen: Cotta 1809, S. 202–205.

• •

1. a) ●●● Vergleichen Sie die drei Ausführungen zur Behandlung der einheimischen Bevölkerung.
b) ●●● Beurteilen Sie die Schlüssigkeit der jeweiligen Argumentation aus damaliger und aus heutiger Sicht.
→ Text, M17

2. a) ●●○ Erläutern Sie anhand des Textes und der Grafik die „demografische Katastrophe".
b) ●●○ Vergleichen Sie mit den Ausführungen der Historikerin Renate Pieper.
→ Text, M18, M19

3. a) ●○○ Fassen Sie zusammen, wodurch die neue Gesellschaft gekennzeichnet war.
b) ●●○ Erläutern Sie die Bildtafel und die einzelnen Bezeichnungen und ordnen Sie diese Darstellung in die damalige gesellschaftliche Situation ein.
c) ●●● Erörtern Sie, ob eine solche Darstellung diskriminierend ist.
→ Text, M20

4. a) ●○○ Geben Sie wieder, wie Humboldt die neue Gesellschaft beschreibt.
b) ●●○ Arbeiten Sie die Probleme heraus, die Humboldt erkennt.
c) ●●● Überprüfen Sie, inwieweit seine Beobachtungen mit der heutigen Einschätzung übereinstimmen.
→ Text, M21

Umgang mit Bildquellen

Bildquellen

Viele Bilder, die von der Entdeckung und Eroberung Amerikas existieren und die die Vorstellungen der Menschen prägen, gehen auf die Publikationen des aus Lüttich stammenden Verlegers Theodor de Bry (1528 – 1598) zurück. Er – später seine Söhne – veröffentlichte eine Reihe von Reiseberichten aus der Neuen Welt und illustrierte sie mit selbst angefertigten bildlichen Darstellungen, ohne je selbst in Amerika gewesen zu sein. Sein aus insgesamt sechs Teilen bestehendes Werk „Grands Voyages" erschien 1590 bis 1597. De Bry musste als Anhänger des calvinistischen Glaubens aus religiösen Gründen zunächst nach Straßburg und dann nach Frankfurt auswandern. Aus diesem Grund wird ihm eine anti-katholische Einstellung zugesprochen, die sich auch in seinen Bildern und seiner Verlegertätigkeit niedergeschlagen habe.

Die vorliegende Abbildung stammt aus dem fünften Teil des Werks „Grands Voyages" und nimmt Bezug auf das 1565 erschienene Buch „Historia del Mondo Nuovo" von Girolamo Benzoni (1519 – 1570). Dieser hielt sich in den Jahren 1541 bis 1556 in Amerika auf und nahm an diversen Eroberungszügen teil, worüber er in seinem Werk berichtet, welches die Vorlage für die bildlichen Darstellungen aus der Werkstatt de Brys war.

Arbeitsschritte und Fragestellungen zur Interpretation von Bildquellen

1. Die Bildquellen auf sich wirken lassen und erste Eindrücke formulieren
   a) Welche Stimmung vermittelt die Bildquelle?
   b) Worauf fällt der Blick jeweils zuerst?
   c) Was erregt das Interesse des Betrachters? Was irritiert ihn möglicherweise?

2. Entstehung und Überlieferung der Bildquellen klären
   a) Wann und wie ist die Bildquelle entstanden?
   b) Wer hat die Bildquelle angefertigt?
   c) Wie wurde sie publiziert und wie überliefert?

3. Die einzelnen Elemente der Bildquellen beschreiben
   a) Beschreiben Sie, was im Einzelnen zu sehen ist.
   b) Wie ist es dargestellt?
   c) Was befindet sich an welcher Stelle?

4. Die einzelnen Elemente der Bildquellen entschlüsseln
   a) Wer sind die abgebildeten Figuren?
   b) Welche Bedeutung haben die Farben?
   c) Welche Bedeutung hat der Bildaufbau?

5. Den Kontext und die historischen Bezüge der Bildquelle erläutern
   a) In welchem Zusammenhang wurde die Abbildung veröffentlicht?
   b) In welchem zeitlichen Abstand zum Ereignis entstand die Quelle?
   c) Ist die Darstellung durch einen Augenzeugen verbürgt?

6. Die Bildquellen zusammenfassend interpretieren
   a) Welches Bild der Spanier und der indigenen Bevölkerung wird vermittelt?
   b) Wie deutet die Kunsthistorikerin Anna Greve die Abbildung?
   c) Handelt es sich um antikatholische Propaganda, eine politische Anklage oder eine moralische Aufforderung?
   d) Wie glaubwürdig ist die Bildquelle insgesamt?

M 22   *„In Abwesenheit von Cortés überfällt und plündert der spanische Statthalter*
Pedro Alvarado einen indianischen Festzug in Mexiko"
Kolorierter Kupferstich von Theodor de Bry, aus: Theodor de Bry, Americae, Teil V, 1595

M 23   Eine Deutung

*Die Kunsthistorikerin Anna Greve (*1973) deu-*
tet die Darstellungen de Brys folgendermaßen:

Die in der Forschung vorherrschende Interpretation der Bildtafeln der Teile vier bis
sechs der Grands Voyages ließe sich unter der
Überschrift „anti-katholische beziehungswei-
5 se anti-spanische Programmatik" subsumie-
ren. Ohne Zweifel ist die exzessive Darstellung von Misshandlungen der Indigenen
seitens der Spanier ein wesentliches Charak-
teristikum dieser Kupferstiche, im Gegensatz
10 zu denjenigen der ersten drei Teile der Serien-
edition. Benzonis kritische Position gegenüber dem Verhalten der katholischen Spanier
in Amerika wird durch die zum Text neu angefertigten Kupferstiche der Werkstatt de Bry
15 bekräftigt. Dennoch ist dies nicht ihre einzige
zu konstatierende (politische) Tendenz. Im
vorherigen Unterkapitel wurde bereits festge-
stellt, dass die Mahnung der Leser beziehungsweise Bildbetrachter zu einem tugend-
20 haften Verhalten spezifisch für die Teile vier
bis sechs ist. Das in ihnen beschriebene und
dargestellte lasterhafte Verhalten der Spanier
fungiert als Beispiel ex negativo. Damit handelt es sich bei den Kupferstichen der Teile
25 vier bis sechs nicht um bloßes anklagendes
Bildmaterial, wie es beispielsweise viele der
zeitgleichen Flugblätter zur Reformation
sind.

Anna Greve: Die Konstruktion Amerikas. Bilderpolitik in
den Grands Voyages aus der Werkstatt de Bry, Köln/Wei-
mar/Wien: Böhlau 2004, S. 193.

Konzepte und Theorien zu Kulturkontakten/ Kulturkonflikten

Menschen in Bewegung

Die Bewegungen von Menschen (Mobilität, Migration, Flucht), die Bewegungen von Sachen (Handel und Austausch) und die Bewegungen von Ideen (z. B. Erfindungen und Innovationen im technischen und kulturellen Bereich) sind Kennzeichen der gesamten Menschheitsgeschichte.

Mobilität stellt ein Merkmal und Erfordernis unserer modernen Arbeitswelt dar. Zur Mobilität zählen aber auch Reisen oder zeitlich begrenzte Auslandsaufenthalte, z. B. im Studium oder in Work & Travel-Programmen. Hier möchten Menschen etwas Neues, Fremdes kennenlernen, eine andere Kultur erleben. Eine andere Architektur, anderes Essen, eine andere Religion, eine andere Lebensweise erregen im Reisenden Staunen und Faszination, gelegentlich aber auch Unverständnis und Ablehnung. Umgekehrt stellen sich die Bewohner der meisten Urlaubsregionen auf ihre Besucher ein. Der moderne Tourismus ist eine spezifische Form der Kultur-

begegnung, die in den Urlaubsregionen mehr oder weniger ausgeprägte Spuren hinterlässt, für die Reisenden selbst jedoch meist punktuell bleibt, da sie wieder in ihre Heimat zurückkehren. Mit den gesammelten Erfahrungen, Fotos und Souvenirs nimmt man ein Stück der fremden Kultur mit nach Hause; manchmal integrieren wir sogar einen Teil anderer Kulturen in unsere heimatliche Lebenswelt, z. B. beim Kochen.

Migration ist eine mit einschneidenden Konsequenzen verbundene Verlegung des eigenen Lebensmittelpunktes in ein räumlich entferntes, manchmal auch kulturell fremdes Umfeld. Einige Menschen sind von einem anderen Land derart begeistert, dass sie beschließen auszuwandern. Auch Heirat oder berufliche Perspektiven können zu einer Auswanderung führen. Hierbei handelt es sich in der Regel um einen freien, individuellen Entschluss. Diese Form der Migration ist von Migrationsbewegungen aus armen Ländern oder Konfliktregionen zu unterscheiden: Hier wird die Entscheidung zur Migration häufig nicht aus freien Stücken getroffen, sie ist vielmehr eine Reaktion auf äußere Zwänge wie Armut, Arbeits- und Perspektivlosigkeit. Diese – meist größere Menschengruppen betreffende – Form der Migration ist ein Ausdruck der Hoffnung, an einem anderen Ort ein erfüllteres Leben führen zu können als in der alten Heimat.

Im Falle von Flucht und Vertreibung handelt es sich schließlich um erzwungene Bewegungen sowohl einzelner Individuen (z. B. aufgrund politischer Verfolgung) als auch größerer Menschengruppen (z. B. Flucht aus Kriegs- und Unruheregionen). Diesen Menschen steht das Asylrecht bzw. ein subsidiärer Schutz zu.

Bitterlis Theorie der Kulturbegegnung

Migrationsbewegungen, Kulturbegegnungen und Kulturkonflikte der Vergangenheit sind für die Geschichtswissenschaft von besonderem Interesse, da diese Phänomene auch für unsere Gegenwart kennzeichnend sind: Im Zeitalter der

Ⓜ 1 *Kulturbegegnungen*
Buddhistische Mönche in Berlin, 2013

Globalisierung gibt es neben dem weltweiten Austausch von Waren und Ideen auch weltweite Migrationsbewegungen.

Der Schweizer Historiker Urs Bitterli (*1935) hat auf der Grundlage seiner Forschungen eine Theorie der Kulturbegegnung entwickelt. Bitterli unterscheidet fünf modellhafte Formen der Begegnung, die aus der Analyse tatsächlicher Ereignisse gewonnen wurden, als „Idealtypen" in der historischen Realität aber kaum in Reinform auftreten:

1. Kulturberührung: Hier handelt es sich um ein erstes, zeitlich begrenztes und oft zufälliges Zusammentreffen von Mitgliedern verschiedener Kulturen. Die erste Begegnung von Kolumbus mit den Bewohnern der Karibikinseln ist hierfür ein Beispiel.
2. Kulturkontakt: Nach der Kulturberührung kann es zu einem dauerhaften und wechselseitigen Kontakt kommen. Dies kann etwa im Grenzraum zwischen verschiedenen Kulturen geschehen, wie es zum Beispiel entlang des Limes zwischen Römern und Germanen der Fall war, die einen regelmäßigen Warenaustausch pflegten.
3. Kulturzusammenstoß: Kommt es zu gewaltsamen Auseinandersetzungen zwischen Kulturen, bei denen es um Unterdrückung, ja Ausrottung der jeweils anderen Kultur geht, spricht Bitterli von einem Kulturzusammenstoß. Die Verfolgung und Vernichtung der amerikanischen Urbevölkerung durch die europäischen Eroberer ist hierfür ebenso ein Beispiel wie die militärische Niederschlagung von Aufständen in den Kolonien zur Zeit des Imperialismus am Ende des 19. Jahrhunderts.
4. Akkulturation: Diese Form der Kulturbegegnung setzt voraus, dass ein langfristiger und kontinuierlicher Kulturkontakt besteht, der gelegentliche Kulturzusammenstöße zwar nicht ausschließt, im Ergebnis aber dazu führt, dass nicht nur Waren, sondern auch Kulturtechniken, ja sogar Wertvorstellungen ausgetauscht werden. Es kommt mithin zu einer gegenseitigen Anpassung der beiden Kulturen. Die Romanisierung in der Kaiserzeit, aber auch die „Völkerwanderung" sind hierfür Beispiele.
5. Kulturverflechtung: Eine gesteigerte Form der Akkulturation stellt die Entstehung einer Mischkultur dar, die Bitterli als Kulturverflechtung bezeichnet. Über die gegenseitige Anpassung hinaus entsteht hier eine eigenständige neue Kultur, in der die ursprünglichen Elemente nicht

mehr eindeutig auszumachen sind. Es kommt dabei auch zu einer biologischen Vermischung der einzelnen Stämme bzw. Völker. Als klassisches Beispiel einer Kulturverflechtung wird häufig Brasilien angeführt, wo sich indianische Ureinwohner und portugiesische Eroberer vermischt haben sollen. Bei dieser Kulturverflechtung handelt es sich um einen hochkomplexen und spannungsreichen Prozess, der bis in die Gegenwart reicht.

Die „Europäisierung" der Welt

Die Entdeckung und Eroberung des amerikanischen Kontinents und die Gründung von Kolonien in Afrika und Asien durch die europäischen Mächte leiteten eine Ausbreitung der europäischen Kultur über weite Teile der Erde ein. Wirtschaftliche Ausbeutung und politische Macht waren die vorherrschenden Motive der Eroberer; die Verbreitung des christlichen Glaubens und die Vermittlung der als überlegen angesehenen europäischen Kultur begleiteten diesen Prozess, wobei der europäische Einfluss in den ehemaligen Kolonien teilweise bis heute an den Amtssprachen zu erkennen ist.

Eine zweite Phase der Europäisierung stellte das Zeitalter des Imperialismus dar. Vor allem im 19. Jahrhundert erschlossen die führenden europäischen Mächte, allen voran Großbritannien, den Großteil der Welt und teilten ihn unter sich auf. Dabei wirkten die kolonialen Unternehmungen auch auf das Leben in den europäischen Staaten selbst zurück: Aus den beherrschten Gebieten kamen nicht nur Kolonialwaren, sondern auch Menschen in die Heimat der Eroberer. Neben der Schaulust am Exotischen regten diese „Eingeborenen auf Besuch" (Urs Bitterli) in den europäischen Zentren auch eine breite Diskussion an – über Verständigungsprobleme und Erziehungschancen, über die Besonderheiten der einzelnen Völker und Rassen oder über die Entwicklung des Menschen überhaupt. Manchmal verbanden sich diese Diskussionen auch mit einer Kritik an der europäischen Kultur: So galt der „edle Wilde" gelegentlich als Vorbild, da er noch nicht durch die Zivilisation deformiert wäre. Darüber hinaus schlug sich die Erfahrung der Erschließung der Welt in einer ausgedehnten wissenschaftlichen Diskussion nieder, die das bisher auf Europa zentrierte Weltbild deutlich erweiterte.

Huntingtons These vom „Kampf der Kulturen"

Oft wird die „Völkerwanderung" als ein fernes Beispiel für einen „Kampf der Kulturen" gesehen, in dem die „unkultivierten, barbarischen germanischen Völker" die hoch entwickelte römische Zivilisation zu Fall gebracht hätten. Diese Deutung passt zu den Überlegungen des amerikanischen Politikwissenschaftlers Samuel P. Huntington. Huntington entwickelte angesichts der Erfahrung einer globalisierten Welt und der weltpolitischen Verschiebungen nach dem Ende des Kalten Krieges die These, dass die Weltpolitik künftig nicht mehr nur durch das wechselseitige Agieren von Staaten, sondern wesentlich durch die – auch gewaltsame – Auseinandersetzung zwischen Kulturen bestimmt werden würde. Er prognostizierte einen „Clash of Civilizations", einen „Kampf der Kulturen". Nachdem die domestizierende Wirkung des Kalten Krieges entfallen sei, in dem die beiden Supermächte USA und Sowjetunion ihre jeweilige Einflusssphäre dominiert und abweichende Strömungen kanalisiert oder gar unterdrückt hätten, würden nun die politisch entscheidenden Prozesse durch verschiedene Kulturkreise bestimmt, die die Staatenorganisation überlagerten. Die Welt sei nun „multikulturell" und „multipolar", insbesondere aber habe der Wes-

ten an Einfluss verloren. Auf heftige Kritik stieß die Behauptung Huntingtons, die Konflikte zwischen verschiedenen Kulturen könnten sich in kriegerischen Auseinandersetzungen entladen, sogenannten Bruchlinienkriegen: „Bruchlinienkonflikte sind Konflikte zwischen [...] Staaten oder Gruppen aus unterschiedlichen Kulturen [...]." Sie könnten sich zwischen Staaten, innerhalb von Staaten oder auch zwischen verschiedenen nicht-staatlich organisierten Gruppen ereignen. Die größte Gefahr für einen solchen neuartigen Krieg sah Huntington zwischen dem Westen und der islamischen Welt.

Friedliche Globalisierung oder kriegerischer „Kampf der Kulturen"? – mit dieser Frage sind die beiden Pole bezeichnet, zwischen denen die aktuelle Entwicklung interpretiert wird. Ein Blick in die Geschichte und eben auch auf die Epoche der „Völkerwanderung" lehrt, dass es immer schon vielfältige Formen von Kulturbegegnungen gegeben hat und bis heute gibt, vom friedlichen Austausch bis hin zum gewaltsamen Kulturzusammenstoß, von der zufälligen Begegnung bis hin zur Entstehung einer neuen, eigenständigen Mischkultur. Angesichts einer zunehmend vernetzten globalisierten Welt mit neuen politischen Herausforderungen kann die historische Analyse solcher Prozesse helfen, sich in der Gegenwart besser zu orientieren.

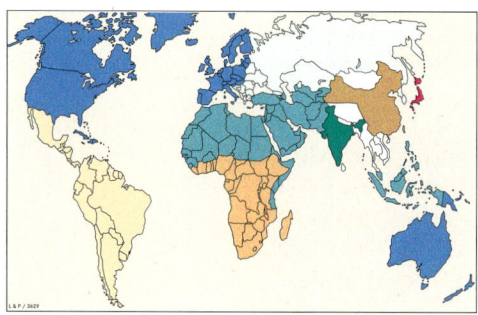

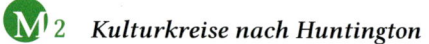

M 2 *Kulturkreise nach Huntington*

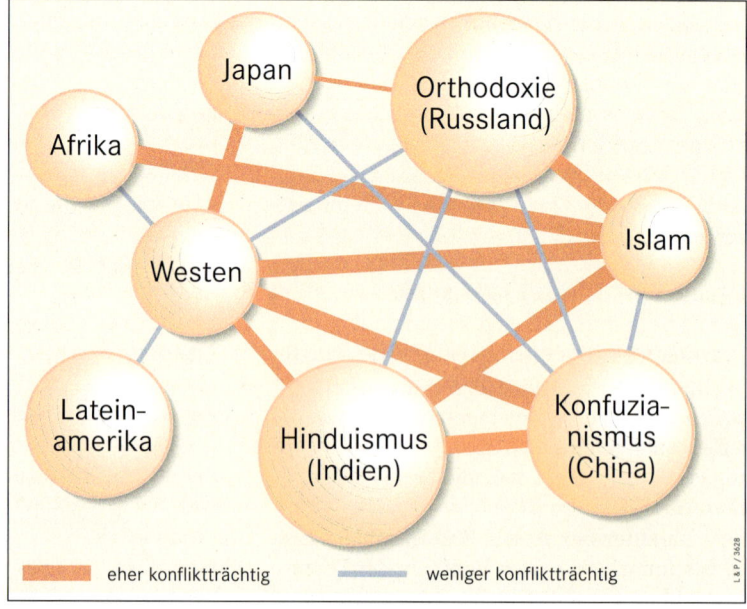

M 3 *Das Konfliktpotenzial zwischen den Kulturkreisen nach Huntington*

Eine Theorie der Kulturbegegnung – Urs Bitterli

 4   **Eine Darstellung**

a) Der Schweizer Historiker Urs Bitterli entwickelt in seinem Werk „Die ‚Wilden‘ und die ‚Zivilisierten‘ – Grundzüge einer Geistes- und Kulturgeschichte der europäisch-überseeischen Begegnung" eine Theorie zur Kulturbegegnung (2004):

Nun soll gezeigt werden, wie sich das Zusammentreffen zwischen den Vertretern europäischer Zivilisationskultur und den Repräsentanten archaischer Kulturformen
5 abspielte und welche Grundmuster der Begegnung sich bis zum Ende des achtzehnten Jahrhunderts herausbildeten. Es versteht sich, dass die überseeischen Beziehungen sich je nach den geografischen und klimati-
10 schen Gegebenheiten sowie nach den Intentionen und dem Kräfteverhältnis der beteiligten Parteien in verschiedenen Teilen der Welt sehr unterschiedlich entwickelten; dennoch lassen sich bestimmte Typen der ge-
15 genseitigen Beziehung auseinanderhalten, die zwar selten rein anzutreffen sind, aber doch Modellcharakter beanspruchen dürfen. Im Folgenden sei versucht, vier solche Grundformen der kulturellen Begegnung zu
20 unterscheiden, und insbesondere die spezifische Art des anthropologischen Verständnisses, welche sich aus jeder von ihnen ergab, zu skizzieren. Wir werden von der Kulturberührung, vom Kulturkontakt, vom
25 Kulturzusammenstoß und von der Kulturverflechtung zu sprechen haben.

b) Zur Kulturberührung schreibt Bitterli:

[...] Unter Kulturberührung verstehen wir das in seiner Dauer begrenzte erstmalige oder mit großen Unterbrüchen erfolgende Zusammentreffen einer kleinen Gruppe von Reisenden
5 mit Vertretern einer geschlossenen archaischen Bevölkerungsgruppe, wie es besonders den Charakter der frühen Entdeckungsfahrten bestimmt. Die ersten Vorstöße der Portugiesen über das Kap Bojador hinaus führten
10 anlässlich flüchtiger Verproviantierungsaufenthalte zu Kulturberührungen dieser Art, und zu ähnlichen Begegnungen kam es während der vier Reisen des Kolumbus im westindischen Raum oder bei der Erkundung der
15 pazifischen Inselwelt durch Wallis, Bougainville und Cook.
Solche Zusammentreffen hatten für beide Teile sowohl den Reiz wie die Bedrohlichkeit des Neuen und Überraschenden. Vonseiten
20 der Eingeborenen reagierte man in der Regel mit scheuer Zurückhaltung auf das Auftauchen der Europäer; oft aber zeigte man auch unverhohlene Neugierde und begegnete den Fremden mit überströmender Freigebigkeit
25 und Gastfreundschaft, und nur in Ausnahmefällen verhielt man sich feindselig.

c) Zum Kulturkontakt schreibt Bitterli:

Zum Kulturkontakt kam es in solchen Fällen, wenn die rückwärtigen Verbindungen zum Mutterland sich sichern und ausbauen ließen und sich andererseits aus der ersten Berührung ein dauerhaftes Verhältnis wechselseiti-
5 ger Beziehungen zur Eingeborenenbevölkerung ergab, ohne dass Landnahme und Kolonisation von europäischer Seite beabsichtigt gewesen wären. Voraussetzung dazu
10 war das Vorhandensein oder die allmähliche Herausbildung von Führerpersönlichkeiten innerhalb der archaischen Gesellschaft, die sowohl von den Europäern als Verhandlungspartner akzeptiert werden konnten, als auch
15 bei ihrem eigenen Volke genügend Autorität besaßen, um eine friedliche Abwicklung der Geschäfte gewährleisten zu können. Eine solche Situation ergab sich leichter, wenn der eingeborene Partner nicht nomadisierend,
20 sondern sesshaft lebte; wenn er sich nicht ausschließlich durch agrarische Subsistenzwirtschaft ernährte, sondern bereits in Handelsbeziehungen zu Nachbarvölkern stand; und wenn die Vorstellungswelt, in welcher
25 der Eingeborene lebte, sich das Faktum des europäischen Erscheinens, unter welchen Missverständnissen auch immer, integrieren konnte.
Erstaunlich reibungslos vollzog sich der
30 Übergang von der Kulturberührung zum Kulturkontakt in den Gebieten, die der kulturellen Einflusssphäre der arabischen Welt nahestanden, in Ostafrika und Teilen Westafrikas,

Eine Theorie der Kulturbegegnung – Urs Bitterli

in Indien und im malaiischen Archipel. Ähnliches galt grundsätzlich von der Begegnung mit Japan und China, wobei der hohe Zivilisationsgrad dieser Länder und die geringe Zahl der europäischen Kontaktleute es den fernöstlichen Partnern gestattete, die Beziehung nach Bedarf durch restriktive, notfalls mit Waffengewalt durchzusetzende Maßnahmen einzuschränken.

Als bedeutend schwieriger erwies sich der Übergang zum Kulturkontakt in Westindien, Mexiko oder Peru. Hier trafen die Faktoren einer durch die soziale and wirtschaftliche Situation des Mutterlandes bewirkten Tendenz zur Auswanderung und Neusiedlung mit der relativen Zugänglichkeit und Fruchtbarkeit des Bodens sowie der schlechten Anpassungsfähigkeit hochorganisierter Kulturen zum verheerenden Nachteil des Eingeborenen zusammen. Diesem blieb nichts anderes mehr übrig, als sich, wie übrigens auch im Mittelwesten Nordamerikas, vor dem Druck der weißen Siedler in immer entlegenere Gegenden zurückzuziehen und dort, kulturell wie wirtschaftlich entwurzelt, einer ungewissen Zukunft entgegenzudämmern, wenn er nicht als Arbeitskraft in Goldminen und „encomiendas" dem sicheren Tod entgegengehen wollte.

d) Über Kulturzusammenstoß schreibt Bitterli:

Kulturberührung und Kulturkontakt blieben bis zum Ende des achtzehnten Jahrhunderts die häufigsten Formen der kulturellen Begegnung zwischen Zivilisierten und Eingeborenen in Übersee. Wenn diese Begegnung einen besonders aggressiven Charakter gewann und die Europäer sich entschlossen, ihre militärisch-technische Überlegenheit mehr oder weniger rücksichtslos solange einzusetzen, bis die Eingeborenen entweder ausgerottet, in unwegsames Hinterland zurückgetrieben oder aber derart unterjocht waren, dass sie ihr kulturelles Eigenleben einem weite Daseinsbereiche erfassenden Abhängigkeitsverhältnis aufzuopfern hatten, wird man von einem Kulturzusammenstoß sprechen müssen.

e) Zur Kulturverflechtung schreibt Bitterli:

Im Unterschied zu den bereits beschriebenen Formen der kulturellen Begegnung setzen Akkulturation und vor allem Kulturverflechtung ein länger dauerndes Zusammenleben und Zusammenwirken von Bevölkerungsgruppen verschiedener Kultur im selben geografischen Raum voraus. Während bei der Beziehung, die wir als Kulturkontakt bezeichnet haben, Aspekte des Handels oder der Mission in der Regel im Vordergrund stehen und die Permanenz des gegenseitigen Verhältnisses nicht so sehr durch Ansiedlung und Fortpflanzung der einen Partnergruppe, als vielmehr durch die laufende Ablösung ihrer Vertreter durch Neuankömmlinge gesichert wird, vollzieht sich besonders die Kulturverflechtung vor dem Hintergrund einer intensiven gesellschaftlichen Durchdringung. Diese Durchdringung tritt dann an die Stelle des historisch häufiger zu beobachtenden Kulturzusammenstoßes, wenn sich zwischen zwei oder mehreren Kulturen die zwingende Notwendigkeit zur existenzsichernden Zusammenarbeit und das Bewusstsein einer verpflichtenden Aufeinanderangewiesenheit ergibt. Damit dieser Sonderfall eintritt, müssen verschiedene Vorbedingungen in ganz bestimmtem Grad und bestimmtem Mischverhältnis gegeben sein; die wichtigsten aufeinander einwirkenden Faktoren sind die Mentalität der sich begegnenden Völker, ihre Anpassungsfähigkeit und Anpassungsbereitschaft, die geografischen und demografischen Gegebenheiten.

Akkulturation und Kulturverflechtung sind Prozesse, die sich über mehrere Generationen hin erstrecken und nie als eigentlich abgeschlossen gelten können; sie bereiten sich bereits in der Phase der Kulturberührung durch den Austausch gewisser Verhaltensformen unter den Beteiligten vor, erreichen aber ihre historische Eigenständigkeit erst, wenn sich aus der engen und ständigen Begegnung der Kulturen eine neue Mischkultur ergibt, die alle Bereiche des wirtschaftlichen, sozialen und religiösen Lebens der Partner enthält und die Widersprüchlichkeiten der ursprünglichen kulturellen Situation zunehmend in sich

aufhebt. In dem von uns behandelten Zeitraum der frühen Kolonialgeschichte sind Kul-
turverflechtungen recht selten zu beobachten, und wo sie sich anbahnten, erreichten sie
oft den Punkt nicht, der die Entwicklung als
irreversibel erscheinen ließ. Das Phänomen
ist denn auch von der zeitgenössischen Reise-
berichterstattung wie von der anthropologischen Literatur fast völlig übersehen worden;
erst die moderne Ethnologie hat, vor allem in
den Vereinigten Staaten und in Frankreich,
damit begonnen, sich mit dem hochinteres-
santen Gegenstand zu befassen. Im Rahmen
dieser Arbeit muss ein kurzer Hinweis auf die
ethnologische Fragestellung und einige der
dadurch inspirierten Forschungsarbeiten ge-
nügen.

Jede Kulturverflechtung wird eingeleitet und
genährt durch die Übertragung von spezi-
fischen Verhaltensweisen, Vorstellungen,
Wertbegriffen und Techniken von einer bisher in sich geschlossenen Kultur auf eine andere und umgekehrt. Bereits in der Frühphase
der Kulturberührung findet ein solcher Austausch, allerdings nur in beschränkten Bereichen, statt. So hat beispielsweise der in heißen Zonen der Erde lebende Mensch im Laufe
der Jahrtausende bestimmte Formen der Da-
seinsgestaltung, des Wohnens oder der Hygi-
ene entwickelt, die der europäische Kolonist
freiwillig oder unter dem Zwang der Umstän-
de übernimmt; umgekehrt zeigt sich der ar-
chaische Mensch bereit und fähig, beim Europäer Anleihen materieller und intellektueller
Art aufzunehmen, die ihm als dienlich und
vorteilhaft erscheinen.

Dieser Prozess der gegenseitigen Anpassung,
der sich beim Kulturkontakt intensiviert und
selbst in bestimmten Fällen des Kulturzusammenstoßes, vor allem im Falle der Sklaverei,
nicht zum Stillstand kommt, wird von den
modernen Ethnologen in der Regel als „Akkulturation" bezeichnet.

[...]

In jenen Fällen, da ein über längere Zeiträume hin sich entwickelnder Akkulturations-
prozess Elemente beider oder mehrerer betei-
ligter Kulturen so sehr amalgamiert, dass eine
eigenständige Mischkultur entsteht, wird
man von Kulturverflechtung sprechen können. Natürlich bleibt es eine Ermessensfrage
festzustellen, wann ein Akkulturationsvor-
gang zur Kulturverflechtung wird, denn auch
die neu geschaffene Mischkultur bleibt dem

Wandel unterworfen und wird in ihrer Dynamik weiterhin vom Phänomen der Akkulturation mitbestimmt. Ein gewichtiges Indiz
für den Tatbestand der Kulturverflechtung
scheint es indessen zu sein, wenn neben der
wechselseitigen Übertragung bestimmter
Kulturelemente zugleich eine Vermischung
der Rassen und folglich eine biologisch-ethni-
sche Nivellierung zu beobachten ist.

*Urs Bitterli: Die „Wilden" und die „Zivilisierten". Grund-
züge einer Geistes- und Kulturgeschichte der europäisch-
überseeischen Begegnung, München: C.H. Beck 2004
(3. Aufl.), S. 81 (a), S. 95 f. (b), S. 130 (c), S. 161 f. (d) und
S. 167 (e).*

1. **a)** ●●○ Erläutern Sie anhand von Beispielen die verschiedenen Grundformen der Kulturbegegnung, die Urs Bitterli unterscheidet.
b) ●●○ Arbeiten Sie die Chancen und die
Probleme heraus, die mit den jeweiligen
Grundformen der Kulturbegegnung verbunden sind.
c) ●●● Erörtern Sie, welche der von Urs
Bitterli vorgestellten Grundformen der
Kulturbegegnung Ihnen in Ihrer Lebenswelt
begegnen.
d) ●●● Erläutern Sie das Phänomen „Europäisierung der Welt" und prüfen Sie, ob
diese Bezeichnung angemessen ist.
e) ●○○ Fassen Sie die Thesen von Samuel
P. Huntington zusammen.
f) ●●● Nehmen Sie Stellung zu der Frage,
ob seine Behauptung vom drohenden
„Kampf der Kulturen" zutrifft. Begründen Sie
Ihre Position.
→ Text, M4

M 1 Ansiedlung deutscher Bauern aus Ostpolen

in den 1939 ins Deutsche Reich eingegliederten Gebieten; die polnischen Besitzer wurden vorher vertrieben, Fotografie, Mai 1940

M 2 Ausweisung von Polen aus dem von der deutschen Wehrmacht besetzten Westpolen

Fotografie, 1940

Flucht, Vertreibung und Umsiedlung im Umfeld des Zweiten Weltkrieges

Die Bilder von Menschen in Booten auf dem Mittelmeer und in Notunterkünften in verschiedenen Ländern der Welt gehen durch die Medien und prägen unsere Vorstellungen von Flüchtlingen im Alltag. Sie orientieren sich an der Betroffenheit der deutschen Gesellschaft und ihres europäischen Umfeldes. In Vergessenheit oder nur aus dem Blick geraten dadurch ähnliche Bilder in anderen Gegenden der Welt wie etwa dem Tschad, dem Kongo oder dem Grenzgebiet der USA zu Mexiko.

Sporadisch drängen sich gerade in Deutschland auch Bilder vergangener Zeiten in den Vordergrund und erinnern so an das Schicksal von vielen Millionen Menschen, hauptsächlich Frauen und Kindern und älteren Personen, die am Ende des Zweiten Weltkrieges (1939 – 1945) vor der heranrückenden Front im Osten nach Westen flohen oder später aus ihrer Heimat dort ausgewiesen und vertrieben wurden.

Wer weiß heute noch, dass in der Nachkriegszeit fast 25 % der Bevölkerung in Niedersachsen von diesem Schicksal betroffen waren? Wer staunt nicht, wenn er hören muss, dass auch heute wieder fast ein Viertel unserer Schülerinnen und Schüler einen sogenannten Migrationshintergrund besitzen?

Die Beschäftigung mit dem Thema Flucht, Vertreibung und Umsiedlung im Umfeld des Zweiten Weltkrieges wird deswegen in der Folge einerseits eingebettet in die oben skizzierte aktuelle Problematik und andererseits in die Vorgeschichte, denn das 20. Jahrhundert war ein Jahrhundert der Vertreibungen. Vertreibungen sind eine spezielle Form der Migration, da Menschen ihre Heimat verlassen; sie tun dies aber nicht freiwillig, sondern unter Zwang. Daher ist zuerst dieser Begriff näher zu erläutern, bevor ein Überblick zur Vertreibungsgeschichte im 20. Jahrhundert gegeben wird. Bei diesem Überblick erfolgt nach einem Auftakt zur Veränderung der ethnischen Landkarte des „Alten Europa" nach dem Ersten Weltkrieg eine bewusste Konzentration auf drei Schwerpunkte:

1. Die Vertreibungspolitik der Nationalsozialisten vor dem Zweiten Weltkrieg gegenüber den deutschen Juden.
2. Die Vertreibungspolitik der Nationalsozialisten im Zweiten Weltkrieg gegenüber den Polen.
3. Flucht und Vertreibung von Deutschen am Ende des Zweiten Weltkrieges und danach.

Mögliche Leitfragen

● **Welche Rolle spielten expansionistische Bestrebungen, Krieg und Ideologie im Zusammenhang von Vertreibung, Flucht und Umsiedlung von Juden, Deutschen und Polen im „kurzen 20. Jahrhundert" (Eric Hobsbawm)?**
● **Welche Folgen hatten Zwangsmigrationen für Betroffene, insbesondere Frauen?**
● **Wie kann die Auseinandersetzung mit Flucht, Vertreibung und Umsiedlung beurteilt und bewertet werden?**

Flucht, Vertreibung und Umsiedlung im Umfeld des Zweiten Weltkriegs

Flucht und Vertreibung sind allgegenwärtige Erfahrungen, die in verschiedenen Erdteilen tagtäglich vorkommen. Insbesondere seit dem 20. Jahrhundert trifft dieses Schicksal Millionen von Menschen. Einen traurigen Höhepunkt dieser Entwicklung stellten die Ereignisse im Umfeld des Zweiten Weltkriegs dar. Ein regionaler Brennpunkt, der beispielhaft untersucht werden soll, war Polen. Dabei ist zu unterscheiden zwischen

- der systematischen Vertreibung von Polen und Juden durch die Nationalsozialisten seit Beginn des Krieges,

- den Fluchtbewegungen vor allem gegen Ende des Krieges sowie

- den Vertreibungen von Deutschen nach Kriegsende.

Die Gründe, der Ablauf und die Folgen sollen im Folgenden untersucht werden.

Die Vertreibungspolitik der Nationalsozialisten

Die Expansion und der nachfolgende Untergang des nationalsozialistischen Regimes hatten die größten Umsiedlungs- und Vertreibungswellen zur Folge, die die europäische Geschichte im 20. Jahrhundert kennt. Im geheimen Zusatzprotokoll zum deutsch-sowjetischen Nichtangriffspakt vom August 1939 hatten Hitler und Stalin Osteuropa in ihre jeweiligen Interessensphären aufgeteilt. Nach dem deutschen Angriff auf Polen am 1. September 1939 und der Aufteilung des Landes in einen deutsch und einen sowjetisch besetzten Teil wurden Hunderttausende der sogenannten „Volksdeutschen" aus ihren bisherigen Siedlungsgebieten in Osteuropa „heim ins Reich" geholt. Hier sollten sie zur Germanisierung der ehemals polnischen Gebiete beitragen, die vom Deutschen Reich Ende 1939 annektiert, d.h. ins deutsche Staatsgebiet eingegliedert worden waren. Etwa 450 000 Polen mussten ihre Heimat in den neuen „Reichsgau-

en" Wartheland und Danzig-Westpreußen verlassen und in das von Deutschen beherrschte Generalgouvernement in Zentralpolen übersiedeln. Im Oktober 1939 befahl der von Hitler zum „Reichskommissar für die Festigung deutschen Volkstums" ernannte „Reichsführer-SS" Heinrich Himmler die Durchführung des Umsiedlungsprogramms. Neben den polnischen wurden auch die jüdischen Bewohner aus den annektierten Gebieten in das Generalgouvernement abgeschoben.

Ziel der nationalsozialistischen „Volkstumspolitik" war die „Schaffung einer rassisch und völkisch-politisch einheitlichen deutschen Bevölkerung", wie einer Denkschrift des „Rassenpolitischen Amtes der NSDAP" vom 25. November 1939 zu entnehmen ist: „Hieraus ergibt sich, dass alle nicht eindeutschbaren Elemente rücksichtslos beseitigt werden müssen."

M 1 Massenexekution 1942
Ein SS-Mann erschießt einen Zivilisten am Rand eines Massengrabs bei Winnitza (Ukraine), Foto von 1942

Der Polenfeldzug wurde zum Auftakt eines Vernichtungskrieges und Polen zum „Laboratorium der Rassenpolitik" Hitlers. Das polnische Territorium geriet kurzfristig zum Operationsfeld zweier totalitärer Systeme: „Nach einem schnellen Schlag gegen Polen, zuerst vom deutschen Heer und dann von der Roten Armee, blieb von diesem hässlichen Ergebnis des Versailler Vertrages nichts mehr übrig", erklärte der sowjetische Außenkommissar Molotow am 31. Oktober 1939 in einer Rede vor dem obersten Sowjet der UdSSR. Beide Aggressoren verfolgten expansionistische Zielsetzungen ebenso wie die Entpolonisierung ihrer Interessensphären. Beide griffen zu Terrormaßnahmen gegenüber unerwünschten und resistenten Bevölkerungsgruppen. Sie unterschieden sich aber in den langfristigen Zielen ihrer Besatzungspolitik: „Germanisierung" einerseits, „Sowjetisierung" andererseits.

Die Grundlinie der deutschen „Germanisierungspolitik", die Hitler bereits in seinem Buch „Mein Kampf" angekündigt hatte, bestand darin, die Bevölkerung im Osten in möglichst viele Teile zu zersplittern und die gemäß nationalsozialistischer Definition „rassisch Minderwertigen" physisch bis zum Genozid, also bis zur Vernichtung zu unterdrücken, um der „germanisch-arischen Herrenrasse" neuen „Lebensraum" zu sichern. Der deutsche Angriff auf die Sowjetunion 1941 mit dem Ziel, neuen „Lebensraum im Osten" zu erobern, scheiterte trotz militärischer Anfangserfolge am aufopferungsvollen Widerstand der Roten Armee.

Kriegswende: Beginn der Fluchtbewegungen

Die Gegenoffensiven der Sowjetarmee führten seit 1943 sukzessive zum Zusammenbruch der deutschen Ostfront und veränderten die Lage grundsätzlich. Der Vormarsch der sowjetischen Truppen bis nach Ostpreußen (Ende 1944) hatte panikartige Fluchtbewegungen der deutschen Bevölkerung zur Folge. Die Angst vor Racheakten trieb mehr als eine Million Menschen nach Westen. Der Terror, den das nationalsozialistische Regime in den besetzten Gebieten entfesselt hatte, schlug nun auf die deutsche Bevölkerung zurück und entlud sich in Plünderung, Vergewaltigung, Verschleppung oder Mord durch sowjetische Soldaten.

 **M 2   Flucht über das vereiste Haff (Frisches Haff) aus dem eingeschlossenen Ostpreußen**
Standbild, vermutlich zweite Hälfte Februar 1945. Das Bild fand Verwendung in der „Deutschen Wochenschau" Nr. 754 vom 16.3.1945

Vertreibung nach Kriegsende

Der Beschluss der Alliierten, die deutschen Gebiete jenseits von Oder und Neiße polnischer Verwaltung zu unterstellen, löste weitere große Flüchtlingsströme aus. Bei der dann folgenden Vertreibung der Deutschen sind drei Etappen zu unterscheiden:

- Im Juni 1945 setzen die ersten „wilden Vertreibungen" unter dem Vorwand der Sicherung der künftigen polnischen Westgrenze ein.
- Auf der Potsdamer Konferenz (Juli/August 1945) beschlossen die Siegermächte des Zweiten Weltkriegs, dass die Ausweisung und Überführung der Deutschen, die in Polen „zurückgeblieben" waren, „in ordnungsgemäßer und humaner Weise" erfolgen sollte. Dieser Anspruch wurde jedoch nicht erfüllt; Vorschrift und Wirklichkeit klafften unübersehbar auseinander. Ständige Plünderungen, brutale Bewachung und katastrophale Versorgungsbedingungen kennzeichneten die Vertreibungsmärsche und die Massentransporte. Angesichts zahlloser Todesopfer kritisierten selbst sowjetische und britische Beobachter das inhumane Vorge-

hen der polnischen Militär- und Zivilbehörden.

- Schließlich folgten organisierte Zwangsausweisungen gemäß polnisch-britischen und polnisch-sowjetischen Vereinbarungen. Insgesamt wurden bis 1950 über 12 Millionen Deutsche vertrieben oder umgesiedelt.

Die Integration von Flüchtlingen und Vertriebenen

Der unaufhaltsame Strom der Heimatvertriebenen, der aus den abgetrennten Ostgebieten in das vierfach geteilte Deutschland mündete, und die Integration dieser Flüchtlinge gehörten zu den größten sozialen Herausforderungen im besetzten Nachkriegsdeutschland. Ende 1946 wurden in den vier Besatzungszonen über 9,5 Millionen Heimatvertriebene gezählt.

Flüchtlinge und Vertriebene verteilten sich sehr ungleichmäßig über die vier Zonen. Ländlich-agrarisch geprägte Gebiete mussten deutlich mehr Menschen aufnehmen als die durch Luftangriffe im Zweiten Weltkrieg schwer zerstörten städtisch-industriellen Ballungsräume wie zum Beispiel Bremen oder Hamburg. Auf dem Land waren aus Sicht der zuständigen Stellen die Unterbringung der Flüchtlinge und die Versorgung mit Lebensmitteln eher zu gewährleisten.

Wohnraum stand aber auch dort kaum zur Verfügung, weil zuvor bereits die im Bombenkrieg aus den Städten Evakuierten auf dem Land Schutz gesucht hatten. Neuesten Forschungen zufolge lag Ende 1947 der Anteil der Flüchtlinge und Vertriebenen an der Gesamtbevölkerung in der sowjetischen Zone bei 24 %, in der amerikanischen Zone bei 17 % und in der britischen Zone bei 14 %. In der französischen Zone lag er aufgrund der anfänglichen Weigerung der Besatzungsbehörden, Flüchtlinge und Vertriebene aufzunehmen, bei nur 1 %.

Die Ansiedlung der Flüchtlinge und Vertriebenen veränderte die soziale Zusammensetzung der Bevölkerung grundlegend. Protestanten siedelten sich in katholischen Gegenden an und umgekehrt. Die Mischung der Konfessionen schritt voran. Sitten und Gebräuche von Alteingesessenen und Neuankömmlingen stießen aufeinander. Nach anfänglichen Konflikten kam es aber zumeist zu einer schnellen Integration. Wegen der vielen Kriegstoten änderte sich auch der Altersaufbau der Gesellschaft deutlich: Während Männer, vor allem im Alter von 20 bis 40 Jahren, kriegsbedingt fehlten, waren Frauen in der Überzahl. Die alten Führungsschichten – Adel und Militär – hatten ihren traditionellen Einfluss verloren. Sie waren, wenn sie mit den Nationalsozialisten zusammengearbeitet hatten, kompromittiert und teilweise enteignet wor-

M 3 **Besatzungszonen und ehemalige deutsche Gebiete im Osten (1945–1949)**

den. Die Unterschiede zwischen Stadt und Land wurden geringer. Angesichts der weit verbreiteten Not wandelten sich auch die herkömmlichen Moralvorstellungen: Diebstahl und Mundraub galten zeitweise nicht mehr als verwerflich; das Zusammenleben ohne Trauschein erschien hinnehmbar.

Aus dieser „Zusammenbruchsgesellschaft" entstanden die Grundlagen für eine neue gesellschaftliche Ordnung im Nachkriegsdeutschland.

Displaced Persons
Bei Kriegsende befanden sich 8–10 Millionen „Displaced Persons" in Deutschland. Das waren Ausländer, die aus Kriegsgründen nicht nach Hause zurückkehren konnten: ehemalige KZ-Häftlinge, Kriegsgefangene, Zwangsarbeiter und Flüchtlinge.

Ausblick

Die Zwangsumsiedlungen im 20. Jahrhundert begannen Ende 1939 mit der Vertreibung von Polen aus dem Raum Danzig-Westpreußen durch die Deutschen sowie der gleichzeitigen Deportation von Teilen der ostpolnischen Bevölkerung nach Sibirien und Kasachstan durch die Sowjetarmee.

Die Themen „Flucht und Vertreibung" wurden nach dem Zweiten Weltkrieg und vor dem Hintergrund des Kalten Krieges politisch instrumentalisiert, zum Teil tabuisiert und ihres historischen Zusammenhangs beraubt. In Westdeutschland wurde der Zusammenhang zwischen den von Deutschen verübten Verbrechen und den Vertreibungen verdrängt. Das Schicksal der polnischen Bevölkerung unter sowjetischer Herrschaft in Ostpolen blieb weitgehend unbekannt. In der polnischen Öffentlichkeit wurde dagegen das Schicksal der deutschen Vertriebenen bagatellisiert oder als gerechte Strafe für begangene Verbrechen der Nationalsozialisten aufgefasst.

Seit den 1960er-Jahren zeichnete sich in der westdeutschen Öffentlichkeit eine allmähliche Öffnung gegenüber Polen ab, die vornehmlich von akademischen, publizistischen und kirchlichen Kreisen getragen wurde. Besonders die Verlautbarungen der beiden großen christlichen Kirchen in Deutschland beeinflussten die öffentliche Meinung. Im Oktober 1965 gab die Evangelische Kirche Deutschlands eine so genannte Ostdenkschrift über „Die Lage der Vertriebenen und das Verhältnis des deutschen Volkes zu seinen östlichen Nachbarn" heraus, in der um Verständnis für ein Polen in sicheren Grenzen geworben wurde. Der Briefwechsel zwischen den polnischen und deutschen Bischöfen von Oktober und November 1965 war ein großes Zeichen des Versöhnungswillens (vgl. M17). Ein grenzüberschreitender und ideologiefreier Dialog konnte aber erst nach dem Zusammenbruch der kommunistischen Herrschaft mit ihren politisch-ideologisch motivierten „Erinnerungsverboten" zustande kommen.

Zeitleiste

01.09.1939	Beginn des deutschen Angriffs auf Polen
17.09.1939	Sowjetische Heeresgruppen marschieren in Ostpolen ein.
22.06.1941	Deutscher Angriff auf die UdSSR
08.12.1941	Bei einem Besuch des britischen Außenministers Eden in Moskau fordert Stalin die Curzon-Linie als Grundlage für eine sowjetisch-polnische Grenzregelung sowie die Abtretung Ostpreußens an Polen.
16.10.1944	Sowjetische Truppen erreichen Ostpreußen und am 30.01.1945 die Oder.
08.05.1945	Kapitulation der deutschen Wehrmacht
Juni 1945	Erste polnische Sonderbefehle zu „wilden Vertreibungen" der Deutschen.
17.07.–02.08.1945	Potsdamer Konferenz
August 1950	Charta der deutschen Heimatvertriebenen
07.12.1970	Warschauer Vertrag zwischen der Bundesrepublik Deutschland und der Volksrepublik Polen.
17.06.1991	Deutsch-polnischer Vertrag über gute Nachbarschaft und freundschaftliche Zusammenarbeit.

Polen unter deutscher Besatzung im Zweiten Weltkrieg

 4   Vertreibung 1939

Im geheimen Zusatzprotokoll zum deutsch-sowjetischen Nichtangriffspakt vom 23./24. August 1939 hatten Hitler und Stalin Osteuropa in ihre jeweiligen Interessensphären aufgeteilt. Nach dem deutschen Angriff auf Polen am 1. September 1939 und der Aufteilung des Landes in einen deutsch und einen sowjetisch besetzten Teil wurden Hundertausende der sogenannten Volksdeutschen aus ihren bisherigen Wohngebieten in Ost- und Südosteuropa umgesiedelt, „heim ins Reich geholt", gemäß NS-Terminologie. Sie sollten zur „Germanisierung" der ehemals polnischen Gebiete beitragen, die vom Deutschen Reich Ende 1939 annektiert, das heißt ins deutsche Staatsgebiet eingegliedert worden waren. Etwa 450 000 Polen mussten ihre Heimat in den neuen „Reichsgauen" Danzig-Westpreußen und Wartheland verlassen und in das deutsch beherrschte Generalgouvernement in Zentralpolen übersiedeln. Helena Szwichtenberg berichtet nach 1945 von ihrer Vertreibung aus Gdynia/Gdingen (bei Danzig) 1939:

Ich lebe seit meiner Kindheit in Gdynia/Gdingen. […] Meine Eltern lebten […] in der Drzymała-Straße 12. Sie hatten sich ein Haus erarbeitet, sechs Wohnungen, die wir teilweise vermietet haben. Ich besuchte
5 die Allgemeine Schule Nr. 7 […]. Ich erinnere mich an das sorglose Leben bis zu den Bombardierungen am 1. September 1939. Ich erinnere mich an die Panik und die Angst […]. Ich erinnere mich an die ständigen, erschütternden Aushänge über die Aussiedlung
10 der Bevölkerung und Zwangsräumungen […]. Die Aussiedlungen dauerten ungefähr zwei Monate. Einige konnten ein bisschen Gepäck bis 25 kg mitnehmen, andere nichts – so wie sie waren. Ich wurde dagegen mit meiner Mutter und meiner Großmutter
15 sehr drastisch rausgeschmissen, und zwar so: In unserem Haus lebte bei dem Mieter Herrn Wisniewski eine Deutsche namens Emma, die nach dem Einmarsch der Deutschen auf unserem Haus eine deutsche Hakenkreuzflagge und an den Türen die An-
20 kündigung der sofortigen Zwangsräumung und Aussiedlung anbrachte. Später, am 25.10.1939, drang besagte Bewohnerin am frühen Morgen, als wir schliefen, mit zwei Gestapomännern ein. Mit Raus-Rufen wurden wir hinausgezerrt und aus dem Haus
25 geworfen (man erlaubte uns gerade noch, sich anzuziehen). Man führte uns zur Kolonne der Vertriebenen in der Morska-Straße und brachte uns, von Karabinerschützen bewacht, zum Bahnhof in Gdynia. Der Schlüssel musste in der Tür stecken bleiben. Wir wa-

30 ren ganz ohne Gepäck, weil wir nichts mitnehmen durften. Wir waren durchgefroren und hungrig. Es war Ende Oktober. Meine Eltern ließen alles zurück, was sie in ihrem Leben erworben hatten: das Grundstück, das Haus und alles, was sich darin befand.
35 Dann wurden wir mit Gewalt in dreckige, fensterlose Viehwaggons gestopft, so viele, wie die Deutschen mit Gewalt hineinzwängen konnten.
Wir wurden ständig von der Gestapo in Verschlägen an der Seite des Waggons bewacht. Wir wussten
40 nicht, wohin sie uns bringen, wurden häufig auf ein Nebengleis gestellt und bewacht. Man öffnete die Türen nicht. Die Fahrt dauerte ungefähr sieben bis zehn Tage. Es war sehr kalt, wir waren sehr hungrig. Weinen, Panik. Es gab Leichen, vor allem Säuglinge und
45 Alte. Es war schon November 1939. Schließlich ließ man uns in Lublin hinaus. Dort wussten wir nicht, was wir mit uns machen sollten, wie weiter, wohin gehen – Hunger. Wir hatten nichts, um uns umzuziehen. Wir lagerten auf dem Bahnhof und in Tunneln,
50 bettelten um Essen und etwas zum Zudecken. Dieses Bild habe ich immer lebendig vor Augen, und es wird niemals aus meiner Erinnerung verschwinden.

Helena Szwichtenberg: Fragmenty wspomnien z wysiedlenia z Gdyni, in: Association of Displaced Gdynia Inhabitants (Hg.), Wysiedlenia Polaków z Gdyni, Gdynia 2003, S. 53ff. (Auszüge übersetzt von Andreas Warneck, Berlin).

 5   Deportation 1941
Aus den Erinnerungen von Józef Szczupak aus Lwów (heutige Ukraine), das nach dem Hitler-Stalin-Pakt 1939 zunächst in die ukrainische Sowjetrepublik eingegliedert wurde, dann 1941 nach dem deutschen Überfall auf die Sowjetunion unter dem Namen Lemberg zum deutschen Generalgouvernement gehörte:

Ich hatte von den deutschen Behörden eine Aufforderung bekommen, mich beim Arbeitsamt in Lwów zu melden. Ich muss anmerken, dass unter der städtischen Bevölkerung Hunger herrschte, die Menschen
5 machten schlapp und starben. Von Lwów wurde ich zusammen mit anderen mit dem Zug nach Wien gebracht. In Wien wurde eine Selektion vorgenommen, wir wurden in Gruppen eingeteilt. Ich wurde einer Gruppe von Arbeitern zugeteilt, die zur Arbeit in ei-
10 ner Rüstungsfabrik bei Wien vorgesehen war. […] Nachdem ich zur Arbeit eingeteilt war, bekam ich einen Passierschein, der damals das einzige Dokument zur Feststellung der Identität und der Arbeitserlaubnis war. […] Ich wohnte in einem Lager, das zum Be-
15 trieb gehörte. In jedem Lagergebäude gab es sechs

Säle. In jedem Saal wohnten vierzehn Zwangsarbeiter. Das ganze Lager war umzäunt, am Tor stand eine Wache. Wir schliefen auf Etagenfeldbetten. In der Fabrik habe ich drei Schichten zu acht Stunden gear-
20 beitet, sechs Tage in der Woche. Während der Arbeitszeit wurden wir von der Werkspolizei beobachtet. Oft wurde ich von diesen Polizisten zur Arbeit gezwungen, sie schlugen uns mit Knüppeln. Für die Arbeit bekam ich ein paar Mark, die für ein Bier, Sei-
25 fe und Nähgarn reichten. [...]
Verpflegt wurden wir bescheiden, dreimal täglich in der Werkskantine. Die Köchinnen waren sehr gut, sie gaben uns nach dem Essen einen Nachschlag [...].
Zur Arbeit gingen wir querfeldein zu Fuß über die
30 Felder der einheimischen Bauern. Oft habe ich auf den Feldern Kartoffeln geklaut, die wir in der Fabrik in der Asche bei den Hüttenöfen gebacken haben. Die Kartoffeln haben wir gegessen, um unseren Hunger zu stillen. Es kam vor, dass wir abends sogar vier Ki-
35 lometer auf Seitenstraßen und Wegen auf die Felder der Bauern gingen und Kartoffeln klauten, oder wir schlichen uns nachts an die Gebäude heran und wenn die Bauern schliefen, klauten wir Kartoffeln aus dem Keller. Die Kartoffeln haben wir mit elektri-
40 schem Strom gekocht. Wir haben Tauchsieder aus Draht gemacht, den wir in ein Gefäß mit Wasser getaucht haben. [...]
Ich habe nicht versucht, aus Österreich nach Hause zu fliehen, weil ich dort niemanden hatte. Vater, Mut-
45 ter, auch mein Bruder waren von den Sowjets nach Sibirien deportiert worden.

Jósef Szczupak, in: Grzegorz Hryciuk (Hg.): Umsiedlungen, Vertreibungen und Fluchtbewegungen 1939–1959. Atlas zur Geschichte Ostmitteleuropas, Bonn: Bundeszentrale für politische Bildung 2012, S. 77 f. [Übersetzt von Werner Hölscher-Valtchuk].

 M 6   Grundsätze der Besatzungspolitik

Aus dem Diensttagebuch des Generalgouverneurs in Polen, Hans Frank (31. Oktober 1939 und 19. Januar 1940):

Ganz klar müsse der Unterschied zwischen dem deutschen Herrenvolk und den Polen herausgestellt werden. [...]
Den Polen dürfen nur solche Bildungsmöglichkeiten
5 zur Verfügung gestellt werden, die ihnen die Aussichtslosigkeit ihres völkischen Schicksals zeigten. Es könnten daher höchstens schlechte Filme oder solche, die die Größe und Stärke des Deutschen Reiches vor Augen führen, in Frage kommen. Es werde not-
10 wendig sein, dass große Lautsprecheranlagen einen gewissen Nachrichtendienst für die Polen vermitteln. Reichsminister Dr. Goebbels führt aus, dass das gesamte Nachrichtenvermittlungswesen der Polen zer-

schlagen werden müsse. Die Polen dürften keine
15 Rundfunkapparate und nur reine Nachrichtenzeitungen, keinesfalls eine Meinungspresse behalten. Grundsätzlich dürfen sie auch keine Theater, Kinos und Kabaretts bekommen, damit ihnen nicht immer wieder vor Augen geführt werden würde, was ihnen
20 verloren gegangen sei. [...]
Am 15. September 1939 erhielt ich den Antrag, die Verwaltung der eroberten Ostgebiete aufzunehmen, mit dem Sonderbefehl, diesen Bereich als Kriegsgebiet und Beuteland rücksichtslos auszupowern, es in
25 seiner wirtschaftlichen, sozialen, kulturellen, politischen Struktur sozusagen zu einem Trümmerhaufen zu machen. [...]
Entscheidend wichtig ist nunmehr auch der Neuaufbau der Produktion im Generalgouvernement. [...]
30 Den Polen, die in die Betriebe eingestellt werden, muss Hören und Sehen vergehen, sodass sie vor lauter Arbeit – disziplinierter Arbeit! – zu Sabotageakten gar nicht mehr kommen. [...] Mein Verhältnis zu den Polen ist dabei das Verhältnis zwischen Ameise und
35 Blattlaus. Wenn ich den Polen förderlich behandele, ihn sozusagen freundlich kitzele, so tue ich das in der Erwartung, dass mir seine Arbeitsleistung zugute kommt. Hier handelt es sich nicht um ein politisches, sondern um ein rein taktisch-technisches Problem.

Hans Frank, zit. nach: Imanuel Geiss: Die deutsche Politik im Generalgouvernement Polen 1939–1945, in: ApuZ Nr. 34/1978, Bonn: Bundeszentrale für politische Bildung 1978, S. 16 ff.

● ●

1. a) ●●○ Erläutern Sie die Umsiedlungsmaßnahmen im besetzten Polen mit Bezug auf M4 und M5.
   b) ●●○ Setzen Sie Umsiedlungsmaßnahmen und Umgang mit den betroffenen Polen in Beziehung zur nationalsozialistischen Ideologie.
   c) ●●○ Identifizieren Sie aus den Schilderungen Helena Szwichtenbergs die Beteiligten an der Vertreibung aus Gdynia und beschreiben Sie deren Verhalten der polnischen Bevölkerung gegenüber.
   d) ●●● Nehmen Sie Stellung zum Verhalten Emmas, einer deutschstämmigen Bewohnerin Gdynias.
   e) ●●○ Ordnen Sie die Schilderungen Jósef Szczupaks (M5) in den Kontext deutscher und sowjetischer Deportationsmaßnahmen ein.
   f) ●●○ Beurteilen Sie auf Basis der Schilderungen Szwichtenbergs (M4) und Szczupaks (M5) und Ihrer Kenntnisse über die Umsiedlungsmaßnahmen Problematik und Konsequenzen von Vertreibung und Deportation.
   g) ●●● Arbeiten Sie aus dem Tagebuch Hans Franks den geplanten Umgang mit Polen im Generalgouvernement heraus und beurteilen Sie die Konsequenzen für die polnische Bevölkerung.
   → Text, M4, M5, M6

Flucht und Vertreibung von Deutschen nach 1945

 7   **Potsdamer Konferenz**

Aus dem Abkommen der Potsdamer Konferenz, die vom 17. Juli bis zum 2. August 1945 abgehalten wurde:

XIII. Ordnungsmäßige Überführung deutscher Bevölkerungsteile:
Die Konferenz erzielte folgendes Abkommen über die Ausweisung Deutscher aus Polen, der Tschechoslo-
5 wakei und Ungarn:
Die drei Regierungen haben die Frage unter allen Gesichtspunkten beraten und erkennen an, dass die Überführung der deutschen Bevölkerung oder Bestandteile derselben, die in Polen, der Tschechoslo-
10 wakei und Ungarn zurückgeblieben sind, nach Deutschland durchgeführt werden muss. Sie stimmen darin überein, dass jede derartige Überführung, die stattfinden wird, in ordnungsgemäßer und humaner Weise erfolgen soll [...].

Helmuth K. G. Rönnefarth (Hg.): Konferenzen und Verträge: Vertrags-Ploetz. Ein Handbuch geschichtlich bedeutsamer Zusammenkünfte und Vereinbarungen Teil II 1914–1959, Würzburg: Ploetz 1959, S. 276.

 8   *Konferenz von Potsdam*
Churchill, Truman und Stalin, August 1945

 9   **Ein Bericht**

Aus dem Bericht des Chefs der britischen Militärmission in Kalawst (Kohlfurt) vom 27. Mai 1946 über die Repatriierung der Deutschen:

Die Bedingungen des englisch-polnischen Abkommens bestimmen, dass die Evakuierung der Deutschen humanitär und ordentlich [sic] verläuft. Während ich gerade am Schreiben dieses Briefes bin, ist
5 die Bahnstation zu Kalawsk von ca. 1500 Menschen überfüllt. Sie fallen vor Hunger und Müdigkeit in Ohnmacht. [...] Dem entsprechend wird die Bedingung des humanitären und ordentlichen Verlaufs der Evakuierung nach Auffassung der Offiziere der Briti-
10 schen Mission nicht eingehalten. Es ist meine unangenehme Pflicht zu informieren, dass, wenn sich diese Situation im Laufe von 24 Stunden nicht ändert, ich mich gezwungen sehen werde, die britischen Behörden davon zu benachrichtigen, dass sich Polen
15 keine Mühe gab, den Vereinbarungen des Abkommens gerecht zu werden. Wir fordern mit Nachdruck, dass unverzüglich Schritte unternommen und diese Personen mit Verpflegung und Unterkunft versorgt werden.

Bericht der britischen Militärmission (1946), in: Karol Jonca (Hg.): Wysiedlenia niemców i osadnictwo ludności polskiej na obszarze Krzyżowa-Świdnica (Kreisau-Schweidnitz) w latach 1945–1948: wybór dokumentów / Die Aussiedlung der Deutschen und die Ansiedlung der polnischen Bevölkerung im Raum Krzyzowa-Swidnica (Kreisau-Schweidnitz) 1945–1948. Dokumentenauswahl (dt./poln.), Wroclaw: Wydawn Leopoldinum 1987, S. 187.

 10   **Ein Antrag**

Antrag der SPD-Fraktion vom 7. Januar 1947 im Niedersächsischen Landtag:

Der Landtag möge beschließen:
Aus Veröffentlichungen der Presse geht hervor, dass in jüngster Zeit von den verantwortlichen Instanzen in Polen vorgenommenen Deportierungen Deutscher
5 zu erschütternden Folgen für die Flüchtlinge geführt haben, weil alle menschenwürdigen Voraussetzungen sowohl in den Sammellagern, insbesondere aber für den tage- und wochenlangen Transport, der bei 20 Grad Kälte erfolgte, gefehlt haben. Dazu kam dann
10 noch häufig die restlose Beraubung der schwerbetroffenen Flüchtlinge.
Erfrierungen aller Grade, die große Zahl [sic] von 35 Toten auf einem Transport, eine Zahl, die sich in den

Krankenhäusern noch erheblich erhöhte, Erkrankun-
15 gen und Verletzungen schwerster Art, die Zahl von
fünf Geburten unter diesen unglaublichen Verhältnissen, insgesamt ein unbeschreibliches Elend sind
das Ergebnis solcher Maßnahmen gewesen.
Der Niedersächsische Landtag lenkt die Aufmerk-
20 samkeit der Weltöffentlichkeit auf die allen Gesetzen
der Menschlichkeit widersprechenden Anordnungen
der polnischen Stellen, die getroffen wurden, obwohl
dieser Krieg von den Alliierten für die Wiederherstellung humaner Gesetze und Ideen geführt und gewon-
25 nen wurde.
Das deutsche Volk hat dem gerechten Urteil der Welt
zugestimmt, dass in zahlreichen Prozessen die Verbrechen gegen die Menschlichkeit – soweit sie von
Deutschen begangen wurden – mit dem Tode oder
30 mit hohen Freiheitsstrafen gesühnt werden. Da es
keine andere Instanz gibt, die diese Aufgabe erfüllen
könnte, so erwartet der Landtag, dass der Alliierte
Kontrollrat die Pflicht übernimmt, die Bestrafung der
Schuldiggewordenen zu fordern und dass er Maßnah-
35 men ergreift, die Unmenschlichkeit wie diese, ganz
gleich, wer von ihnen betroffen wird und wer sie begeht, für alle Zukunft unterbinden. Der Landtag erwartet von der Landesregierung, dass sie dem Landtag alle Berichte zugänglich macht, die von jedem
40 Flüchtlingstransport, der auf britisch besetztem Boden ankommt, angefertigt werden.
Hannover, den 7. Januar 1947

*Niedersächsischer Landtag, 1. Wahlperiode, Drucksache Nr. 78,
Hannover, 07.01.1947.*

M 11 Die Alliierten und die Vertreibung – Eine Deutung

*Der Historiker Klaus-Dietmar Henke (*1947) schreibt (1995):*

Seit der Krim-Konferenz mussten die maßgeblichen
Politiker der Sowjetunion und der osteuropäischen
Länder das sichere Gefühl gewonnen haben, dass
ihre Partner in Washington und London kaum in der
5 Lage, aber auch nicht wirklich willens waren, ihren
durchaus ernst gemeinten Ermahnungen zu einer geordneten Durchführung des Bevölkerungstransfers
Nachdruck zu verleihen. Wo die russischen Truppen
standen, begann die Vertreibung deshalb als eine, von
10 den betroffenen Staaten beinahe wie eine rein innere
Angelegenheit gehandhabte, pauschale Abrechnung
mit den Deutschen. [...]
Es war das tragische Schicksal der Vertriebenen, dass
sie als Gruppe Objekt von Großmachtentscheidun-
15 gen waren und zugleich als Einzelne in ihrer ost- und
südosteuropäischen Heimat für die menschenverach-

tende Politik und Kriegführung des Deutschen Reiches persönlich haftbar gemacht wurden. Mit dem
Ende des Krieges rückten dort zunehmend Revanche
20 für nationale Demütigungen und Vergeltung für in
deutschem Namen verübte Verbrechen als Movens
und Rechtfertigung der Austreibung in den Vordergrund. Auch deshalb, weil viele von denen, die jetzt
verjagt wurden, dem Nationalsozialismus fernge-
25 standen hatten, und die wenigsten von ihnen eine
persönliche Schuld an den deutschen Untaten im Osten traf, vollzog sich mit ihrer Entwurzelung, wie
Winston Churchill am 16. August 1945 in seiner ersten Rede als Oppositionsführer vor dem britischen
30 Unterhaus sagte, in der Tat eine „Tragödie ungeheue-
ren Ausmaßes".

*Klaus-Dietmar Henke, in: Wolfgang Benz (Hg.): Die Vertreibung
der Deutschen aus dem Osten. Ursachen, Ereignisse, Folgen;
Frankfurt a. M.: Fischer-Taschenbuch-Verlag 1995, S. 77–82.*

1. a) ●●● Definieren Sie die Begriffe „Flucht", „Vertreibung" und „Umsiedlung".
b) ●●○ Analysieren Sie die Probleme, die bei der
Durchführung der Beschlüsse von Potsdam aufge-
treten sind.
→ Text, M7 – M10
2. ●●● Erläutern Sie mit eigenen Worten, was der Historiker Klaus-Dietmar Henke mit dem „tragische(n)
Schicksal der Vertriebenen" (Zeile 13) meint.
→ M11

Umgang mit Zeitzeugenberichten

Quellen sind die Grundlage für das, was wir über Vergangenheit wissen. Neben der schriftlichen, bildlichen und gegenständlichen Überlieferung spielt die mündliche eine besondere Rolle. Im Alltag ist sie selbstverständlich, auch wenn uns das nicht immer bewusst ist, z. B. wenn Großeltern ihren Enkeln von früher erzählen, als sie selbst noch jung waren. Allerdings reißt die mündliche Überlieferung mit dem Tod eines Zeitzeugen ab: Das Wissen um Ereignisse schwindet mit der aussterbenden Generation.

Um das zu verhindern, bemühen sich Historiker, Menschen nach ihren Erlebnissen und Erfahrungen zu befragen. Solche Zeitzeugen sind in der Lage, viele Dinge mitzuteilen, die in anderen Quellen nicht enthalten sind. Politiker können zum Beispiel darüber Auskunft geben, wie eine bestimmte Entscheidung zustande gekommen ist. Vielleicht war ein Telefongespräch, über das es keine Aufzeichnungen gibt, entscheidend. Wie Menschen bestimmte historische Ereignisse, zum Beispiel den Kriegsalltag, erlebt haben, ist oft nur durch eine gezielte Befragung zu erfahren.

Dabei ist zu bedenken, dass es sich um die Meinungen Einzelner handelt, die nicht unbedingt allgemeingültig sind. Auch die Tücken der Erinnerung sind nicht zu unterschätzen. Vor allem wenn das Ereignis schon länger zurückliegt, kann es sein, dass manches vergessen wurde, manches sich mit Erzählungen anderer Menschen vermischt hat und manches im Nachhinein vielleicht besonders dramatisch oder verklärt dargestellt wird.

Um das mündlich Erfragte zu bewahren, muss man es schriftlich festhalten. Dabei geht allerdings etwas Wichtiges verloren, nämlich die Art und Weise, wie ein Zeitzeuge etwas erzählt: Ob er seine Mitteilung stockend macht und immer wieder Pausen einlegt, welche Gesten er verwendet und wie sein Gesichtsausdruck ist, ob er gerührt, traurig, ärgerlich oder fröhlich erscheint. Das alles lässt sich am niedergeschriebenen Text nicht mehr erkennen, sodass solche Aussagen immer genau untersucht werden müssen.

Arbeitsschritte zur Interpretation von Zeitzeugenberichten

1. **Herkunft des Protokolls**
   a) Wo ist der Bericht veröffentlicht worden?
   b) Nennen Sie den Zeitpunkt der Veröffentlichung:
   c) Sind Gründe für den Ort und den Zeitpunkt der Veröffentlichung bekannt?

2. **Inhalt des Gesprächs**
   a) Geben Sie das Thema des Berichts an.
   b) Stellen Sie die wichtigsten Informationen des Berichts zusammen:

3. **Ergiebigkeit der Aussagen**
   a) Erörtern Sie, ob die Zeitzeugen Ihrer Meinung nach Dinge verschweigen oder beschönigen. Beachten Sie dabei den Zeitabstand zwischen dem Erlebten und dem Interview.
   b) Bewerten Sie die Ergiebigkeit der Aussagen und ihren Wahrheitsgehalt:

M 12 Zeitzeugenberichte

a) 1956 erinnerte sich eine Schülerin der 12. Klasse aus Bielefeld:

Dann kam der Umbruch. Ich entsinne mich noch genau, als wir von dem Einzug der Amerikaner hörten. Wir kamen von einem Spaziergang zurück. Mein Vater stürzte uns
5 entgegen und sagte, dass es soweit wäre, die Amerikaner ständen vor der Tür. Es war schrecklich für meine Eltern, denn meine beiden ältesten Brüder waren noch in einem Internat in Thüringen. Wie sollten sie in dieser
10 Unordnung zu uns finden? Sie waren völlig auf sich selbst angewiesen, wir konnten nichts für sie tun. Nach vier Tagen kamen sie dann endlich, und damit war die erste Sorge vorbei. [...] Im September zogen wir wieder in
15 unser Haus. [...] Meine Mutter wusste nicht mehr, wie sie die vielen Menschen sättigen sollte. Die Brotscheiben wurden auf einer Briefwaage abgewogen, und jeder bekam eine Kelle Steckrübensuppe. Einmal im Monat
20 wurde uns aus Amerika ein riesiges Carepaket geschickt; es war ein allgemeines Fest, wenn meine Mutter dieses öffnete. Einen Tag lang wurde dann gefeiert, es gab Kakao und Butter! [...] Aber abends, wenn wir alle um
25 den Tisch saßen und den Gesprächen der Erwachsenen lauschten, kroch ein leiser Schauer meinen Rücken empor. Ich hörte von den Russen, von ihren Grausamkeiten und sah die ernsten Gesichter meiner Eltern. Dann be-
30 griff ich doch, dass es um unser Deutschland und um uns ernst stand.

Zit. nach: Rüdiger Thomas (Hg.), Alexander von Plato, Almut Leh (Mitarb.): Ein unglaublicher Frühling. Erfahrene Geschichte im Nachkriegsdeutschland 1945–1948, Bonn: Bundeszentrale für politische Bildung 1997, S. 250.

b) Hans Frankenthal, 1926 in Schmallenberg im Sauerland als Sohn einer gläubigen jüdischen Viehhändlerfamilie geboren, kehrt mit seinem Bruder aus dem KZ Auschwitz in sein Heimatdorf zurück. Er berichtet 1994:

Dann kamen die DP-Leute [Mitarbeiter der Organisationen, die sich um die Displaced Persons kümmerten] und stellten uns die Frage: Wo wollt Ihr hin? Man bot uns einige Län-
5 der an, Palästina oder das heutige Isreal, England, Amerika, Neuseeland, Kanada. Mein Bruder und ich gaben zur Antwort: Wir wollen nach Schmallenberg. – Dieses Versprechen hatten wir unserem Vater in Auschwitz
10 geben müssen. – Da kam nun automatisch die weitere Frage: In welchem Land liegt Schmallenberg? Wir haben dann gesagt: Schmallenberg liegt in Deutschland. Dann haben die uns furchtbare Worte gesagt: Wie kann man
15 in so ein Land zurückgehen, was Euch so Furchtbares angetan hat? Das war der Fehler meines Vaters, und wir glaubten, wir müssten ihm gehorchen. Aber ich muss auch noch dazu sagen, uns blieb normalerweise gar
20 nichts anderes übrig [...]. Wir wussten ja nicht, wer hat denn überlebt? Und wenn jemand überlebt hat, können wir sie nur da treffen, wo der Ausgangspunkt war. Man darf nicht vergessen, das war immer noch unsere
25 Heimat. [...] Mein Vater hatte direkt überm Bahnhof gebaut und hatte einen Privatweg zum Bahnhof [...]. Den Weg sind wir raufgegangen und [...] in unser Haus, wo aber die beiden Söhne meiner Tante wohnten. Die
30 machten kein erfreutes Gesicht, als sie meinen Bruder und mich sahen, denn ich habe hinterher erfahren, dass die beiden schon in Fredeburg am Amtsgericht gewesen waren und versucht hatten, einen Erbschein zu be-
35 kommen, in dem Glauben, dass von unserer ganzen Familie keiner am Leben geblieben wäre. Dann wären sie zu Recht Erben des gesamten Vermögens Frankenthal geworden. Man merkte ihnen die Enttäuschung an.

Zit. nach: Rüdiger Thomas (Hg.), Alexander von Plato, Almut Leh (Mitarb.): Ein unglaublicher Frühling. Erfahrene Geschichte im Nachkriegsdeutschland 1945–1948, Bonn: Bundeszentrale für politische Bildung 1997, S. 159.

Folgen für die Menschen

Ⓜ 13 *Flüchtlingselend in Deutschland nach 1945*
Besonders katastrophal war die Situation für Hunderttausende von Flüchtlingsfrauen, die, ihrer gesamten Habe beraubt, oft nur ihre Kinder in Sicherheit bringen konnten.

 14 *Nissenhütte in der britischen Besatzungszone*
Fotografie, 1946

 15 **Migration und Gesundheitspolitik**

Die Historikerin Andrea Riecken schreibt (2006):

Flucht und Vertreibungen vollzogen sich häufig unter dramatischen Umständen: Viele Frauen töteten sich, nachdem sie Opfer von Vergewaltigungen geworden waren, oder starben an den Folgen der Misshandlun-
5 gen. Am Kriegsende waren die Flüchtlinge in den Trecks durch alliierte Tiefflieger und die vorrücken-de Rote Armee bedroht. Nach dem Krieg forderten die Lebensbedingungen in den Vertreibungsgebieten, Deportationen und Ausweisungen viele Todesopfer.
10 Transporte liefen oft unter menschenunwürdigen Bedingungen ab, die Versorgungslage war katastro-phal, es kam zu Plünderungen und Gewalttätigkei-ten. Allein zwei Millionen Menschen überlebten Flucht, Vertreibung oder Deportation nicht. Ferner
15 starben unzählige Flüchtlinge und Vertriebene kurz nach ihrer Ankunft in den zentralen Durchgangsla-gern oder in den Krankenhäusern der Aufnahmekrei-se. Der Zweite Weltkrieg und seine Folgeerscheinun-gen hatten bei großen Teilen der Flüchtlings- und
20 Vertriebenenbevölkerung zur massiven Verschlechte-rung ihres Gesundheitszustandes geführt.
Die extremen Witterungsverhältnisse von 1946/47 verschlimmerten die gesundheitliche Lage der Flüchtlinge und Vertriebenen um ein Vielfaches. Im
25 harten Winter 1946 nahmen Erfrierungen bis zum Kältetod zu, weil die zur dauerhaften Unterbringung ungeeigneten Notunterkünfte schlecht oder gar nicht beheizt werden konnten. Die Ernteausfälle 1947 hat-ten zur Folge, dass sich die Ernährungskrise drastisch
30 zuspitzte. Bereits im Frühjahr 1946 war es durch ein-schneidende Kürzungen von Lebensmittelrationen durch die britische Militärregierung zu regelrechten Versorgungseinbrüchen gekommen. Da Flüchtlinge und Vertriebene im Vergleich zur einheimischen Be-
35 völkerung wesentlich weniger Möglichkeiten der Selbstversorgung besaßen und es zudem keine Ge-währ dafür gab, dass die auf den Lebensmittelkarten ausgewiesenen Nahrungsmittel auch erhältlich wa-ren, litten sie häufiger und an schwereren Formen
40 der Unterernährung: Hungerödeme und Rachitis [Knochenerkrankung] waren keine Seltenheit. Die Abwehrkraft vieler Flüchtlinge und Vertriebenen gegenüber Krankheiten war durch körperliche und seelische Überbelastungen, unzureichende Wohn-
45 verhältnisse sowie anhaltende Mangelernährung deutlich gemindert.

Andrea Riecken: Migration und Gesundheitspolitik. Flüchtlinge und Vertriebene in Niedersachsen 1945–1953, Göttingen: V&R Unipress 2006, S. 273.

1. a) ●○○ Benennen Sie die in den Materialien auf dieser Doppelseite gezeigten und beschriebenen Folgen für der Flüchtlinge.
b) ●●○ Menschliches Leid zieht sich wie ein roter Faden durch die Geschichte von Flucht und Vertrei-bung. Oftmals sind insbesondere Frauen betroffen. Vergleichen Sie die in der Darstellung von Andrea Riecken genannten Folgen mit dem Bericht von Helena Szwichtenberg über die Ereignisse von 1939 (M4 Seite 118).
c) ●●○ Auf dieser Doppelseite werden die Folgen von Flucht und Vertreibung am Beispiel der deut-schen Flüchtlinge nach dem Zweiten Weltkrieg behandelt. Diskutieren Sie mögliche Gefahren, die mit dieser Fokussierung verbunden sind.
→ Text, M13–M15, M4 (Seite 118)

Aufnahme der deutschen Flüchtlinge

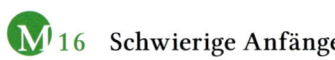 **16 Schwierige Anfänge**

Die Hannoversche Presse schreibt am 16. Dezember 1947:

„Warum seid Ihr gekommen? Wir haben Euch nicht gerufen!" Mit diesen hartherzigen Worten empfing sie ein Beauftragter der Gemeinde Weetzen. Und genau so wie der Empfang war dann auch die Unter-
5 bringung der Flüchtlinge. Ein dunkler Raum in einer Gastwirtschaft, dessen Größe wir auf 24 Quadratmeter schätzen, beherbergt nicht weniger als 25 Personen, Frauen, Männer und Kinder. Die Luft ist stickig. Es gibt weder Außenfenster noch eine andere Lüf-
10 tungsmöglichkeit. Die Wände sind triefnaß. Das auf den Fußboden geschüttete Stroh ist feucht, es liegt schon vier Wochen da, neues kann angeblich nicht beschafft werden. Auch die Decken und Kleidungsstücke sind feucht. An diesen Schlafraum schließt
15 sich ein zweiter, größerer, in dem weitere 18 Personen wohnen, an, außerdem ist es der Aufenthalts- und Kochraum. An dem großen Herd kochen bei unserem Eintritt acht Parteien, Wäsche hängt zum Trocknen auf einer Leine. Kinder spielen. In einer
20 Ecke liegt eine Frau mit einem kleinen Mädchen auf Stroh. Seit ihrer Ankunft vor vier Wochen ist sie noch nicht aufgestanden, vielleicht ist sie zu schwach dazu, vielleicht ist ihr aber auch alles gleichgültig geworden. Die anderen versorgen sie notdürftig mit Es-
25 sen und Trinken.
In den beiden Räumen gibt es keine Glühbirnen. Eine geliehene wurde für eine Rübensaftküche zurückgefordert und nicht wiedergebracht. Holz für den Herd ist nur spärlich vorhanden. Um sich zu waschen,

30 müssen diese 42 Menschen zwischen zwei und 64 Jahren in der Zeit von 7 bis 8.30 Uhr früh in die einen halben Kilometer entfernte Zuckerfabrik gehen, wo es Waschräume gibt.
Eines der Flüchtlingsschicksale möge für alle spre-
35 chen. Es handelt sich um eine Frau in mittleren Jahren. Sie wurde von den deutschen Truppen beim Rückzug aus der Ukraine mit nach Polen genommen, in Litzmannstadt 1945 verhaftet, von ihren beiden kleinen Töchtern getrennt, sechs Monate ins Gefäng-
40 nis gesteckt und dann neun Monate in ein Arbeitslager. Nach einem Jahr Sklavenarbeit bei polnischen Bauern floh sie, brachte monatelang in Lagern zu, bis sie nach Weetzen in diese Flüchtlingsunterkunft eingewiesen wurde. Wie wohlbehütet ist dagegen das
45 Leben der meisten Einheimischen verlaufen!
Hannoversche Presse, 16.12.1947, S. 2.

 18 *Tafel am Bremer Hauptbahnhof*
Fotografie, 1945/46.

 17 *Anteil der Entwurzelten an der Gesamtbevölkerung (nach Ländern)*

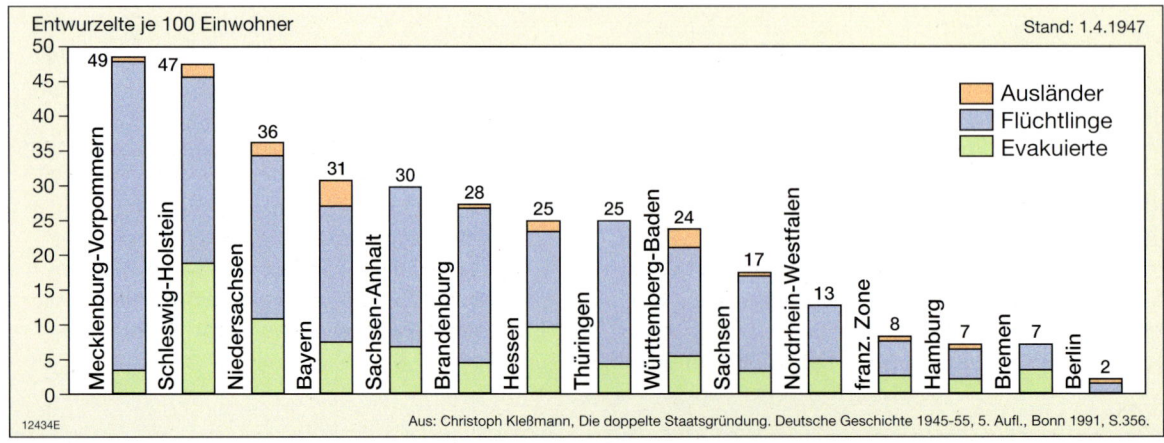

Heimatvertriebene in der Bundesrepublik

M 19 „Charta der deutschen Heimatvertriebenen"

In einer feierlichen Erklärung bekennen sich die Repräsentanten der Heimatvertriebenen zum Gewaltverzicht (5.8.1950):

Im Bewusstsein ihrer Verantwortung vor Gott und den Menschen, im Bewusstsein ihrer Zugehörigkeit zum christlich-abendländischen Kulturbereich, im Bewusstsein ihres deutschen Volkstums und in der
5 Erkenntnis der gemeinsamen Aufgabe aller europäischen Völker haben die erwählten Vertreter von Millionen Heimatvertriebener nach reiflicher Überlegung und nach Prüfung ihres Gewissens beschlossen, dem Deutschen Volk und der Weltöffentlichkeit ge-
10 genüber eine feierliche Erklärung abzugeben, die die Pflichten und Rechte festlegt, welche die deutschen Heimatvertriebenen als ihr Grundgesetz und als unumgängliche Voraussetzung für die Herbeiführung eines freien und geeinten Europas ansehen:
15 1. Wir Heimatvertriebenen verzichten auf Rache und Vergeltung. Dieser Entschluss ist uns ernst und heilig im Gedenken an das unendliche Leid, welches im Besonderen das letzte Jahrzehnt über die Menschheit gebracht hat.

20 2. Wir werden jedes Beginnen mit allen Kräften unterstützen, das auf die Schaffung eines geeinten Europas gerichtet ist, in dem die Völker ohne Furcht und Zwang leben können.
3. Wir werden durch harte, unermüdliche Arbeit teil-
25 nehmen am Wiederaufbau Deutschlands und Europas.
Wir haben unsere Heimat verloren. Heimatlose sind Flüchtlinge auf dieser Erde. Gott hat die Menschen in ihre Heimat hineingestellt. Den Menschen mit
30 Zwang von seiner Heimat zu trennen, bedeutet ihn im Geiste töten. Wir haben dieses Schicksal erlitten und erlebt. Daher fühlen wir uns berufen zu verlangen, dass das Recht auf die Heimat als eines der von Gott geschenkten Grundrechte der Menschheit aner-
35 kannt und verwirklicht wird.
Die Völker der Welt sollen ihre Mitverantwortung am Schicksal der Heimatvertriebenen als der vom Leid dieser Zeit am schwersten Betroffenen empfinden.
Die Völker sollen handeln, wie es ihren christlichen
40 Pflichten und ihrem Gewissen entspricht. Die Völker müssen erkennen, dass das Schicksal der deutschen Heimatvertriebenen, wie aller Flüchtlinge, ein Weltproblem ist, dessen Lösung höchste sittliche Verantwortung und Verpflichtung zu gewaltiger Leistung
45 fordert. [...]

Zit. nach: Bundeszentrale für politische Bildung (Hg.): Informationen zur politischen Bildung Nr. 142/143: „Deutsche und Polen", Bonn: bpb 1991, S. 52.

---

1. a) ●○○ Fassen Sie die in der „Hannoverschen Presse" im Dezember 1947 beschriebenen „Schwierigen Anfänge" der Flüchtlinge in Niedersachsen zusammen.
b) ●●○ Ordnen Sie die Ereignisse in den historischen Kontext ein.
→ Text, M16–M18
2. a) ●●○ Arbeiten Sie die in der „Charta der deutschen Heimatvertriebenen" aufgeführten Rechte und Plichten heraus.
b) ●●● Die „Charta" wurde 1950 verfasst.

Schreiben Sie einen zeitgenössischen Kommentar zur „Charta" aus Sicht eines Polen.
→ M19
3. ●●● Informieren Sie sich im Internet über den „Bund der Heimatvertriebenen und Entrechteten".
→ Internet
4. ●●○ Benennen und erläutern Sie anhand des Schulbuchtextes wichtige Stationen der deutsch-polnischen Geschichte seit 1945. Dokumentieren Sie Ihre Ergebnisse in Form eines Zeitstrahls.
→ Text

Deutsch-polnische Annäherung nach dem Krieg

 20 Deutsch-polnische Annäherung

a) Aus einer Denkschrift der Evangelischen Kirche Deutschlands von 1965:

Ernsthaft zu bedenken sind dagegen zwei andere Gesichtspunkte. Der eine wird von den östlichen Nachbarn Deutschlands auf den Begriff einer deutschen Friedenssicherungspflicht gebracht; der polnische
5 Staat habe nach seinen bitteren geschichtlichen Erfahrungen gegenüber Deutschland ein gesteigertes Recht auf Sicherheit und müsse deshalb auch die Grenze wählen dürfen, die ihm ein Höchstmaß von Sicherheit verbürge. Versteht man diese Sicherheit
10 rein militärisch, so kann das Argument nicht überzeugen. [...] Die Vertreibung Millionen deutscher Bewohner hat westlich von Polen einen Herd der Unzufriedenheit und der Unruhe entstehen lassen, also das Gegenteil einer Sicherheits- und Friedensgrenze ge
15 schaffen. Aber das Argument enthält einen richtigen Kern, wenn man es dahin interpretiert, dass das Erbe einer bösen Vergangenheit dem deutschen Volk eine besondere Verpflichtung auferlegt, in der Zukunft das Lebensrecht des polnischen Volkes zu respektie
20 ren und ihm den Raum zu lassen, dessen es zu seiner Entfaltung bedarf. [...] Die 20 Jahre, die verstrichen sind, seitdem Polen von dem Gebiet Besitz ergriffen hat und die deutsche Bevölkerung daraus vertrieben hat, haben auch für die rechtliche Beurteilung des
25 Anspruchs auf Wiederherstellung ihr eigenes Gewicht. Zwar kann der bloße Zeitablauf einen unrechtmäßigen Zustand nicht in einen rechtmäßigen Zustand verwandeln. Aber [...] eine volle Wiederherstellung alten Besitzstandes, die in den ersten Jahren
30 nach 1945 noch möglich gewesen wäre, ist 20 Jahre später unmöglich, weil sie Polen jetzt in seiner Existenz bedrohen würde.

Kirchenkanzlei d. Evang. Kirche in Deutschland/Hannover-Herrenhausen (Hg.), Die Lage der Vertriebenen und das Verhältnis des deutschen Volkes zu seinen östlichen Nachbarn. Eine evangelische Denkschrift, Hannover: Verlag des Amtsblattes der Evangelischen Kirche in Deutschland 1965, S. 28 f.

b) Aus der Botschaft der polnischen Bischöfe an ihre „deutschen Brüder in Christi Hirtenamt" (1965):

Nach alledem, was in der Vergangenheit geschehen ist, [...] ist es nicht zu verwundern, dass das ganze polnische Volk unter dem schweren Druck eines elementaren Sicherheitsbedürfnisses steht und seinen
5 nächsten Nachbarn im Westen immer noch mit Misstrauen betrachtet. [...] Die Belastung der beiderseitigen Verhältnisse ist immer noch groß und wird vermehrt durch das sog. „heiße Eisen" dieser Nachbarschaft; die polnische Westgrenze an Oder und
10 Neiße ist, wie wir wohl verstehen, für Deutschland eine äußerst bittere Frucht des letzten Massenvernichtungskrieges – zusammen mit dem Leid der Millionen von Flüchtlingen und vertriebenen Deutschen (auf interalliierten Befehl der Siegermächte – Pots
15 dam 1945 – geschehen). [...] Für unser Vaterland, das aus den Massenmorden nicht als Siegerstaat, sondern bis zum äußersten geschwächt hervorging, ist es eine Existenzfrage (keine Frage „größeren Lebensraumes"); es sei denn, dass
20 man ein über 30-Millionen-Volk in den engen Korridor eines „Generalgouvernements" von 1939 bis 1945 hineinpressen wollte – ohne Westgebiete; aber auch ohne Ostgebiete, aus denen seit 1945 Millionen von polnischen Menschen in die „Potsdamer Westgebie
25 te" hinüberströmen mussten. [...] Und trotz alledem, trotz dieser fast hoffnungslos mit Vergangenheit belasteten Lage [...] rufen wir Ihnen zu: Versuchen wir zu vergessen! [...] In diesem allerchristlichsten und zugleich sehr
30 menschlichen Geist strecken wir unsere Hände zu Ihnen hin [...], gewähren Vergebung und bitten um Vergebung.

Botschaft der polnischen Bischöfe an ihre „deutschen Brüder in Christi Hirtenamt" (1965), zit. nach: Oskar Golombek (Hg.): Die katholische Kirche und die Völker-Vertreibung, Köln: Wienand 1966, S. 153 ff.

21 Die schrittweise Annäherung von Deutschen und Polen aus polnischer Sicht

Der polnische Historiker Jan M. Piskorski schreibt (2010):

Unter den deutschen und polnischen Vertriebenen, die sich nach dem Fall des Eisernen Vorhangs immer häufiger trafen, musste es schließlich zum Gespräch über die Vergangenheit kommen, zumal in den 90er-
5 Jahren ein gutes Klima dafür herrschte. Die Deutschen freuten sich, dass sie wieder ihre Heimat besuchen konnten. In Polen forschte man zur Zwangsaussiedlung der Deutschen, was sich schnell zu einer Debatte über die Form der Vertreibung, die
10 Vorgehensweise der Polen und schließlich über die Verantwortung für das deutsche Kulturerbe entwickelte. Während sich Politiker umarmten und – wie

ihnen manchmal vorgeworfen wurde – „Versöhnungskitsch" betrieben, begannen auf lokaler Ebene
15 wichtige Gespräche. Anfänglich erinnerten diese an zwei Monologe, aber im Laufe der Zeit wurde daraus ein – wenn auch schwieriger – Dialog.

Damals gewann ich die Überzeugung, dass die authentischen deutschen Flüchtlinge und Vertriebenen,
20 die den Krieg, die Flucht oder Vertreibung überlebt haben, ein echter Schatz für die deutsch-polnische Versöhnung sein können, weil sie nicht nur Polen besser kennen, mit ihnen verhältnismäßig oft sprechen und viel mehr als die anderen Deutschen von
25 der Vertreibung und Deportation der Polen seit 1939 wissen, sondern weil sie auch als selbst Betroffene deren Leiden und Nostalgien eher verstehen können. Zugleich führte die polnische Empathie für das Schicksal der deutschen Vertriebenen dazu, dass die
30 Polen, zum Entsetzen der nationalen Rechten und Nationalkonservativen unter ihnen, jene als Opfer anerkannten – und das viele Jahre bevor die aktuellen Funktionäre des Bundes der Vertriebenen (BdV), die zur Hochzeit des Kalten Krieges die Schule be
35 sucht hatten und zu Hause oft in einer Atmosphäre des Schweigens aufgewachsen waren, lautstark daran erinnerten.

Just als insbesondere die jüngeren Polen versuchten, sich von der historisch beladenen Sicht und dem My
40 thos des historischen Opfers zu lösen, marschierten die – von der Vereinigung ihres Landes beflügelten – Deutschen in die entgegengesetzte Richtung und forderten nun von den Nachbarn, ihr Leiden anzuerkennen. Die polnische und die deutsche Erinnerung
45 liefen auf diese Weise schnurstracks aneinander vorbei.

Tatsächlich sind die Polen über deutsche Fragen aber nicht schlecht informiert, und sie beobachten mit wachsender Aufmerksamkeit, was Deutschland mit
50 seiner wiedergewonnenen Freiheit anstellt. [...] Umgekehrt wissen die Deutschen nur wenig über polnische Geschichtsdiskussionen. Seit dem 19. Jahrhundert liegt Polen nicht gerade im Zentrum ihres Interesses, sodass ihr Wissen recht oberflächlich ist.
55 Dennoch sollte man sich vor übertriebenen Verallgemeinerungen hüten. Schließlich hat selbst der deutsch-polnische Streit um die Erinnerung seit dem Jahr 2000 nicht zu einer dauerhaften Abkehr von jenen Trends geführt, die Polen und Deutsche einander
60 wieder näher bringen. Vor allem seit dem Beitritt Polens zur Europäischen Union verstärken sich die Kontakte in beide Richtungen. Auch die Streitigkeiten über Vergangenheit und Zukunft verlaufen nicht mehr einfach entlang der nationalen Trennlinien,
65 und das in allen Generationen. „Die Deutschen" und „die Polen" gibt es einfach nicht mehr, auch wenn die

meisten von ihnen das noch nicht bemerkt haben. Trotz der anhaltenden „Medienkriege" kehren deutsche Vertriebene nach Polen zurück, manchmal auch
70 deshalb, weil ihnen die Mentalität der Polen näher zu sein scheint als die der Deutschen. Gleichzeitig lassen sich viele Polen, vor allem in der Umgebung Stettins, in den nahe gelegenen deutschen Dörfern und Kleinstädten nieder.

Jan M. Piskorski: Das europäische Memento. Am Anfang von Flucht und Vertreibung war der Krieg, in: Blätter für deutsche und internationale Politik 1/2010, ISSN 0006-4416, Berlin 2010, S. 112–121.

1. a) ●●○ Arbeiten Sie aus der Denkschrift der Evangelischen Kirche von 1965 und der Botschaft der polnischen Bischöfe von 1965 jeweils die Aussagen zur deutsch-polnischen Grenze heraus.

b) ●●○ Weisen Sie die in beiden Texte enthaltenen Angebote zur Versöhnung nach und belegen Sie mit Zitaten aus den Quellen.

c) ●●● Ordnen Sie die Denkschrift der Evangelischen Kirche in den historischen Kontext ein (Zeitstrahl) und prüfen Sie, ob und inwiefern diese einen Fortschritt in Bezug auf eine Annäherung in der deutsch-polnischen Beziehung darstellte.
→ Text, M20

2. a) ●●○ Der Historiker Jan M. Piskorski benennt zahlreiche Phasen in der deutsch-polnischen Beziehung nach 1990. Erläutern Sie diese.

b) ●●● Erläutern und bewerten Sie seine Aussage: „Damals gewann ich die Überzeugung, dass die authentischen deutschen Flüchtlinge und Vertriebenen, die den Krieg, die Flucht oder Vertreibung überlebt haben, ein echter Schatz für die deutsch-polnische Versöhnung sein können ..." (Zeile 18 ff.)
→ Text, M21

Konzepte und Theorien zur Migration

Migration

Die Geschichte der „Völkerwanderung" ist insbesondere auch eine Geschichte der Migration. Migration ist ein Grundphänomen der Menschheit, da Menschen immer wieder (aus-)gewandert sind, wenngleich Ausmaß und Formen dieser Wanderungen sich im Laufe der Geschichte gewandelt haben.

Heute werden alle Formen von menschlichen Wanderungen unter dem Begriff „Migration" zusammengefasst. Der Historiker Jochen Oltmer definiert Migration so: „Migration ist die auf einen längerfristigen Aufenthalt angelegte räumliche Verlagerung des Lebensmittelpunkts von Individuen, Familien, Gruppen oder auch ganzen Bevölkerungen. Wanderungen bilden ein Kontinuum und ein konstitutives Element in der Menschheitsgeschichte, seit sich der ‚Homo sapiens als Homo migrans über die Welt ausgebreitet hat' (K. J. Bade)." Mit dieser Definition sollen alle einschlägigen Prozesse in allen Epochen erfasst werden, der oft bevorzugt untersuchte Modellfall einer dauerhaften Auswanderung ebenso wie der mehrwöchige Auslandsaufenthalt im Auftrag eines Arbeitgebers oder der Umzug in der näheren Umgebung. Bei der Untersuchung einzelner Migrationsbewegungen ist es daher entscheidend, immer die jeweiligen Besonderheiten zu bestimmen. Hierzu ist es erforderlich, sich über Kriterien zu verständigen, mithilfe derer man Wanderungen genauer beschreiben und voneinander abgrenzen kann.

Formen von Migration

Migrationen können nach ihrem Motiv bzw. ihrer Ursache unterschieden werden:

- Arbeitswanderungen sind durch die Arbeitssuche motiviert.
- Bei Siedlungswanderungen geht es um die Wahl eines neuen Wohnortes.
- Bildungs- und Ausbildungswanderungen dienen dem beruflichen Fortkommen.
- Heiratswanderungen haben private Gründe.
- Wohlstandswanderungen liegt die Hoffnung auf ein besseres Leben zugrunde.
- Kulturwanderungen folgen dem Reiz eines attraktiven Ortes.
- Zwangswanderungen sind Folgen politischer Krisen und Umbrüche.

Neben den Motiven bzw. Ursachen kann man jedoch auch noch weitere Aspekte von Wanderungsbewegungen untersuchen, z. B.:

M 1 Auswanderer am Überseekai in Bremerhaven
Von hier wanderten zwischen 1830 und 1974 über sieben Millionen Menschen mit dem Schiff aus, kolorierter Holzstich nach Johannes Gehrts, um 1880.

- die überwundene Distanz,
- die eingeschlagene Richtung,
- die Dauer des Aufenthalts,
- den sozio-ökonomischen Raum oder
- den betroffenen wirtschaftlichen Sektor.

Zu bedenken ist dabei, dass es vielfältige Überlagerungen gibt: So kann aus dem Motiv, als Saisonarbeiter in einer anderen Gegend etwas dazuzuverdienen, eine dauerhafte Übersiedlung werden. Die ursprünglich geplante Auswanderung in ein anderes Land kann scheitern und zur Rückwanderung führen oder auf halbem Weg „stecken bleiben". Der feste Entschluss zur Rückkehr nach einer Zwangsvertreibung kann, auch wenn sich die Lage in der Heimat gebessert hat, aufgegeben werden.

Entscheidend ist bei allen Migrationen der begleitende Kommunikationsprozess. Bevor Menschen ihre Heimat verlassen und auch während sie unterwegs sind sammeln sie kontinuierlich Informationen über Wege, Fortbewegungsmittel, mögliche Ziele, Arbeitsmöglichkeiten und Lebensperspektiven. Sogar bei Zwangswanderungen, bei denen der Einzelne keine echte Entscheidungsfreiheit über seinen Aufbruch hat, spielt die Informationsbeschaffung im weiteren Verlauf der Migration eine wichtige Rolle.

Migrationssysteme

Wanderungen sind nur selten individuelle Aktionen; sie fügen sich vielmehr in umfassende Bevölkerungsbewegungen ein. Solche sich entwickelnden, ähnlich ablaufenden und sich über eine längere Zeitdauer erstreckenden Migrationsbewegungen werden als Migrationssysteme bezeichnet. So gab es im 19. Jahrhundert eine vornehmlich wirtschaftlich motivierte Massenauswanderung von über fünf Millionen Deutschen in die Vereinigten Staaten, die bestimmten Wegen und einem mehr oder weniger festgelegten Ablauf folgte.

Migrationsregime

Schließlich sind die Rahmenbedingungen zu betrachten, die Migrationen beeinflussen oder gar steuern. Diese Vorgaben werden mit dem Begriff „Migrationsregime" bezeichnet. Im Standardwerk „Enzyklopädie Migration in Europa" aus dem Jahr 2007 heißt es dazu: „Umfang, Richtung und Form geografischer Mobilität [werden] durch die vorherrschenden formellen und informellen gesellschaftlichen Regeln, Normen und Wertesysteme beeinflusst." Nicht zuletzt spielen dabei staatliche Regelungen wie Anwerbeprämien für ausländische Arbeitnehmer, die Vergabe von Arbeitsgenehmigungen oder das Asylrecht eine wichtige Rolle, wenngleich solche politischen Instrumente die Eigendynamik von Wanderungen in Notsituationen nur bedingt zu steuern vermögen. Von großer Bedeutung sind überdies auch die jeweiligen Grenzziehungen und die Handhabungen des Grenzregiments in Form von Kontrollen oder Erhebungen von Gebühren.

Migration als Gesamtprozess

Die Wissenschaft interessiert sich inzwischen nicht nur für die verschiedenen Formen von Migration, sondern auch für den Vorgang insgesamt. Es geht nicht mehr nur um die Wanderung im engeren Sinne vom Aufbruch bis zur Ankunft, sondern auch um die oft langfristige Entscheidungsfindung in der Heimat, die mitunter langen Zwischenaufenthalte ohne Fortbewegung und die Eingliederung in der neuen Umgebung. Hier berührt sich die Migrationsforschung mit der Untersuchung von Kulturbegegnungen, da sie sich für die Eingliederung der Neuankömmlinge in die aufnehmende Gesellschaft interessiert und die dadurch auf beiden Seiten ausgelösten Anpassungs- und Assimilationsprozesse analysiert.

Ⓜ 2 *„Nichts zu machen! Das Boot ist voll!!!"* *Karikatur von Gerhard Mester, 1999*

Motiv	Erzwungen (zum Beispiel umweltbedingte Zwänge durch menschliche oder natürliche Umweltzerstörung)	Flucht/Vertreibung (überwiegend weltanschaulich orientiert und kriegsbedingt)	Wirtschaftlich (auch als „Verbesserungsmigration" bezeichnet)	Kulturell (zum Beispiel Bildungsreisen, Umsiedlung im Rentenalter)
Distanz	Kürzere (lokal)	Mittlere (meist regional)	Größere Entfernung (meist international, einschließlich kolonialer oder transozeanischer Migration)	
Richtung	Hinwanderung	Zirkulär	Multipel: in mehrere Richtungen oder wiederholt an den gleichen Ort	Rückwanderung
Dauer des Aufenthalts	Saisonal	Mehrjährig	Arbeitsleben	Auf Lebenszeit
Sozio-ökonomischer Raum	Ländlich-ländlich (zum Beispiel der Ausbau der Landwirtschaft nach 1500, insbesondere in Osteuropa)	Ländlich-städtisch (Urbanisierung, die am besten bekannte Migrationsform in der europäischen Geschichte)	Städtisch-städtisch	Kolonial (Siedler, Händler, Soldaten, Seeleute)
Wirtschaftlicher Sektor	Agrarisch (Siedler oder Bauern)	Gewerblich-industriell (Arbeit, einschließlich Wanderungen von Gesellen)	Dienstleitungssektor (Dienstleistende, Pflegepersonal, Reinigungspersonal, Soldaten, Seeleute, Händler und Verwaltungsangestellte)	Elite (Beamte, freie Berufe und Geschäftsleute)

Klaus J. Bade, Pieter C. Emmer, Leo Lucassen, Jochen Oltmer (Hg.): Enzyklopädie Migration in Europa. Vom 17. Jahrhundert bis zur Gegenwart, Paderborn/München/Wien/Zürich: Schöningh/Wilhelm Fink 2007, S. 37.

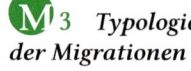

M 3 *Typologie der Migrationen*

M 4 Migration in Europa

Der Historiker Klaus J. Bade schreibt in der „Enzyklopädie. Migration in Europa. Vom 17. Jahrhundert bis zur Gegenwart" (2007):

Der Prozess der Eingliederung verändert zugleich die Aufnahmegesellschaft – wenn auch im Vergleich zu den Zuwanderergruppen aufgrund von Machthierarchien und zahlenmä-
5 ßiger Überlegenheit der einheimischen Bevölkerung in geringerem Maße. In den meisten Fällen verläuft dieser Prozess allerdings sehr langsam, und viele neu einge-brachte Elemente erscheinen als so unauffäl-
10 lig, dass der fremde Ursprung von dem Großteil der Einheimischen nicht wahrgenommen wird. So kann der Mythos der Homogenität der eigenen nationalen Kultur unverändert fortbestehen. Das bezieht sich
15 sowohl auf sprachliche Einflüsse als auch auf die gesamte Bandbreite wirtschaftlicher wie kultureller Einwirkungen.

Dieser Ansatz lässt sich gut verbinden mit
20 dem Konzept der „Ethnisierung", das zu einem besseren Verständnis der Wechselwirkungen sozialer und kultureller Muster der

Zuwanderergruppen mit den Traditionen und Lebensgewohnheiten in der Aufnahmegesellschaft beitragen kann. Der Prozess kann, in Abhängigkeit von den Umfeldbedingungen in den Siedlungsregionen der Migranten, erheblich variieren: Eingliederungsprozesse in Kleinstädten unterscheiden sich von denen in Großstädten, jene in Städten mit starkem Dienstleistungssektor von solchen mit mittelständisch orientierten Konsumgüterindustrien oder solchen vornehmlich mit Schwerindustrie. Zwar wird in allen Fällen der Einfluss des kulturellen Gepäcks, das Migranten mit sich führen, deutlich, der Charakter der Eingliederung unterscheidet sich jedoch nach den wirtschaftlichen, sozialen, politischen und kulturellen Rahmenbedingungen. Das Modell der „Ethnisierung" unterscheidet weiterhin nach unterschiedlichen (wirtschaftlichen, politischen, sozialen, religiösen) Dimensionen, in denen Eingliederung stattfindet, und zeigt, dass es sich meist um einen nicht-homogenen Prozess mit von Fall zu Fall unterschiedlicher Geschwindigkeit handelt. Darüber hinaus können diese Rahmenbedingungen nicht nur auf lokaler, sondern auch auf nationaler Ebene differieren, wie Vergleiche zwischen Migrationsregimen oder Ländern zeigen.

Das erweiterte und überarbeitete Assimilationsmodell kombiniert verschiedene Begriffe, die oft benutzt werden, um spezifische Aspekte oder Phasen des generationenübergreifenden Prozesses zu beschreiben: Annäherung, Anpassung, Adaption [Anpassungsvermögen], Einfügung und Akkulturation [Übernahme von Kulturgütern]. Der heuristische Wert liegt hierbei in der Unterscheidung zwischen Generationen, Bereichen wie Arbeit und Wohnen, ethnischen Kontakten wie Heirat und Freundschaften sowie zwischen den wirtschaftlichen, sozialen, ideologischen und kulturellen Rahmenbedingungen der Aufnahmegesellschaft. Obwohl die meisten Migranten sich auf längere Sicht eingliedern, geschieht das nicht zwangsläufig, sondern ist vielmehr abhängig einerseits von der Aufnahmebereitschaft einer Gesellschaft und andererseits von deren Strukturen. Dabei geht es vor allem um die Frage, nach welchen Kategorien (Klasse, Geschlecht, Religion und Ethnizität) Unterschiede zwischen Menschen – ob Migranten oder nicht – konstruiert werden. Wie der Eingliederungsprozess verläuft und bis zu welchem Grad das Modell angewendet werden kann, hängt somit auch, wie oben erläutert, von dem jeweils herrschenden Migrationsregime ab.

Klaus J. Bade, Pieter C. Emmer, Leo Lucassen, Jochen Oltmer (Hg.): Enzyklopädie Migration in Europa. Vom 17. Jahrhundert bis zur Gegenwart, Paderborn/München/Wien/Zürich: Schöningh/Wilhelm Fink 2007, S. 49 f.

1. **a)** ●●● Erläutern Sie die im Text zitierte Definition des Begriffs „Migration". Begründen Sie, weshalb der Begriff Migration besser geeignet als seine Übersetzung „Wanderung"?

   b) ●●○ Erklären Sie, was man unter einem Migrationssystem und einem Migrationsregime versteht.

   c) ●●● Weisen Sie anhand geeigneter Beispiele die aktuelle Bedeutung von Migrationsprozessen nach.

   d) ●●● Erläutern Sie die Typologie der Migrationen (M7). Wählen Sie dazu drei verschiedene Beispiele aus und ordnen Sie diese in der Typologie ein.

   e) ●○○ Fassen Sie die zentralen Aussagen Klaus J. Bades zur Eingliederung von Migranten zusammen (M8).

   f) ●●● Erläutern Sie Chancen und Gefahren, die beim Zusammentreffen von Migranten mit Mitgliedern der Aufnahmegesellschaft entstehen.

   → Text, M3, M4

Hinweise zu den Aussprachehilfen

- Die Aussprachehilfen sind durch [] gekennzeichnet. Sie orientieren sich größtenteils am Wade-Giles Transkriptionssystem. Ansonsten folgt die latinisierte Schreibweise der chinesischen Begriffe dem heute vor allem gebräuchlichen Hanyu Pinyin, wobei die hier verwendeten diakritischen Zeichen die jeweiligen Töne (1–4) der einzelnen Silben anzeigen. Gibt es keinen Hinweis in [], so sind Schreibweise und Aussprache nahezu deckungsgleich.
- Die Reihenfolge der gelisteten Dynastien und Reichskonzepte, der Orte, Personen und der sonstigen Begriffe orientiert sich weitgehend daran, wie diese im Themenheft auftauchen.
- Bei chinesischen Namen steht der Familienname an erster Stelle, der Vorname an zweiter Stelle.

Dynastien und Reichskonzepte

Sòng [Sung] Song-Dynastie (960–1279). Wichtige Zeit des Umbruchs und der Erfindungen im kaiserzeitlichen China. Unterteilt in „Nördliche" (960–1126, Hauptstadt: Kaifeng) und „Südliche" Song-Dynastie (1126–1279, Hauptstadt: Hangzhou)

Míng [Ch'ing] Diese „helle" (ming)-Dynastie (1368–1644) war die letzte von Han-Chinesen beherrschte Dynastie Chinas.

Qing [Qing] Diese „reine" (qing)-Dynastie (1644–1912) war die letzte Dynastie Chinas. Sie wurde von mandschurischen Kaisern als Vielvölkerreich regiert und markierte sowohl den Höhepunkt des Kaiserreichs (18. Jhd.) als auch sein Ende (1912).

zhōng guó [chung kuo] wörtl.: „Reich/Land der Mitte". Ursprünglich die Bezeichnung für die Kernsiedlungsgebiete im Osten Chinas. Heute bezeichnet es das Gebiet der gesamten Volksrepublik China. Es verweist auch auf die zentrale Stellung des Landes im kaiserzeitlichen Weltbild Chinas, das sich von „Barbaren" unterschiedlicher Art umgeben sah.

tiān xià [t'ien hsia] wörtl.: „alles unter dem Himmel". Bezeichnet den Machtbereich des Kaisers und verweist auf das Selbstverständnis Chinas als zivilisatorisches Zentrum der Welt.

Orte

Xīnjiāng [hsin chiang] vollständig: Uigurisches Autonomes Gebiet Xinjiang. Die flächenmäßig größte „Provinz" Chinas, im Nordwesten des Landes gelegen, reich an Rohstoffen und wichtiger Verkehrsknotenpunkt der „Neuen Seidenstraße". Im 18. Jhd. von der Qing-Dynastie erobert, seit 1955 offiziell eine autonome Region der Volksrepublik China. Die Mehrheitsbevölkerung besteht aus der muslimischen Volksgruppe der Uiguren, gefolgt von Han-Chinesen.

Hángzhōu [hang chou] Startpunkt des Kaiserkanals und Hauptstadt der östlichen Provinz Zhejiang. Während der Kaiserzeit Hauptstadt der Südlichen Song-Dynastie und auch heute noch wichtiger Produktionsort für Seide und Tee.

Kāifēng [k'ai feng] Stadt in der östl. Provinz Henan, während der Kaiserzeit mehrmals chinesische Hauptstadt, u.a. während der Nördlichen Song-Dynastie

Nánjīng [nan ching] wörtl.: „Südliche Hauptstadt". Während der Kaiserzeit mehrmals chinesische Hauptstadt sowie Hauptstadt der frühen Republik China. Ort des Massakers von Nanjing (veraltet auch: *Nanking*) im Dezember 1937.

Běijīng [pei ching] im Deutschen auch geschrieben als: *Peking*. Wörtl.: „Nördliche Hauptstadt". Zeitweise kaiserliche Hauptstadt, heute Hauptstadt der Volksrepublik China

Jǐngdézhèn [ching te chen] eine Stadt, südlich des Yangtze (längster Fluss Chinas) im Osten des Landes gelegen. V.a. in der Ming-Zeit als Produktionsstätte für hochwertiges Porzellan bekannt geworden. Sie gilt als die „Porzellan-Hauptstadt" Chinas.

Macau Sonderverwaltungsregion und Hafenstadt im südlich gelegenen Perlflussdelta. Ehemals portugiesische Kolonie (1557–1999). Heute Chinas Glücksspielmetropole mit höherem Umsatz als Las Vegas.

Sìchuān [ssu ch'uan] wörtl. „vier Flüsse". Zentralchinesische Provinz

Ürümqi [Ürüm ch'i] Hauptstadt des Uigurischen Autonomen Gebiets Xinjiang im äußersten Nordwesten Chinas.

xiānggǎng [hsiang kang] Hochchinesisch für Hong Kong. Sonderverwaltungsregion und Hafenstadt im südlich gelegenen Perlflussdelta. Ehemals britische Kolonie (1841–1997). Heute eines der wichtigsten Finanzzentren der Welt.

Yuánmíngyuán [yüan ming yüan] wörtl.: „Garten der vollkommenen Klarheit". „Alter Sommerpalast", eine ca. 3,5 km² große Anlage an Palästen, Gärten, Bibliotheken und anderen Gebäuden (inspiriert von chin. und europ. Architektur, u.a. dem Schloss Versailles) am nordwestlichen Rande Pekings. Erbaut Anfang des 18. Jahrhunderts, diente die Anlage den Qing-Kaisern als wichtigste kaiserliche Residenz. Sie wurde 1860 von britisch-französischen Truppen während des Zweiten Opiumkriegs geplündert und zerstört. Heute sind die Ruinen eine Touristenattraktion.

Tiānjīn [t'ien chin] wichtige Hafenstadt an der Nordostküste Chinas.

Qīngdǎo [ch'ing tao] wörtl. „grüne Insel". Hafenstadt in der östlichen Provinz Shandong. Ehemals deutsche Kolonie (1898–1914).

Shāndōng [Shan tung] Provinz an der Nordostküste Chinas. Als Ort der deutschen Kolonie, die 1914 von Japan erobert und im Friedensvertrag von Versailles 1919 nicht China sondern Japan zugesprochen worden war, wurde der Streit um die Provinz zu einem der Hauptauslöser der „Vierte-Mai-Bewegung" in China.

Guǎngzhōu [Kuang chou] (veraltet: *Kanton*), Hafenstadt im südlich gelegenen Perlflussdelta und Hauptstadt der Provinz Guangdong. Heute einer der größten Containerhäfen der Welt.

Guǎngdōng [Kuang tung] Bevölkerungsreichste Provinz Chinas, im Süden des Landes gelegen.

Xiàmén [hsia men] Hafenstadt an der Südostküste Chinas

Shēnzhèn [shen chen] Hafenstadt in der südlichen Provinz Guangdong. Chinas erste Sonder-wirtschaftszone während der „Reform- und Öffnungsperiode". Heute einer der größten Containerhäfen der Welt sowie Chinas „Silicon Valley".

Tiān'ānmén [t'ien an men] „Tor des Himmlischen Friedens" an der Nordseite des Platzes des Himmlischen Friedens (Tiananmen-Platz). Haupteingang zur „Verbotenen Stadt". Das Tor ist auch Teil des Staatswappens der Volksrepublik China. Auf dem Tiananmen-Platz fand zudem das Massaker vom 4. Juni 1989 statt.

Personen

Kǒng Fūzǐ [k'ung futzu] wörtl.: Meister Kong, auch: *Kongzi*. Latinisiert zu *Konfuzius*. Bedeutendster chinesischer Philosoph (ca. 551–479 v.Chr.). Seine Lehren und deren nachfolgende Interpretationen prägten maßgeblich die Gesellschaftsordnung des kaiserzeitlichen Chinas.

Zǐzhāng [tzu chang] prominenter Schüler (geboren ca. 503 v.Chr.) des Konfuzius, der ihn auf seinen Reisen begleitete.

Mèngzǐ [meng tzu] Latinisiert zu *Mencius*. Bedeutendster Nachfolger (ca. 370–290 v.Chr.) des Konfuzius und Weiterentwickler dessen Philosophie. Seine Werke trugen maßgeblich dazu bei, dass die konfuzianischen Lehren Teil der kaiserzeitlichen Staatsideologie wurden.

Zhèng Hé [cheng ho] stieg als Eunuch muslimischer Herkunft am kaiserlichen Hof der Ming-Dynastie auf und ist v. a. als Admiral für sieben große Expeditionen bekannt, die China Anfang des 15. Jahrhunderts unter seinem Kommando in den Indischen Ozean und nach Südostasien entsandte. Er starb ca. 1433. Sein Grabmahl befindet sich in Nanjing.

Zhū Dì [chu ti] Geburtsname des dritten Ming-Kaisers (Yongle).

Yǒnglè [yung le] wörtl. „immerwährende Freude": Regierungsmotto des dritten Ming-Kaisers, der sich an die Macht geputscht hatte. Um seinen Herrschaftsanspruch zu legitimieren, entsandte er etwa Zheng He auf mehrere, große Expeditionen in den Indischen Ozean und nach Südostasien, um von Lokalherrschern Tribut einzufordern.

Kāngxī [k'ang hsi] wörtl. „Gesundheit und Pracht": Regierungsmotto des vierten Kaisers der Qing-Dynastie. Der Kangxi-Kaiser regierte 1661–1722 und gilt als einer der „großen Qing-Kaiser". Unter seiner Herrschaft begann die Hochzeit des späten Kaiserreichs.

Yǒngzhèng [yung cheng] wörtl. „harmonische Gerechtigkeit": Regierungsmotto des fünften Kaisers der Qing-Dynastie. Der Yongzheng-Kaiser regierte 1722–1735 und gilt als einer der „großen Qing-Kaiser" unter welchen sich das Kaiserreich auf seinem Höhepunkt befand.

Qiánlóng [ch'ien lung] wörtl. „fortwährende Berühmtheit" („lasting eminence"): Regierungsmotto des sechsten Kaisers der Qing-Dynastie. Der Qianlong-Kaiser war der am längsten regierende Herrscher der Qing-Dynastie (1735–1796) und gilt als einer der „großen Qing-Kaiser". Er regierte das Kaiserreich auf dessen Höhepunkt und starb 1799.

Hóng Xiùquán [hung hsiu ch'üan] Aufstandsführer der Taiping-Rebellion, selbsternannter Bruder von Jesus Christus und König des „Himmlisches Königreich des Großen Friedens". Er starb 1864 während der Belagerung von Nanjing durch Regierungstruppen, wahrscheinlich an Krankheit.

Lín Zéxú [lin tse hsü] Kaiserlicher Beamter der Qing, der als Sonderkommissar in Kanton (heute: Guangzhou) eingesetzt wurde, um die Opiumkrise zu beenden.

Cí'ān [tz'u an] Hauptfrau des Xianfeng-Kaisers. Nach dessen Tod übernahmen die Kaiserinwitwen Ci'an und Cixi zusammen die Macht im Staat. Als Ci'an 1881 starb, regierte Cixi als Kaiserinwitwe allein weiter.

Cíxǐ [tz'u hsi] Kaiserinwitwe und *de facto* Herrscherin Chinas von 1861 bis 1908 während der ausgehenden Qing-Dynastie. Ihre Rolle als Herrscherin und „Modernisiererin" ist bis heute kontrovers.

Pǔyí [p'u i] Letzter Kaiser Chinas. Er kam als Kleinkind 1908 auf den Thron und wurde 1912 als 6-Jähriger gezwungen, abzudanken. Nach der japanischen Besetzung der Mandschurei 1931 wurde Puyi als Marionettenherrscher des von Japan kontrollierten Staates Mandschukuo eingesetzt und regierte als dessen „Kaiser" bis zum Kriegsende 1945. In der Volksrepublik China wurde er als Kriegsverbrecher 10 Jahre lang inhaftiert. Er starb in Peking während der Kulturrevolution 1967 an Krankheit.

Sun Yat-sen Latinisierte Schreibweise des prominenten chinesischen Revolutionsführers, Gründers der Nationalen Volkspartei „Kuomintang" und erstem provisorischem Präsident der Republik China. Sun starb 1925 in Peking.

Yuán Shìkǎi [yüan shih k'ai] General in der Qing-Armee und erster Präsident der Republik China. Er starb 1916 in Peking.

Chiang Kai-shek Latinisierte Schreibweise. Chiang war General der KMT-Armee, Vorsitzender der KMT ab 1925, Oberbefehlshaber der Republik China während des Zweiten Weltkriegs und Präsident der Republik China auf dem Festland sowie später auf Taiwan (1950–1975). Er starb 1975 in Taipeh.

Dèng Yǐngchāo [teng ying ch'ao] prominente politische Figur der KPCh und Ehefrau von Zhou Enlai. Sie starb 1992.

Zhōu Ēnlái [chou enlai] erster Premierminister der Volksrepublik China bis zu seinem Tod 1976 in Peking. Er galt als intellektueller Kopf der KPCh unter Mao.

Kang Youwei [k'ang yu wei] kaiserlicher Beamter und führender Denker der Hundert-Tage-Reform 1898. Er trat für die Umwandlung Chinas in eine konstitutionelle Monarchie ein.

Liang Qichao [liang ch'i ch'ao] Gelehrter und extrem einflussreicher Reformer der Hundert-Tage-Reform 1898. Er war ein Verfechter der konstitutionellen Monarchie und demokratischer Ideale.

Máo Zédōng [mao tse tung] Gründungsmitglied und Vorsitzender der Kommunistischen Partei Chinas (KPCh) sowie „Gründungsvater" der Volksrepublik China. Er starb 1976 in Peking und ist dort heute in einem Mausoleum aufgebahrt.

Dèng Xiǎopíng [teng hsiao p'ing] Staatschef der Volksrepublik China von 1978 bis 1992. Er übte aber bis zu seinem Tod 1997 sehr viel politischen Einfluss aus. Er gilt als Begründer der „Reform- und Öffnungspolitik" Chinas.

Xí Jìnpíng [hsi chin p'ing] Aktueller Staatspräsident Chinas (seit 2013) sowie Generalsekretär der KPCh und Vorsitzender der Zentralen Militärkommission (beides seit 2012). Er gilt als mächtigster chinesischer Politiker seit Mao Zedong.

Sonstige Begriffe

Tàipíng [t'ai p'ing] kurz für: „Himmlisches Königreich des Großen Friedens" (Taiping Tianguo). Bezeichnet den Taiping-Aufstand (1850–1864), angeführt von Hong Xiuquan.

Guómíndǎng [Kuo min tang] oft auch geschrieben als: *Kuomintang* (KMT). Die Nationale Volkspartei Chinas, die (1912 von Sun Yat-sen gegründet wurde. Heute ist sie Teil des demokratischen Mehrparteiensystems der Republik China auf Taiwan.

yīdài yīlù [i tai, iI lu] wörtl. "ein Gürtel, eine Straße". Bezeichnet Chinas „Neue Seidenstraßen-Initiative" (engl.: „One Belt, One Road" bzw. „Belt and Road Initiative"), initiiert 2013 unter Xi Jinping. Sie soll zur wirtschaftlichen Kooperation einen „Gürtel an Landverbindungen" und eine „Wasserstraße" zwischen China und unterschiedlichen Ländern Asiens, Europas und Afrikas schlagen.

akg-images GmbH, Berlin: 18.2, 30.1, 39.1, 49.1, 51.1, 88.2, 91.2, 114.1; Bildarchiv Steffens/© Banco de México Diego Rivera Frieda Kahlo Museums Trust/VG Bild-Kunst, Bonn 2022 94.1; Connolly, Bruce 41.1; De Agostini Picture Lib. 37.1; De Agostini Picture Library / Dagli Orti, G. 99.1; Heritage Images/Fine Art Images 18.1; historic-maps 92.1; Pictures From History 4.1, 13.1, 17.1, 20.1, 21.1, 42.2, 69.1; Science Source 4.2; Waldemar Abegg 50.1; Zillmann, Ulrich 95.1. |Alamy Stock Photo, Abingdon/Oxfordshire: Smith Archive 12.1. |Alamy Stock Photo (RMB), Abingdon/Oxfordshire: Chronicle of World History 59.1; jiahan, zhang 70.2; Teki, Aravind 70.1; The National Trust Photolibrary 19.1; The Picture Art Collection 10.1. |Baaske Cartoons, Müllheim: Mester, Gerhard 131.1. |Bibliothèque nationale de France - Département de la reproduction, Paris Cedex 13: 8.2. |bpk-Bildagentur, Berlin: 88.1, 105.1; Staats- und Stadtbibliothek Augsburg / K. Petersen 91.1. |Bridgeman Images, Berlin: 59.2; Garnelo y Alda, Jose 86.1; Granger 61.1; Pictures from History Titel, 6.1, 14.1, 60.1, 60.2, 66.1; Privatsammlung / Vintage, T.J. 58.1; © Francis Farquhar 43.1. |Das Bundesarchiv, Koblenz: Bild 137-058154/B. Spahn 112.1; Wisniewski/Bild 101III-Wisniewski-016-08 112.2. |Domke, Franz-Josef, Wunstorf: 7.1. |Getty Images, München: Bettmann Archive 72.1; DEA PICTURE LIBRARY 90.1; DUNAND, EMMANUEL/AFP 75.2; Kwan, Anthony 74.1; Monier, Louis 81.1; Tribune News Service/2011 MCT 42.1; Visual China Group/2016 VCG 9.1. |Hoth, Katharina, Erfurt: 16.1. |Interfoto, München: Mary Evans Picture Library 53.1. |Langner & Partner Werbeagentur GmbH, Hemmingen: 108.1, 108.2. |Lüdecke, Matthias, Berlin: 106.1. |Picture-Alliance GmbH, Frankfurt a.M.: 79.1; AFP/Sierra, O. 86.2; akg-images 54.1, 130.1; Arco Images GmbH/Crossland, D. 86.3; united archives / WHA 31.1. |Scala Archives, Bagno a Ripoli/Firenze: Photo Art Resource/ Bob Schalkwijk 102.1. |Shutterstock.com, New York: Gil Corzo 75.1. |Staatsarchiv Bremen, Bremen: 10,B-1946-0112/Schmidt, Karl Edmund 126.1. |stock.adobe.com, Dublin: GVictoria 7.2. |Süddeutsche Zeitung - Photo, München: 124.1. |Tonn, Dieter, Bovenden-Lenglern: 8.1. |ullstein bild, Berlin: 38.1, 70.3, 115.1, 120.1; Archiv Gerstenberg 25.1, 125.1; Granger Collection 28.1; Heritage Images/TopFoto 93.1; Photo12 44.1; The Granger Collection 32.1. |© duisport, Duisburg: Rolf Köppen 77.1.